U0535649

流程新范式

FLOW ENGINEERING
From Value Stream Mapping to Effective Action

［美］史蒂夫·佩雷拉（Steve Pereira）
［美］安德鲁·戴维斯（Andrew Davis）◎著

戴文超◎译

中信出版集团｜北京

图书在版编目（CIP）数据

流程新范式 /（美）史蒂夫·佩雷拉,（美）安德鲁·戴维斯著；戴文超译. -- 北京：中信出版社, 2025.
5. -- ISBN 978-7-5217-7443-6

Ⅰ. F272

中国国家版本馆 CIP 数据核字第 2025AS6949 号

Flow Engineering: From Value Stream Mapping to Effective Action by Steve Pereira and Andrew Davis
Copyright © 2024 by Steve Pereira and Andrew Davis
Simplified Chinese translation copyright © 2025 by CITIC Press Corporation
ALL RIGHTS RESERVED
本书仅限中国大陆地区发行销售

流程新范式

著者：　　　［美］史蒂夫·佩雷拉　［美］安德鲁·戴维斯
译者：　　　戴文超
出版发行：　中信出版集团股份有限公司
　　　　　　（北京市朝阳区东三环北路 27 号嘉铭中心　邮编　100020）
承印者：　　北京联兴盛业印刷股份有限公司

开本：880mm×1230mm　1/32　　印张：10.25　　　字数：212 千字
版次：2025 年 5 月第 1 版　　　　印次：2025 年 5 月第 1 次印刷
京权图字：01-2025-1706　　　　　书号：ISBN 978-7-5217-7443-6
　　　　　　　　　　　定价：69.00 元

版权所有·侵权必究
如有印刷、装订问题，本公司负责调换。
服务热线：400-600-8099
投稿邮箱：author@citicpub.com

题　献

谨以此书赠予每一位满怀勇气与理想的人士，感谢你们让人性光辉和动态流程回归职场。

目 录

序 言 // III
前 言 // VII

第 1 部分 流程总览

1 规模问题 // 003
2 规模问题的解决方案 // 019
3 行动的要素 // 033
4 流程工程 // 039

第 2 部分 综合绘图

5 成果图 // 057
6 当前状态价值流图 // 085
7 依赖关系图 // 121
8 未来状态价值流图 // 145
9 流程路线图 // 163

第 3 部分
流程全局

10 流程工程的原则 ∥ 185

11 统筹流程工程 ∥ 209

12 规避误区 ∥ 225

13 价值流管理 ∥ 243

14 流程工程规模化 ∥ 259

结　语 ∥ 286

附　录 ∥ 291

术语表 ∥ 303

序　言

打造优秀的组织需要致力于实现共同的价值、清晰的认识和一致的流程。这就要求设定明确的目标，让利益相关者协同一致，优化、完善工作流程。在和价值流图[①]打交道的几十年里，我目睹了无数案例，都证实了这种做法能够在赋能组织变革中产生影响。2013年我撰写了《价值流图》(*Value Stream Mapping*)一书，其中绘制价值流图的实践日益赢得青睐。虽然价值流图的意义已获认可，但在理想的绘图与其在真实世界的落地之间存在一道鸿沟。你正在阅读的这本书旨在弥合这道鸿沟，为所有组织提供切实可行的指导。

2020年，我通过领英结识了史蒂夫（这本书的作者之一），不久又认识了安德鲁（这本书的另一位作者）。我们很快就意识到我们都对同一件事充满热情，那就是思考如何在价值、清晰度和流程方面开展协作。我们分享了各自的经历，即如何通过价值流图在规模和类型各异的组织中取得超乎寻常的成果。我们发现彼此都有着相同的共享精神，希望把自己利用价值流工作模式的

---

① 本书中的价值流图包含当前状态价值流图和未来状态价值流图。——编者注

这些经历以及从中汲取的经验、教训分享出去。

我刚开始了解价值流图时，视之为一种设定优先级的诊断和设计工具，用于改进工作系统。随着我与客户一起以基于事实、数据驱动的方式逐渐"看清"他们的工作系统，我认识到价值流图并不仅仅是一种"工具"。它更是一种不可或缺的管理做法，能跨越各个相互关联的职能部门和工作团队实现流程运转，带来更多益处。它还能解决组织中常见的问题：

各自为政的决策方式和工作设计导致组织能力下降，为客户交付价值和做出敏捷响应的速度延宕，难以创造高效能的工作环境。

由于改善组织运作的战略目标和优先事项不一致，组织领导层与各分支机构发生摩擦。

成员不理解组织内的工作流程是如何运转的，或者更常见的情况是，工作流程为何不能有效运转。

商业世界日趋复杂，相互关联越来越紧密。在此背景下，无论是何种规模的组织，要想在发展壮大的过程中保持正确的方向，都会遭遇数不清的挑战。现代企业的复杂状况常引发目标错位、行动低效、缺乏清晰认识等问题，这妨害了组织高效地交付客户价值的能力。在应对这些挑战时，越来越显而易见的是，我们必须以整体性的方式来理解并优化组织的工作流程，但这种方式在组织里通常是缺失的。

价值流图的威力在于它能均衡地显示视觉化和数据化的内容，通过易于理解的方式呈现完整的业务工作流程，同时辅之以绩效和效用的相关信息。在围绕绩效改良的团队讨论中，共享这样的可视化工作流程可作为一个讨论的焦点。快速完成流程图的绘制则提供了一个便捷入口，有助于随着接受度的提高形成更细致、更全面的图谱。诚如史蒂夫和安德鲁在这本书中所言："快速绘图，展示潜力，持续进步。"绘图的目的是在数据的支持下创建可视化流程图，快速揭示工作流中有哪些具体的改进机会。

绘制价值流图不但是一种可视化操作，而且是一种视觉交流的方法。这能让团队集体确立共同的心理模式，并思考他们的工作目标和执行方法。这一看似简单的操作可帮助每个人进入有效参与团队合作所需的心理状态。而且，价值流图看起来简单，却是从庞杂的观点和数据集合中提炼出来的，能够实现明晰的表达、对话和聚焦。简单并不等于容易，这本书恰好提供了循序渐进的指导，引导你破解复杂难题，构建出简单明了的流程图。史蒂夫和安德鲁所著的《流程新范式》可谓一套清晰的实践指南，帮助你将协同工作的复杂现实提炼成流程图，在最具影响力的改进方面揭示尚未察觉的因素，发掘那些隐匿的洞见。这不仅能促成有效行动，还能把关键的精益和敏捷原则付诸实践，令参与者从中受教。

《流程新范式》一书为解决现代组织中的规模化、可见度和不一致等挑战提供了可复制推广且具有灵活性的实操做法。首先通过绘制流程图确定了数字原生的简单起点，方便采取有效行动，符合当前团队的需求：解决结构分散化、精力不集中、缺失方向感、相互无联系的问题。在此基础上，团队可对工作流程形成全面的认识，查明改进的机会，协调一致地努力交付价值。这本书可作为复杂组织内使利益相关者团结一致、发现机遇和提高绩效的指南。书中分享的种种见解及做法将促使组织领导者提升能力，利用共同的焦点、清晰的认识和一致的协作推进有意义、可持续的行动。

——卡伦·马丁（Karen Martin）

《价值流图》和《优秀组织》（*The Outstanding Organization*）作者

2024 年

前　言

追求成功令我们陷入困境。当前的组织机构如此庞大，相互联系得如此紧密，导致我们严重依赖数字手段，并为之所困。组织内从上到下的认识都比较片面。我们在干扰不断的环境中开展工作，淹没在数据的海洋中，难以利用数据做出改进决策。我们的大部分工作都经过超级优化，却仍需数月时间才能实现少许业务改进。组织急切寻求文化、数字化、精益化、敏捷化、开发运维一体化（DevOps）等方面的彻底转型，以期兑现其承诺的成果，但此类转型往往演变成对现状的品牌重塑和再次命名，并不会带来真正的变革。

规模问题又放大了所有这些挑战。由于全球扩张、收购新公司和开拓新市场越来越容易，现有组织的规模急剧扩大。虽然小型自主团队可以优化绩效，但任何团队都不能独立于组织而存在。要想取得规模化的成功，就必须在不同团队之间建立起联系。于是，组织内连接每个人、每件事的千头万绪无可避免地纠缠在一起，造成我们现在的困境。

无论组织规模大小，要想采取有效行动，就必须拥有一致的目标。而目标的一致性取决于能否达成清楚的共识。认识上不够清晰一致，会损害工作改进。然而，规模问题使得全组织几乎不可能达成并保持明确的共识。即便在"两个比萨"团队[①]这样小的团队中，也经常会为完成任务而牺牲明确的共识。可是在缺乏明确共识的情况下，我们完成任务的能力也会下降。

解决规模问题的默认方法就是加强协调。不过，整个组织进行大规模协调的成本极高。调动全体利益相关者分头确定各自的目标、激励措施、观点、任务、流程、依赖关系和挑战，既效率低下，又毫无效果。即便各方可以开展广泛合作，获取成效的路径也并不清晰。

我们接触过形形色色的组织：有的耗费2 800万美元和1年的时间，仅在计费系统里添加了一个选项；有的进行业务自动化，产品上市时间却未能缩短1%；还有的设立了价值数百万美元的高效能"创新中心"，却无法将改进方案推向市场。

随着规模的扩大，浪费和拖延现象呈指数级增长，相互依赖这一特性给企业造成沉重负担。要想让我们的组织缩小规模、简化流程、理顺关系，需要先做出有效决策：当前状况下，我们应在哪些方面着手投入？

我们需要有抽丝剥茧、化繁为简的能力。我们需要有清楚设定目标成果，评估当前形势，引导综合决策，以应对种种限制和障碍的能力。我们需要有分解和消除那些不利于组织发展的依赖关系，有效缩减规模，从而改善流程的能力。鉴于合作对上述努力至关重要，我们还需要采用有效的方式来分享见解、信息、努

[①] 一种小型自主团队，规模小到两张比萨饼就足以让整个团队吃饱。——译者注

力和想法，共同厘清复杂关系，降低复杂程度。

这一切都有赖于共有的价值观念、相同的清晰认识以及朝着正确方向行动的一致流程。然而，这三点在每个大规模的公司中都不易实现。如果你的组织致力于在大规模的复杂环境里提升绩效，那么本书正符合你的需求。本书是一套实用练习集，可帮助你通过合作、努力，快速、直观地改善整个组织的工作流程。

为价值、清晰度和流程三大目标而奋斗

我们在各个组织中反复看到原始的混乱状态，造成让人感觉像犯罪一样的浪费。要想让员工为有意义的目标而努力，就需要树立准确无疑的清晰认识。团队不仅需要了解自己的努力是如何产生宝贵成果的，还要弄清楚整个组织的广泛活动又是如何满足客户的合理需求的。

一群人之所以能成为一个团队，是因为他们拥有共同的目标，而不是各自为政。目标一经明确，团队就能推进工作，加深他们对于如何达成目标的认识。

很多人探讨过共同目标及其激发、吸引和领导的力量。这种目标感可能是向外的，也可能是对内的。团队可能关注如何造福他人（慈善活动和价值传递），也可能关注如何改善团队自身（生存延续和价值获取）。不论是个人、团队，还是组织，其发展成熟的标志都可以概括为把关注点从自身生存转向他人福祉。

各类组织结构图本质上都是对内的。事实上，客户根本不会出现在这类图中。客户导向要求组织内部采取一种截然不同的思维方式来确定目标。而要实现有效且可持续的工作流程，团队的共同目标就必须以客户为导向。

组织结构图对内这一特性会导致团队难以明确他们为客户服务的意义以及自身在组织全局中所处的位置。假如随便询问两名团队成员"什么是最重要的客户需求？"，我敢打赌他们一定会给出迥然不同的答案。付出与结果之间的距离越遥远，就越难有效地把手头的工作和最重要的事物联系起来。当缺乏以客户为导向的简单目标时，团队只会采取无序、自利的行事方式。

有趣的是，组织结构图还是组织中少数得到精细维护、保持更新的信息图表之一。但它只不过简单展示了支撑组织运行的内部权力结构。组织结构图虽然清楚反映了权力架构的层级，但从内部看，唯一明确的目标就是让人攀升至更高的权力级别。

组织结构图所蕴含的权力结构还会带来一大挑战。由于组织中权力等级的存在，成员往往不太敢表达真实的想法。参与贡献者无法确定自己的贡献价值有多少，与团队分享信息后又有何后果。在这种情况下，尤其是当分享者在组织里尚未处于权力高层时，分享观点意味着冒险。所以"安全"的见解只能是那些早已广为人知的信息。

假如优化工作仅仅是为了分享"安全"的观点，那么很有价值的新想法可能将永远没有机会"崭露头角"。所以，心理安全的企业文化是高信息流的必备前提。鲜少有组织营造出信息清晰可见、成员心理安全、反馈循环有效的工作环境，而这些正是促进真正开放的信息分享所必需的。如果你所在的组织不具备这些条件，就说明它运作效率低下。

清晰的认识取决于对团队合作的动态理解。八人团队中会有八个不同的优先事项、八种独特的视角和八类有所差别的行为。作为一个"团队"有效运作绝非易事，也不可能自动实现；这需要具备无限的信任和开放性，并付出巨大的努力使团队成员的优先事项、认识和活动都保持同步。这样的投入是极具价值的，因为它能给团队注入集体的智慧，从而实现有效的集体行动。如肯·布兰佳（Ken Blanchard）所言："我们当中的任何人都不及所有人加起来那么聪明。"[1]

获取清晰度的最佳捷径就是保证可见度。人类30%的大脑活动是在专门处理视觉信息。[2]让团队最重要的优先事项和认识变得清楚可见，使之成为各类会议和工作场所的焦点，就可以创造共有的资源，然后把团队成员的注意力集中到这些信息上。

通常大部分组织的情况恰恰相反，总是在开展漫无目的的交谈，无休无止地传递数字文档、表格、幻灯片。随便拎出来一个文件都很容易造成误解，因为其往往观点单一、缺乏重要背景。于是，这种信息"支离破碎"的状况导致了思维和行动上的各自为政。

所以，要想实现共同的清晰认识，就需要以简洁明了、各方共享的方式传达团队目标和活动的相关信息，使之清楚可见。这种认识必须以有利于客户为导向，团队必须坦诚、公开、无所畏惧地表达意见，形成集体的理解。否则，团队将不可能具备取得组织成功的关键要素——形成并有效应用集体智慧，为客户创造成果。做不到这一点，流程就无法畅通运转，团队就得不到反馈，不能获得更多智慧，组织也就不可能取得成功。

消除障碍，打通流程

许多团队贡献者和领导者尽管身处大型"成功"组织，但依然在为维持高绩效的运作（以及更重要的合作）而殚精竭虑。此类组织可能拥有顶尖科技，追求将数字化流程优化至以毫秒计的水平，却仍需耗费数月才能交付成果。

现代组织的悖论在于员工越专业化，他们为弄懂自身所处的宏大系统付出的努力越多。即使是组织里最出色、能干的贡献者，包括培训师、团队领导和技术专家，也因所效力系统的限制条件而被束缚了手脚。

专业化和规模化自然会带来各行其是的结果。这体现了在多个大型群体间保持清晰度的困难之处。一旦个人和团队开始各行其是，组织就回到了局部运作和局部优化的状态，无法看到持续交付客户价值这一大局。组织结构越复杂，其各个局部活动就越难以促进整体工作的流动，推动商业价值的最终实现。这样一来，积极性受到打击，不太可能有效实施改进战略。

很多研究者非常欣赏丰田和亚马逊等高效能组织，而为了弄明白如何改善自己组织内的绩效却大费周章。要想提升绩效，你需要能促成有效行动的系统。你必须集中精力朝着有价值的目标状态迈进，并对当前状态形成共同的清晰认识，然后确定一系列活动流程以实现预期成果。

协作绘图的做法可以使组织在整个进程中确立清晰的认识，将所有参与者凝聚起来，使他们都能理解自己参与的改进工作。借助绘图这一简单且可靠的工具，改革倡导者可在全组织内提高清晰度并扩大其范围。

随着组织内越来越多的员工掌握这种技能，整个组织也就越来越有能力展开高效能的合作。一些深刻的变革，比如打造精益化、敏捷化或学习型组织，有赖于团队层面以及跨团队的累积性变革。在为高效能技术组织构建支持性的结构、体系和提供专业知识服务方面，绘图是必不可少的要件。

流程工程包含一系列协作绘图活动，其目的就是将尚不明确的当前状态与通往目标状态的确定路径连接起来。这是一整套具有开放性、适应性、参与性的实践，帮助你化繁为简，厘清认识，克服摩擦，融会贯通。本书的实用意义在于提供了一个辅助框架，便于读者自信地开展绘图工作，创造更大价值，强化清晰认识，促成流程，并且无须担心如何入手或偏离正轨。

流程工程已在金融、医疗、电信、政府、安防、零售和教育等领域得到成功应用，用于改善各种各样的组织工作流程，从客户引导、产品开发、招聘，到销售、服务对接，等等，不一而足。部分应用案例的成果如下所列：

精准定位制约因素，节约2 000万美元的投资成本；
精准定位关键的制约因素，节省18个月的研发时间；
某项功能的开发周期从16周缩短至2周；
与合作伙伴的对接过程从12个月缩短至3个月；
客户介入的时间从6周缩短至2周；
客户引导的时间从1周缩短至1小时；
客户引导（数据/整合）的时间从6周缩短至4天；
仅通过一次干预措施，解决了一项对5个团队造成障碍的共同依赖问题。

在大部分案例中，组织只不过投入几个小时的绘图时间就取得了上述收益。绘图揭示了隐匿的机遇，团队只要消除浪费、协同行动、调整工作方法，就能快速抓住这些机遇。最后，团队不仅改善了集体流程，还改善了每一个参与者的个体流程。（我们将在本书后续章节详细讨论集体流程与个体流程。）

案例研究 | BECU（波音员工信用合作社）

2023年的Flowtopia大会[①]上，塔琳·斯平格勒（Taryn Spingler）和道格·马蒂厄（Doug Mathieu）介绍了他们在BECU实行了一年流程工程的进展。BECU成立于1935年，在美国大萧条时期（1929—1939年）发放贷款资助新进员工。如今，BECU拥有近140万名会员、2 500名员工，以及逾280亿美元的资产。

他们讲述了此前18个月内开展的3项组织改革、运营模式的变革，以及对价值和成果的再度重视。从二人的演讲中，可以看到流程工程带来的从"混乱无序"到"成功获益"的转变。

混乱无序

优先级不明确： 各级没有明确设定基于价值的优先事项。

领导层有分歧： 有些领导者坚信资金的决定性作用，不把那些没有明显财务影响的成果当作优先事项。

价值流不一致： 价值流的错位导致人员深感挫败、发生派系纷争、采取抵制行动（整体的优化对于局部而言可能是次一级的）。

成果与工具之争： "以业务成果为中心来设计路线图？但我

[①] 这是由价值流管理联盟举办的会议，关注价值流管理、提升组织效率和改善客户成果等议题。——译者注

已经有基于酷炫技术的路线图了。"

既要检查，又要适应？ 做不到。管理不善和时间匮乏造成工作繁忙，而不是应该抓住最具价值的工作内容。

项目管理方法过时： 陈旧的项目管理方法使得改进工作过分复杂，容易引发瀑布式流程，而不支持迭代和价值交付。

时间不够用： 团队太忙，没时间绘制常规的价值流图。

成功获益

借助流程工程，BECU从整个价值流里曾经隐匿的工作中发掘出宝贵洞见。

流程工程的绘图实践［成果图、（当前状态）价值流图、依赖关系图、未来状态图①和流程路线图］为这一过程奠定了基础：

成果图用于协调行动，把团队焦点从实施工作转移至预期目标。

依赖关系图突显了那些最大限度缩短增值时间的流程。

接下来，流程路线图帮助推行战略，确定优先次序。

价值流图为此赋能，快速地（1~4小时）清楚界定流程和问题，并明确每个领导者应主动负责哪一项价值流及绩效改进工作。

流程工程促成行动一致，使依赖关系清晰可见，并激发出责任感。改进项目在价值流的背景下得到重新规划，复杂程度明显

---

① 未来状态图即未来状态价值流图。——编者注

降低。有了这样的清晰度和可见度，就需要在组织内进一步构建价值流图。

试行流程工程后，组织得到的是可复制的做法和新的工作方式。各类流程工程图提供了一种模板化的方法，以扩大和持续实施这些做法，以此作为业务参考架构和标准实施工作的组成部分。于是，最终的架构体系把绘制价值流图纳入初期的管理活动，全力提升绩效，实现业务成果，让流程成为核心能力。塔琳和道格借鉴了关于流程工程的早期文章和演讲，勇敢地引导了上述活动的开展。

本书适合的读者

本书为在大型企业里从事技术工作的同行撰写。不过，书中介绍的技术已得到广泛应用，所及之处远远超出我们的直接参照范围。本书方便易用，可加以调整以适应不同情况；同时具有充分的灵活性，能为各种技能水平的团队提供帮助；书中内容翔实可靠，既可支持雄心勃勃的流程改进目标，也可辅助日常的解决问题过程。

本书作者都是数字产品研发和交付领域的专业人士，但我们了解到在许多不同的职责岗位、行业垂直领域、资历级别、发展阶段以及规模阶段中，也都具有对于价值、清晰度和流程的需求。

本书的目标受众是那些熟知精益化和敏捷化基础知识，却不知如何自信地入手、重启、教导别人或取得可测量进展的专业人士。本书也适合那些有好奇心、努力解决问题的人士，他们为帮助团队或组织把握全局而艰难奋战；还适合那些为种种复杂的框架和运作模式所困扰的人士，他们对这些工具的运用充满了疑问。

本书旨在帮助结构复杂的企业里的中层领导者，不过书中的内容已应用于众多职能岗位和工作情境，比如产品管理、敏捷教练、技术领导、架构体系、市场营销、销售、项目管理、设计等。之所以能适用于所有这些案例，正是因为这套实践简单又灵活，其为用户在现状与目标之间铺就了坦途。只要掌握了概念和技巧，组织就可以在未曾设想过的情境下开展流程工程。

如果你寻求的是一种清楚易懂、循序渐进的系统性方法，以便在组织中确立价值、清晰度和流程，那么本书是你的不二之选。

本书的内容安排

本书开篇首先讨论了大多数组织中存在的短板和难以补齐这些短板的缘由。我们将基于研究结果、个人经验和案例研究来提出观点。具体而言，书中将提供更多背景信息来说明规模问题，以及这一问题如何影响着我们察觉、理解和应对绩效问题的能力。

本书还将介绍有效行动的三个潜在要素——价值、清晰度和流程。随后阐述流程工程的基础工作：如何从共同的背景和目标出发逆向追溯？如何将需求和目标与可执行的洞见连接起来？

框架一经设定，本书将引导你体验流程工程的各项实践——一系列快捷的协作绘图活动，每一项都会帮助你朝着价值、清晰度和流程逐步迈进。这一系列实践从绘制成果图开始，先为团队确定有价值的目标和潜在的障碍，再使用价值流图厘清目前的工作流程，查明可能需要改进之处，以把握从价值流中发现的机会，接着绘制依赖关系图，预先构想改进的机会，以构建未来状态价值流图；然后把从前几个步骤中获得的认识总结成流程路线图，将各种洞见转化为具有优先级、可测量、配有指定负责人的行动。

最后，书中介绍了在初步试行之后，如何利用流程工程来扩大和保持你所取得的进展；也分享了具体方法，以指导你自行启动流程工程，使团队能够在组织内增强影响，拓展学习。除了绘图实践，本书还分享了如何通过价值流管理来实施大规模、可持续、自动化的流程工程，以及流程工程如何帮助你驾驭发展过程中的关键转折点，比如收购和重组。

我们将贯穿全书始终使用 Bolt Global 公司（见下文）这一虚构案例来阐明流程工程的做法。

Bolt Global 公司 | 简介

莎伦在一家全球排名前 2 000 的公司任工程副总监，这家公司过去十年来苦苦挣扎于数字化转型。虽然莎伦的案例和她所在的组织都是虚构的，但其集中反映了我们在各行各业众多大型组织中普遍见到的现象。

莎伦的公司（我们姑且命名为 Bolt Global）正面临较大的市场压力。竞争对手迫使这家公司不得不提高运营效率，开辟新的业务支线。公司采取了若干改进措施，产生巨大的工作量。莎伦的团队目前的变更请求列表大量堆积，太多的任务尚未完成。她承受着重压，需要找出办法将当下的交付速度提高两倍。那么问题很显然：怎么办？（见图 0-1）

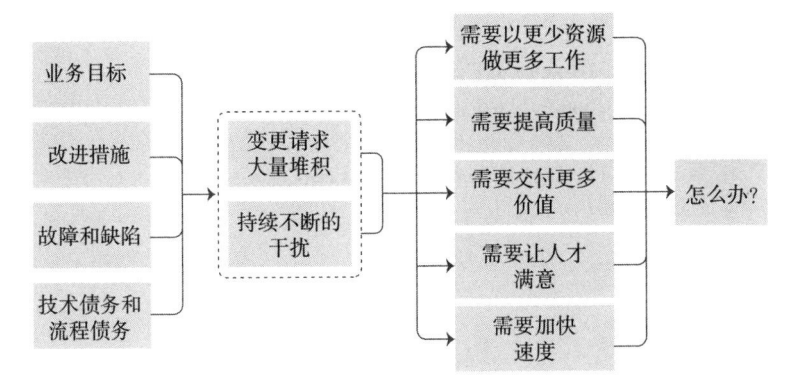

注：每个组织在面临规模扩大的问题时都要设法解决当前状态下的挑战。

图0-1　Bolt Global公司的当前状态及挑战

尽管是虚构的案例，但莎伦的处境在世界各地的组织中时常可见。很多类似的大规模IT（信息技术）举措和数字化转型项目均以失败告终。在有关众多此类举措为何难以实际落地或取得成功的文献中，不少资料[3]都把原因归为缺乏清晰度。[4]领导层要么未能提供必要的清晰指令；要么未能在组织内建立起共同的清晰认识，也就是说个人贡献者没有形成清晰的认识；要么全组织上下都没有集体协商，去处理那些可能暴露出计划中的缺陷的关切或异议；或者没有随着竞争形势和技术的发展持续地确立清晰认识。

在全书中，我们都将通过Bolt Global公司这一虚构案例来阐释多年来我们合作过的各个组织的种种状况，说明流程工程的做法是如何帮助它们应对挑战的。

注 释

1. Blanchard, "No One of Us Is as Smart as All of Us."
2. Sheth and Young, "Two Visual Pathways in Primates Based on Sampling of Space."
3. Saldanha, *Why Digital Transformations Fail*.
4. Martin, *Clarity First*.

第1部分
流程总览

FLOW
ENGINEERING

From
Value Stream Mapping
to
Effective
Action

1

规模问题

> "……规模大小不一的公司都是典型的复杂适应系统。"
>
> **杰弗里·韦斯特（Geoffrey West）**
> ——《规模：生长与衰亡的普遍法则》（*Scale: The Universal Laws of Life, Growth, and Death in Organisms, Cities, and Companies*）作者

规模会削弱有效行动的基础。这一点对于在大型组织中工作的人来说不算新知，对于政府工作人员来说当然也不是。面对规模问题，最直接、最自然的反应大概是辞掉工作，自己单干或者组织一个小团队，然后开始享受更简单、更高效的生活。可是你很快会发现，个人创业也有数不清的烦恼，只不过你在大型组织中工作时这些问题被隐藏了而已。

规模化的原因

我在此借用彼得·德鲁克的话："组织的目的是让平凡的人能有非凡之举。"[1] 组织之所以趋于发展壮大，根本原因在于人们希望做出更多非凡的事情。规模经济使之成为可能。这意味着组织规模扩大一倍，却未必需要聘用两倍多的会计师或建立两倍大的工厂；产出和收益的大幅增长并不一定需要大幅扩张这种增长所依赖的基础设施。在《规模：生长与衰亡的普遍法则》一书

中,杰弗里·韦斯特的研究结论指出,组织在发展壮大的过程中会持续受益于规模经济,估计其规模每扩大一倍,效率就能提高10%。[2]

组织规模扩大的另一个原因是把握机遇、应对竞争。随着规模的扩大,组织会获得更强的韧性、影响力、发展势头和关注度。例如,2019年至2021年,亚马逊公司员工人数翻了一番多,达到160万人,旨在应对需求上升,利用垂直整合。[3]极大的规模需要极高的协调能力,但即使只是超过一个人的规模扩大,也需要谨慎对待。

规模化的成本

尽管扩大规模明显有利,但其带来的挑战和成本同样不容忽视。本书主要介绍的一项挑战就是当扩大规模给有效行动带来显著成本时,如何让团队仍然能够有效运作。而要了解团队合作在哪些方面受到规模化的影响,我们首先需要弄明白规模化的人力成本。在团队内进行有效协调这一挑战会破坏我们组建团队的初衷。

规模化的人力成本

规模扩大应带来能力的提高和影响力的增强,然而大多数组织却为了管控已达到的规模水平而费尽心思。我们常常听到这样一些言论:

"我们看不懂现在的情况。"
"我们不明白应该关注什么。"

"我们需要以更少的资源做更多的事情。"

"我们的行动不一致。"

"我们的工具太多，开会太多，依赖关系和干扰因素也太多。"

"我们的技术债务过高，进行中的项目过多。"

"我们在微观管理或琐碎事务上花费了太多时间。"

"我们总是在等待不可控的事情发生。"

"我们留不住、用不好、不能帮到自己的人才。"

"我们总是这么做事，但现在这行不通了。"

还有迹象表明，某些深层次的因素在侵蚀着我们的有效行动能力。

规模化会产生三种具体的人力成本：注意力分散、方向感缺失、参与度降低。注意力分散的原因包括受到持续不断的干扰、优先事项发生改变、对注意力的需求有所调整。方向感缺失的原因是未就最重要的事务形成清晰一致的认识。而参与度降低则是由我们在没有确立价值联系的情况下只好维持原状所致（见图1-1）。

注意力分散　　　　方向感缺失　　　　参与度降低

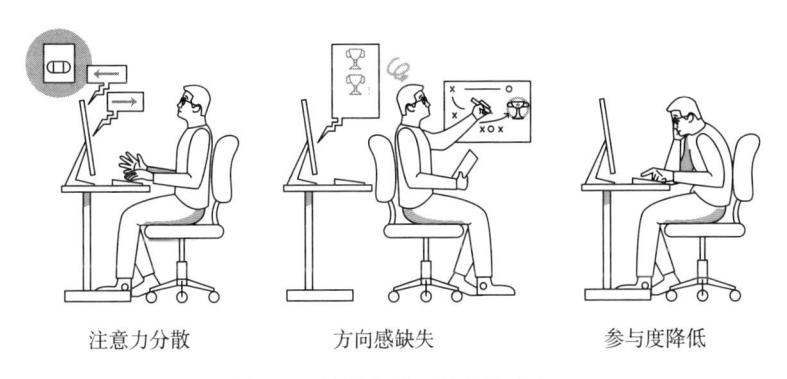

图1-1　规模化的三种人力成本

1　规模问题

大型组织中工作者的注意力分散现象更严重，这造成高昂的成本。根据格洛丽亚·马克（Gloria Mark）、维克多·冈萨雷斯（Victor Gonzalez）和贾斯汀·哈里斯（Justin Harris）题为"没有遗漏任务？审视碎片化工作的本质"的研究，工作者被打断工作后需要约25分钟才能重新集中注意力。[4]

我们在独自工作时已经很容易分心了。合作的同事越多，随时被他们打断工作的概率也就越大。当心不在焉时，我们又会去影响别人的注意力，由此导致的一系列干扰就像卫星爆炸产生的太空碎片一样射向整个组织。所以全神贯注成了现代世界最岌岌可危的一种心理状态。一个组织能否成事，最为致命的影响因素莫过于其团队无法专注于目标。而规模化只会加剧这一问题。

数字技术虽然使超大规模、超快速度的协作成为可能，但也会令我们更难保持方向感，不能确定什么是最重要的任务。信息内容的无限递增意味着有用的细节容易被遗漏。快节奏的变革也容易迷失方向，人们都得一心多用。数字现实可能更转瞬即逝、更因人而异，于是人们远比在物理现实中更容易脱离人与人之间的关系。因此，有必要专门花费功夫让人们在数字世界实现同步，尤其是在企业里。

方向明确是一致行动的前提。组织中的每一级互动关系都要求不同人员的动机、认识和行为保持一致。图1-2简要说明了如果这些都不一致的情况。即使一群人面临同样的挑战，但是每个人都会有不一样的视角，形成不一样的认知，正如朱迪·卡茨（Judy Katz）和弗雷德里克·米勒（Frederick Miller）在其著作《打开团队合作之门》（*Opening Doors to Teamwork and Collaboration*）中所描述的那样。[5]

视角不同　　　　目标不同　　　　关注范围不同

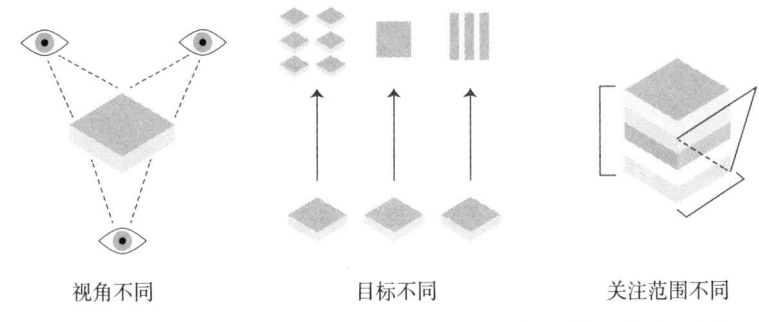

注：不同个人和群体的视角、目标及关注范围迥异，并随时间的推移而改变。

图1-2　团队内的不一致

由于各人的视角不一，我们可能掌握也可能缺乏关键的信息。每个人还可能根据当时自己认定最重要的事情来设定各不相同的目标。我们关心的事务也可能千差万别（或宽或窄，或早或晚，或琐细或宏大，或重战略或重操作），就像不同级别的缩小或放大功能一样。技术专家在决策时惯于放大高难度的技术细节，而保持较远距离来考虑问题的人可能会得出全然不同的结论。所有这些各有差异的看法可以互为补充，但需要投入精力进行协调。

民调组织盖洛普（Gallup）耗时30年追踪公司员工的参与度指标，在《首先打破所有规则》（*First, Break All the Rules*）一书中概括了多条结论。其最近的调查显示，美国公司员工的参与度仍在33%左右。[6] 据盖洛普的《2023年全球职场状况报告》（*State of the Global Workplace: 2023 Report*），全世界因员工不积极而造成的生产力损失达到惊人的8.8万亿美元。[7] 员工不积极意味着工作环境不能激活员工的内在积极性循环。这可能是因为缺乏挑战，

1　规模问题

但更常见的原因是缺乏目标，或者说对目标缺乏参与感。在这种情况下，员工不清楚自己的工作除了赚钱外还有什么积极意义。

丹尼尔·平克（Daniel Pink）的畅销书《驱动力》（*Drive: The Surprising Truth about What Motivates Us*）将自主、专精和目的视作最能焕发人们热情的三大要素。[8]谷歌公司代号为"亚里士多德"的研究项目希望找出打造完美团队的秘诀，最后发现目标感是高效能团队的五大构成要素之一。[9]

人们很容易以为换个工作才能找到目标感，但其实最迅速也最有效的改进只需真正理解自己所从事的工作的意义。规模化增加了理解的难度，因为在大规模的工作进程中，我们工作的实际受益者可能与我们有一定的距离。

规模化的组织成本

规模扩大会给组织带来特殊的挑战。从组织整体来看，前文提及的人力挑战表现为认识和行动上的不一致。而扩大规模后，团队与客户、其他团队、自己的工作目标乃至必要信息之间的距离都变得更远了。于是，从客户需求到团队活动的关键反馈循环被拉长，并发生中断。

距离的远近，不管是物理意义上的还是精神层面的，都被社会科学工作者称作"邻近性"（proximity）。[10]同理心，即员工对客户所面临的挑战的情感联系，属于"社会关系邻近性"（relational proximity）的表现。[11]能够与同事建立起共同的认识则是"认知邻近性"（cognitive proximity）的表现。这两种邻近性都预示着合作的可能性。

协调整个组织就像探寻其他人头脑中的隐秘世界,需要统筹激励措施,建立互信,捋清每个团队应对无数挑战和机遇时所采用的方法。要想统领全组织的生态系统,就必须驾驭好由各个技术和社会关系节点(或者各个相互关联的组成部分)组成的依赖网络,同时必须承认,我们越来越不可能孤立地考虑组织中的任一组成部分或领域了。

吉恩·金(Gene Kim)和史蒂芬·斯皮尔(Steven Spear)在《打造成功组织》(Wiring the Winning Organization)中如此介绍这种隐性的依赖网络:

……社会网络,即层层叠加的各种程序、步骤、惯例、规范,有助于人们轻松自如地完成工作。虽然每位专业人士都只关注自己眼前的问题,但社会网络规定了信息、观念、材料和服务的流动模式,按照成功的要求来配置人力资源,集聚个体力量以实现共同目标。[12]

这种社会网络是不可见的,很容易被忽视。随着组织规模的扩大,各种隐性的短板因素和不一致问题成为常态。要想规避或削减规模化的此类成本,组织就需要经营好上述社会网络,让成员确立或重新确立共同的目标感,在方向和行动上保持一致。

规模悖论

即便是简单的协调活动,比如拔河比赛,随着队伍人数的增多,个体努力的热情就会衰退。这种现象叫作"林格尔曼效应"(Ringelmann Effect),指的是集体任务的参与者越多,个人的平均贡献反而越小,因为每个参与者都觉得自己的努力对总体效果不那么重要。[13]

虽说规模化会导致低效的问题,但微软公司和脸书公司的研究人员在自2016年开展的研究中有不同的发现。他们研究了47个团队,每个团队人数从1人到32人不等。随着团队人数的增多,团队的生产力有所提高,但合作成本和错误数量也在增加。研究发现,规模与绩效之间具有有价值的关联。"我们发现个人在集体中的总体努力程度要比独立工作时低,部分原因在于把一部分努力投入难度较低(生产力也较低)的子任务;然而,我们也发现随着团队规模的扩大,团队成员之间的合作增多。"[14]换言之,大型团队必然开展更多的合作,但其结果一定是个体的贡献程度降低(见图1-3)。

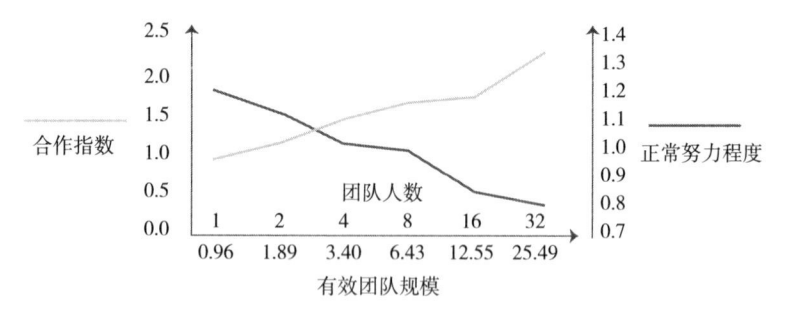

注:此图显示了随着团队规模的扩大、合作的增多,个体成员的相对努力程度却在下降(以人时计的工作量增加)。①

图1-3 规模悖论图解

---

① Adapted from Andrew Mao et al. "An Experimental Study of Team Size and Performance on a Complex Task." *PLoS ONE* 11, no. 4(April 2016). https://doi.org/10.1371/journal.pone.0153048.

研究者最终认为:"最大规模团队的绩效优于同样人数的个体工作者的绩效总和,说明合作的收益大于个体努力减少所造成的损失。"[15] 简言之,协作是最佳工作方式,但其结果并非最优。若团队规模超过亚马逊公司内部为兼顾效率和可扩展性而推广的"两个比萨"团队或"单线程"团队[16],那么合作造成的浪费和成本会大幅上升。[17]

这一研究强调了规模问题的几个方面,本书后续章节将就这几个方面展开讨论,并提出改进协作流程的方法:

随着规模的扩大,组织的效率往往会降低,员工努力程度也会降低,而错误数量则会增加,除非谨慎采取应对措施来消除这些风险。

此类成本不易察觉,因为规模经济带来的效益增速这一价值大于协调不力所造成的浪费。

成本问题和浪费现象不仅会降低公司利润率,还会影响客户和员工的体验。

隐匿的低效问题也能解释为何那些老牌大型公司在更敏捷的竞争者面前迅速丢失市场份额,一败涂地。这一发现具有重大意义,因为我们要考虑到现代企业工作流程囊括了成百上千个团队和个人,这样的工作流程就是一种大规模合作的依赖网络。

大规模合作的挑战

尽管组织开展大规模运作会产生严重的低效问题,但是现代世界中的无限机遇与激烈竞争推动着各大组织不断追求增长。大型组织不论遭遇怎样的挑战,产生多少浪费,都一定会有所行动。不过行动迟缓或者收效甚微通常会被认为和毫无作为一样糟糕。

鉴于这些制约因素,我们必须帮助企业、客户和员工找到对他们自身有用的合作方法。要想找到更好的合作方法,就必须更深入地理解我们所处的工作系统。

组织是社会技术系统

我们最好把现代企业理解为社会技术系统(社会系统与技术系统的结合体)。考虑周全和交付价值哪怕对于个人来说都极具挑战性。规模化使交流、协调、合作都变得复杂,更是放大了这种挑战。一些和规模问题相关的法则与理论可以帮助我们理解社会技术系统范围内的组织绩效:

卡尔·维克(Karl Weick)的组织理论(Theory of Organizing)[18]。该理论提出,组织本质上是协调各种释义和理念的系统。随着组织规模的扩大,其所需管理的各种释义和理念多到不计其数,在交流方面构成挑战。

复杂性理论(Complexity Theory)[19]。该理论解释了复杂性如何随规模的扩大而呈非线性增加,加大了可预测和控制的难度。

注意力经济学(Attention Economics)[20]。赫伯特·西蒙(Herbert Simon)的这一理论指出,信息越丰富,注意力就越稀缺。注意力是获得清晰认识的先决条件。

交易成本经济学(Transaction Cost Economics)[21]。该理论试图解释为何大型组织协调工作的成本会大于规模化带来的收益,导致低效问题。

梅特卡夫定律（Metcalfe's Law）[22]。这一定律认为，一个网络的价值与其所关联用户数的平方成正比。虽然主要是指实体网络的价值，但按此逻辑，随着网络规模的扩大，网络内部协调工作的复杂性和成本会以网络规模的平方数成倍增加。

布鲁克斯定律（Brooks's Law）[23]。这一定律认为，向已经落后的软件项目增加人手，只会让项目进一步延迟；每个新增人手都会带来交流成本，导致项目进展速度减慢而不是加快。

康威定律（Conway's Law）。设计系统（包括产品和服务）的组织受到组织内部交流模式的制约，只能产生与该模式一致的设计。随着组织的发展壮大，业务多样化，就会难以维持连贯一致的交流模式。不一致的交流模式又会产生不一致的系统，表现为功能陈旧过时或者不符合现行目标。反之亦然：分散化的系统迫使组织拆解了团队，由一个个专业人员负责这样的系统。对此，英国前首相温斯顿·丘吉尔说得很精辟："人塑造建筑，建筑也塑造人。"[24]

上述法则和理论贯穿了一个共同的观点：复杂深远的影响会随着规模的扩大而来，并开始威胁组织的绩效。组织内的交流、协调和合作都会受到影响，不仅会降低运营绩效，还会损害组织提供的某些产品和服务的质量。

案例研究 | 复选框项目

复选框项目（The Checkbox Project）这一案例研究发表于2023

年秋季版《DevOps企业期刊》。[25] 其中介绍了一项看起来很简单的任务，那就是在客户账单中添加一个复选框，用以发起一个API（应用程序接口）的调用，转售合作伙伴的服务，这基本上不会产生任何运营成本，但将创造数百万美元的收益（见图1-4）。这项任务看似直截了当，毫无阻力，可实际上由于企业规模的挑战而遭遇了重重困难。

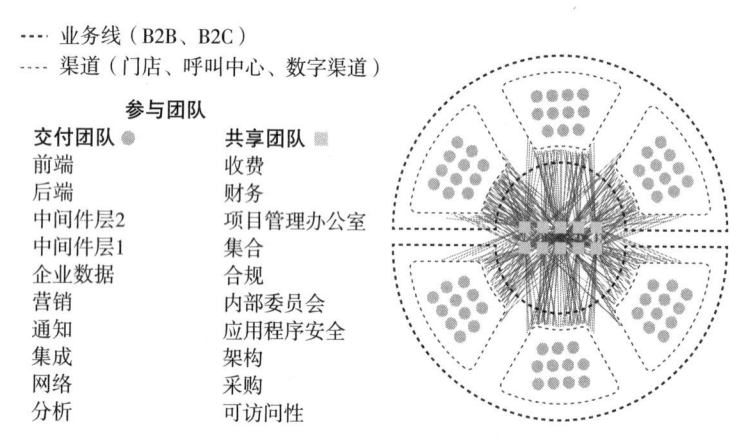

---- 业务线（B2B、B2C）
---- 渠道（门店、呼叫中心、数字渠道）

参与团队

交付团队 ●
前端
后端
中间件层2
中间件层1
企业数据
营销
通知
集成
网络
分析

共享团队 ■
收费
财务
项目管理办公室
集合
合规
内部委员会
应用程序安全
架构
采购
可访问性

注：超过10个交付团队参与项目，共涉及两条业务线（LOB），每条业务线对应三条渠道，均严重依赖共享服务。[①]

图1-4　复选框项目：参与团队

添加复选框这一任务需要妥善运作一个相互依赖的复杂关系网络：比如产品开发、IT、收费、全球法务和合规、营销等部门。而所有这些职能部门都横跨多条渠道和业务线，存在重复劳动。

[①] Source: Kamran Kazempour et al., "The Checkbox Project：Learnings for Organizing for Outcomes," *The DevOps Enterprise Journal* 5, no. 2（Fall 2023）, https://itrevolution.com/product/the-checkbox-project/.

最后，全组织不同层级的60多个团队，需要跨越多条渠道和数个细分部门，在管理监督下开展密切合作，涉及许多种协调职能和共享服务，才能交付此项变更。结果这个项目从启动到完成耗费一年多的时间，公司投入成本高达2 800多万美元。几乎没有一个利益相关者认为这是一个成功的项目。

管理隐性因素

每个人都通过自己的直接经验来理解价值、清晰度和流程。我们都容易理解获得美好事物、解开谜题或者取得成就诸如此类的经验。然而，当我们应对的是不可见的隐性因素时，特别是当这些因素的数量极多时，就难以得到上述三种经验了。

多米尼加·德格朗迪斯（Dominica DeGrandis）的著作《将工作可视化》（*Making Work Visible*）中介绍了知识型工作组织面临的一大挑战：隐性的工作。而将工作可视化，甚至对体力劳动都有益处。[26]

弗雷德里克·泰勒（Frederick Taylor）与莉莲·吉尔布雷斯（Lillian Gilbreth）和弗兰克·吉尔布雷斯（Frank Gilbreth）夫妇开创了著名的时间和动作研究，这是最早追踪工作实施方法随时间的推移而产生变化的研究之一。他们的分析结果推动了生产效率翻倍提高，同时大大简化了工作程序。[27]

时间和动作研究主要关注的是体力活动，但现代工作还需要创意、创新和动态合作。例如，就软件开发而言，即使其成果是可见的，但这种任务本身也是不可见的。任务管理系统可以在一定程度上有效地组织工作，使之可视化。随着时间的推移，我们有可能注意到这些任务的数量、持续时间或分配情况的变化趋势，从而揭示出本来无从观察的规律。不过，就像时间和动作研究会被误用，我们也会错把人力工作简化为机械重复的动作，同样，错误地使用任务管理系统也可能产生意想不到的后果。

最普遍的工作心理模式是把工作看作一场百米赛跑（甚至不是接力跑，就是赛跑）——团队就像一个选手，可以自主加速、改善状态或提高技能。但是，把工作比作赛跑，把团队当成独立的运动员，其实掩盖了工作的复杂性，这导致提出的解决方案不过是寄希望于奇迹般改进的出现。

协作的工作方式则更像是一个建筑项目。你可以合作，甚至组成团队，哪怕达到了巅峰状态，却不能实现半点进展。除非你先处理好各种依赖关系——获得相关许可的程序、不同专业团队间的交接、物料的供应链、库存的成本、天气的影响，否则一切努力都会白费。

知识工作与建筑项目相似，但其原材料、正在进行的工作、最终成品都是隐性的。恰如弗雷德里克·布鲁克斯（Frederick Brooks）[①]在《人月神话》（*The Mythical Man-Month*）一书中所说："程序员像诗人一样，近乎仅仅工作在单纯的思考中。他们凭空地运用自己的想象力来建造自己的'城堡'。"[28]

这是多么大的挑战！协同合作建造"空中城堡"，试图协调那些看不见的依赖关系，还要随着时间的流逝去理解和改善不断运转的隐性流程。无怪乎大多数IT组织都被本部门以外的人看成"黑箱"一样的存在。

每个部门都有类似的问题，比如超出可控范围的延迟、注

[①] 前文中"布鲁克斯定律"的提出者。——译者注

意力分散和工作中断、任务队列和未完成的工作、共享服务、各项审批和标准。直到你利用某种范式看到了并解决了这些制约因素，你所投入的培训、人才、工具、积极性、方法或任何其他努力才不会被这些制约因素束缚。但若没有这样的适当范式，你可能会错失眼前的良机。

结　论

如果作为社会技术系统的组织扩大规模，就会导致注意力分散、方向感缺失、参与度降低，从而产生巨大的人力成本。不同个体之间视角、目标和关注范围的差异放大了这种影响。于是，价值、清晰度和流程变得难以企及，我们有效开展合作和采取行动的能力也会衰退。我们无法解决自己看不清、不明白的问题，我们必须先清楚地了解规模化的具体影响和可见度的重要意义，接下来才能讨论解决方案。在应对规模化的挑战方面，已有很多常见的方法。我们不妨从一种新的角度来审视一些典型的方法，以识别出在有效行动的落实过程中依旧存在的缺陷。

主要启示

- 规模扩大会导致原因与结果分离得更远；每个人视角、优先事项和活动之间的差异更大；最终价值与当前工作目标的关联更松散。
- 员工如果不熟悉工作目标，没形成共同认识，就会容易注意力分散、方向感缺失、参与度降低。
- 这些人力成本限制着团队有效且高效地交付价值的能力。

注 释

1. "Peter F. Drucker Quotes."
2. *West, Scale*, 32.
3. "Amazon: Number of Employees"; Greene, "Amazon's Big Holiday Shopping Advantage."
4. Mark, Gonzalez, and Harris, "No Task Left Behind?"
5. Katz and Miller, *Opening Doors to Teamwork and Collaboration*, 87.
6. "Employee Engagement."
7. Gallup, "State of the Global Workplace: 2023 Report."
8. Pink, *Drive*.
9. Duhigg, "What Google Learned from Its Quest to Build the Perfect Team."
10. Criscuolo, Salter, and Wal, "The Role of Proximity."
11. Vas, "Role of Proximity in Regional Clusters," 162–182.
12. Kim and Spear, *Wiring the Winning Organization*, xxviii.
13. Wikipedia, "Ringelmann effect."
14. Mao et al., "An Experimental Study of Team Size."
15. Mao et al., "An Experimental Study of Team Size."
16. Slater, "Powering Innovation and Speed with Amazon's Two-Pizza Teams."
17. Hern, "The Two-Pizza Rule and the Secret of Amazon's Success."
18. Sproule, "Organizational Rhetoric and the Public Sphere."
19. Sipser, *Introduction to the Theory of Computation*, 348.
20. Carpentier, "New Economics for Sustainable Development Attention Economy."
21. Atkinson, "Manpower Strategies for Flexible Organisations."
22. Wikipedia, "Metcalfe's law."
23. Brooks, *The Mythical Man-Month*, 25.
24. "Churchill and the Commons Chamber."
25. Kazempour et al., "The Checkbox Project."
26. DeGrandis, *Making Work Visible*, 43.
27. Wikipedia, "Time and motion study."
28. Brooks, *Mythical Man-Month*, 7.

2
规模问题的解决方案

> "在这个紧密联系的世界里,从来不存在'临界质量'的问题。一直都是关乎必要的联系。"
>
> **格蕾丝·李·博格斯(Grace Lee Boggs)**

也许你意识到自己正处在这样的工作状态或系统中:进度变得缓慢,认识变得不清晰,工作也没有取得应有的成效。在日常工作中,你可能并不清楚如何处理依赖关系,协调利益相关者的行动,查明制约因素,测量工作绩效,或者集中力量投入。那么此时若能快速地跳出现状,改进工作,则不失为一种有价值的做法。务必检查一下工具是否趁手,你是否在用合适的工具,或者你是否在朝着正确的目标努力。

关于企业规模问题的解决方案,一个令人痛苦的真相就是不存在万能的解决方案——某种情况下有用的办法在另一种情况下却不能奏效。亚马逊公司虽然规模庞大,结构复杂,但在主导、开拓、转型和实验等方面都是各类组织的典范,而且经过二三十年的发展也毫无减速的迹象。然而,你所在的组织可能与亚马逊几乎没有相似之处,也就不可能像亚马逊那样,通过缩减规模把组织拆分成许多独立的小型团队,然后大规模地进行高效运作。

我们从孩提时期起就对模仿他人的风险有所警惕。对于企业来说也是一样的，复制粘贴绝不可行。如图2-1所示，现有解决方案或是规定性的或是生成性的。规定性方法一般实行集中管理，依赖少数领导或专家来制定精准的结构，指示团队应当如何组织起来和开展互动。相反，生成性方法一般实行分散管理，力图将整个组织的全体利益相关者聚集到一起，方便讨论和演练，以期找出解决方案。

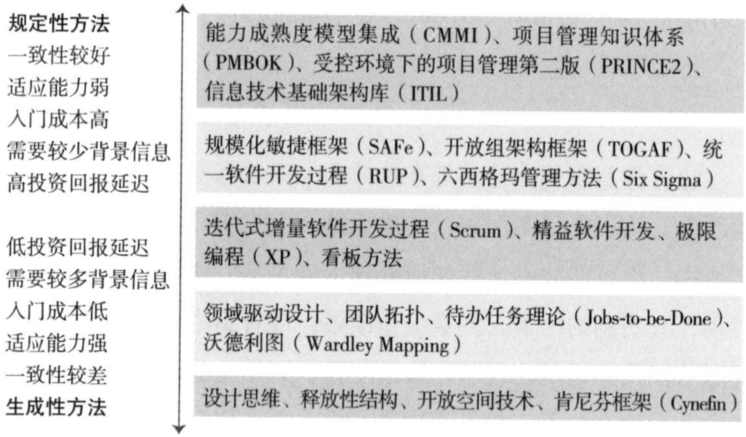

规定性方法	
一致性较好 适应能力弱 入门成本高 需要较少背景信息 高投资回报延迟	能力成熟度模型集成（CMMI）、项目管理知识体系（PMBOK）、受控环境下的项目管理第二版（PRINCE2）、信息技术基础架构库（ITIL）
	规模化敏捷框架（SAFe）、开放组架构框架（TOGAF）、统一软件开发过程（RUP）、六西格玛管理方法（Six Sigma）
低投资回报延迟 需要较多背景信息 入门成本低 适应能力强 一致性较差	迭代式增量软件开发过程（Scrum）、精益软件开发、极限编程（XP）、看板方法
	领域驱动设计、团队拓扑、待办任务理论（Jobs-to-be-Done）、沃德利图（Wardley Mapping）
生成性方法	设计思维、释放性结构、开放空间技术、肯尼芬框架（Cynefin）

图2-1　解决方案的范围分布图示

生成性方法所实行的分散化管理能有效地让每个人都参与活动，共同寻找解决方案。人们在亲自参与寻找解决方案的情况下，会更投入地努力取得成果。这种现象通常叫作"宜家效应"（IKEA effect）——比起收到现成的组装物品，人们更珍视自己亲手组装的物品。[1]

这种分散化管理的风险在于可能耗时较长，很难保证贡献者最后会取得什么结果。尽管获得认可和支持很重要，但是个体贡献者从时间或空间的宏观角度进行业务分析，可能缺乏重要的背景信息。这样来看，生成性方法似乎是在要求人们去信任未知的事物。这种方法可能难以转化成清晰明了、可采取行动的商业价值。

规定性或集中式管理方法的优点则是能够提供清晰的认识和明确的方向。当不同见解分散在组织各处时，对于多数人来说这是不可见的。掌握权力的人可以清楚地界定目标、结构及优先事项，确保这些信息在整个组织里显而易见并扩大影响。

然而，规定性方法的主要缺点在于约束性太强，应用此类方法的成本极大地抵消了其所能产生的效益。像受控环境下的项目管理第二版这样的规定性管理模式具有相当长的学习曲线和相当高的培训成本，需要安排经过专门培训的专家，并提前完成预算审批。这样来看，规定性方法的要求是"全有或全无"，没有中间地带，组织需要在学习和结构上做出巨大投入才能启动项目或扩大规模。

总之，任何试图解决规模问题的方法都必须处理好以下三点，以应对注意力分散、方向感缺失、参与度降低这三种风险：

如同上文提及的生成性方法，你选择的解决方案必须让所有人参与其中，确保每个参与者的观点都得到分享，都感到自己对最终方案有所贡献。这样可以消除参与度降低的风险。

如同上文提及的规定性方法，你选择的解决方案必须设计简单，和组织的战略目标相吻合。这样可以防范方向感缺失的风险。

不同于典型的规定性方法，解决方案还必须容易操作，能够快速投入应用，快速实现投资回报。这样可以防范注意力分散的风险。

我们寻求的解决方案应当简单快捷、重点突出，在优先事项发生改变之前就取得成果，并让参与者沿着最佳路线持续前进，达到预期目标。

现有解决方案的不足之处

实现大规模协作的常见方法通常存在三个缺陷：一致性不足、可见度不足、启动准备不足（见图2-2）。

一致性不足指的是难以获得支持和激发热情，难以确定业务价值，也难以在贡献者与组织需求和目标之间建立起联系。既然不可能面面俱到，那么组织就必须统一重点，一致地努力实现所需要的成果。

一致性不足　　　　可见度不足　　　　启动准备不足

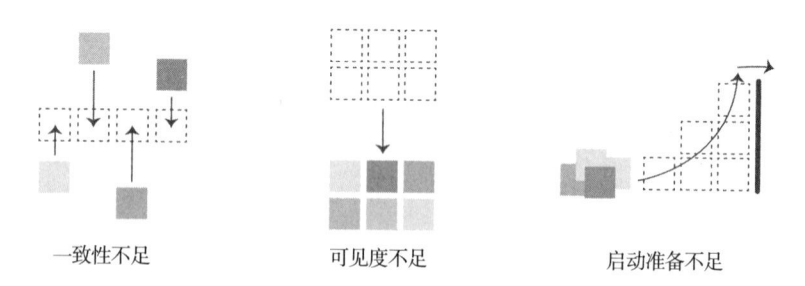

图2-2　实现大规模协作的三个不足之处

可见度不足指的是难以掌握目标和现状的全貌，并让所有参与项目和受其影响的成员都对此形成共同认识。要想全面了解背景情况，你必须接收分散于各处的不同观点。要想有效推进这一工作,你还必须有能力辨明前进的方向。创建当前状态与未来状态之间的清晰路径对凝聚各方力量至关重要。

启动准备不足指的是难以发起和重启项目,难以确保获得支持或投资,也难以打造发展势头。项目初期准备不足的一个关键问题在于,根据各个组织的独特现状来满足它们的需求非常有挑战。

在任何大型公司里,要想真正畅通无阻地实现目标,所采用的方法都必须解决好项目管理的三重制约因素:成本预算、工作范围、时间安排(见图2-3)。换言之,要满足一家受到各种制约、存在惰性的大型公司的需求,所提供的解决方案必须成本低廉,设计极简,可以快速试行。

目前,大多数组织都缺少一个有效的框架,因而不能迅速设定有价值的目标、认清现状,在众多成员组成的群体中展开有效行动。

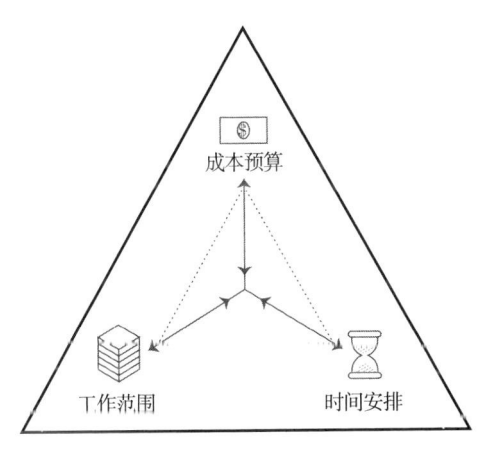

图2-3 制约因素的铁三角

2 规模问题的解决方案

控制论的联系

规模问题的有效解决方案还必须基于"无标度原则"（scale-free principles），即任何规模都能适用的原则。控制论（Cybernetics）作为20世纪最具影响力的思想运动之一，恰好就如何实现目标提供了这样一种无标度的解释方法。

控制论的观点是，为了实现目标所付出的任何努力都取决于控制系统的有效性。控制系统是指利用反馈循环来不断调整运作方向，以达到目标状态的一种系统。若采用控制论的观点，我们可将系统理解为既像温控器一样简单，也像政府一样复杂。若将你的组织比作一架飞机，那么控制论解释的就是如何驾驶好这架飞机。

詹姆斯·马丁（James Martin）在其1995年发表的著作《大转变》(*The Great Transition*) 中描绘了他的愿景：未来的企业将是一种基于控制论原则的公司，即"赛博公司"（cybercorp），包含两方面的先进表现：技术发展实现了快速反馈、自动化、规模化和新的能力；员工获得赋能，提升了生产力、专注力、协作性和自主性。他批评了将"业务"与IT剥离的危害。他还声称组织要想在数字化未来取得最优绩效，就必须在整个企业中填平员工与技术之间的鸿沟，创建一个基于控制论原则的体系。[2]

媒体和商业讨论中随时用到"数字化转型"之类的术语。我们最好先思考一下这一术语意味着怎样的深刻变革：组织已在多大程度上按照赛博公司的标准来运作，又有多少低效因素仍然存在于当前的运作方式中。

三十年前，詹姆斯·马丁还是最后几位以控制论预测未来工作的主要作者之一〔与他们在观点上明显不同的是《设计交付》

（Designing Delivery）的作者杰夫·萨斯那（Jeff Sussna）]。如今我们就生活在他们所说的未来之中，因此我们理应回顾一下，以了解真正的情况。

从控制论的角度看，组织开展的每一项保持方向正确的活动（不论是管理、培训、配备IT系统还是其他活动）都属于控制系统的一部分，构成一个反馈循环（见图2-4）。这个循环和下一章将要介绍的行动要素循环相呼应。这种观点毫无新意，也不存在什么争议。但真要付诸实践，特别是在大型组织当中，那一定极具挑战性。

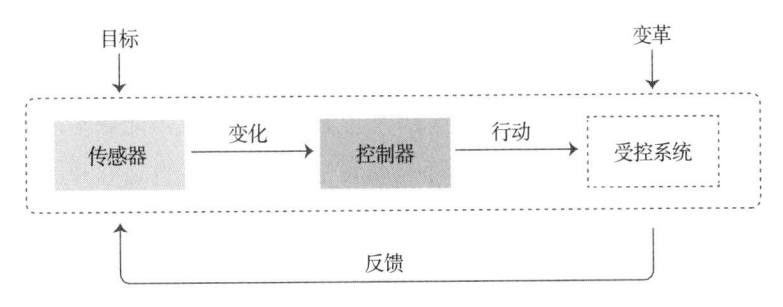

注：控制论的循环体现在通过确定目标、传感信号、做出响应来推进变革的流程上。

图2-4　控制论的反馈循环

人人都想获得对复杂挑战的掌控感。一些动态活动，比如骑山地自行车，就属于控制练习。当我们骑车下山时，目标是保持骑行在山路上，而不会超出这个范围。我们会极致调用自己的视觉、听觉和其他感官，使身体清晰感知到当下的运行状况。技术娴熟的骑行者每秒钟都要控制前轮并调整姿势几十次。这毫无疑问是一种经验过程。

我们工作时在进度、清晰度和专注度方面可能无法获得这样的感受。但这也许是因为我们尚未构建起基于控制论的控制体系,所以不能理解工作中的挑战并做出反应。我们最重要的工作目标不应仅仅是熬到下一个季度。对我们最有用的目标其实是管理好工作的经验过程。

把工作理解为一种流程

商业活动的主要挑战是如何让一群人有效协作,为客户交付价值。所谓价值,就是相对于成本而言的效益。大型组织往往把员工组织起来,形成一个个职能部门,然后像接力赛一样从客户需求出发,分发安排各项工作,直到客户满意。这些孤立的职能部门存在一个问题(见图2-5),那就是它们最后并不能像参加接力赛的一支队伍那样运作,而是彻底相互隔绝,各自独立开展培训,可能拥有不同的目标。

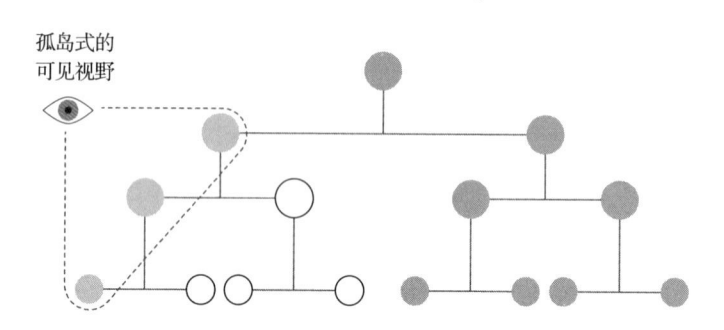

注:孤岛式的结构有利于人员管理,但不利于全组织的流程管理。

图2-5 组织结构孤岛化

试想在一场接力赛中，同一支队伍里的各个队员都是独自训练，到比赛时却想着能顺利交接。不但整支队伍不可能取得好成绩，而且每个队员可能都只关注自己的表现。独立的训练和测评导致谁都不了解其他人的情况，也不清楚大家如何能协同一致，创造价值。参赛者可能花费了大量时间提高各自的跑步技术水平，却在交接棒时一团糟，而后者对全队最终成绩的影响远比前者严重。

如果我们只能对自己看得到的内容做出改进，我们只能看到总体工作流程的一小部分，那么我们的一切努力都是徒劳，还不如去解决活动链条上最薄弱的环节。如果我们可见的视野局限在工作流程中的一小部分上，那么我们的改进工作也将局限于此。但是，如果没有解决真正的制约因素，那么我们的改进工作还将是无用功，甚至使情况变得更糟（见图2-6）。

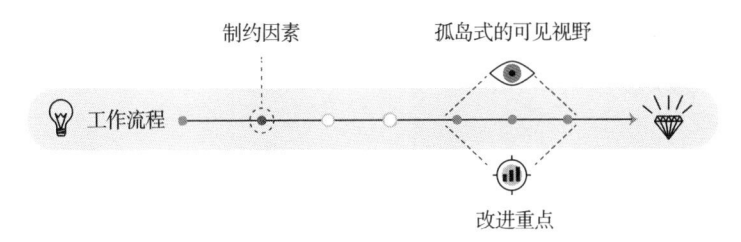

图2-6 可见视野受限的结果

詹姆斯·马丁在《人转变》中指出："价值流是一组端到端的活动，它们共同为'客户'创造价值，这里的'客户'可能是价值流的最终客户，或者是价值流内部的'终端用户'。"[3]价值流是一个完整的循环，始于客户需求，终于客户满意度。一个价值流就代表着一个完整的基于控制论的控制系统，包括客户目标、变革实施，以及反馈加工三个环节。

组织要想优化价值流，就需要审视清楚这一端到端的工作流程，在促进交付价值的同时降低各种成本，如延迟。我们可以通过更有效地在各个贡献者之间建立联系来达到这样一种状态：每一项工作都可以不间断地"流转"，为客户带来效益。

价值流的优化并不止于对一小部分工作流程的优化。例如，敏捷原则及做法在软件开发领域兴起，旨在改善流程，强化以客户为中心。敏捷开发能优化结果，但却对下游的部署、基础设施和营运造成压力。后来出现了DevOps这种解决方案，以应对下游的交接问题，并加速交付，改进成果。

价值流优化比DevOps更进一步，涵盖了为客户交付价值的完整流程。只改进某一个价值流中的流程工作，其中的限制因素将会转移到其他地方。而借助价值流模型，我们能够发现机遇，在从客户需求到客户满意度的全流程中加速交付和改进成果（参见图2-7）。

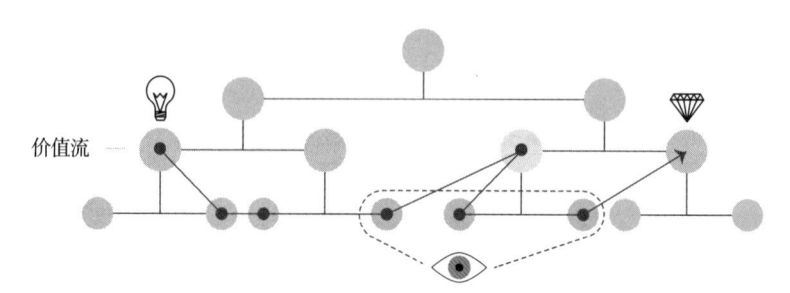

注：价值流，即实现客户满意度所需全部活动的范围，跨越了多个职能部门。

图2-7 价值流

让流程清晰可见

要想管理并优化工作流程，我们首先必须"看懂"工作流程。要想有效地思考工作，我们需要建立能够反映这一流程的简单模型。在大规模的组织中工作，没有人了解工作流程的全貌。也就是说，我们需要收集数据，汇聚每个人的知识，以建立起所需的模型。

为此，我们绘制了价值流图，在集体理解的基础上以可视化的方式呈现了价值流。通过绘制价值流图（见图2-8），我们可以测量绩效，确定改进的机会。我们正在有效地建立起反映工作流程且清楚易懂的模型，因而可以对原本不可见的流程进行管理。

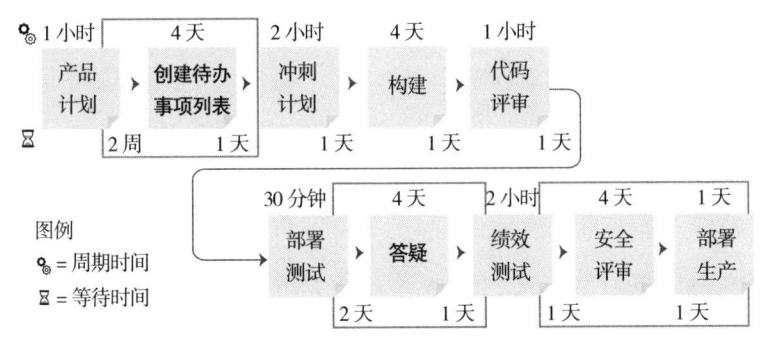

图2-8　一张简单的价值流图

用控制论的术语来讲，这其实就是创建控制系统的行为，后义还将提到这个概念。在此基础上，我们可以长期学习和适应，以改善价值交付。

经典的价值流图源自丰田生产系统（TPS）的"物料流和信息流图"。丰田生产系统是一种革命性的组织运营方法，帮助丰田公司从20世纪80年代起统治了日本汽车行业。其核心是kaizen理念，即"持续改善"。迈克·鲁斯（Mike Rother）在他的开创性著作《丰田套路：转变我们对领导力与管理的认知》（*Toyota Kata: Managing People for Improvement, Adaptiveness, and Superior Results*）[4]里将这一做法概括为"改善套路"（Improvement Kata），如图2-9所示。

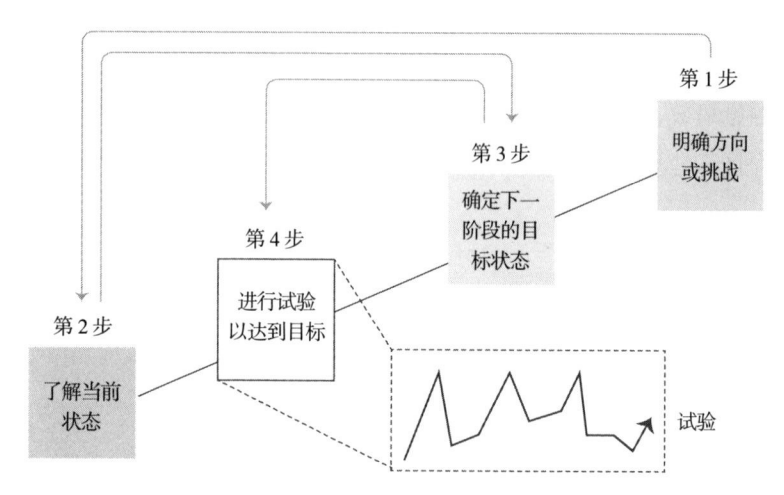

资料来源：迈克·鲁斯，《丰田套路：转变我们对领导力与管理的认知》。

图2-9　丰田生产系统的改善套路

　　改善套路是一套范式，包含四个步骤：设定目标状态、了解当前状态、确立下一阶段的目标，然后不断努力实现目标。改善套路本身就是一种控制论的循环，在朝着确定目标前进的同时注重持续做出调整。

　　当今最有影响力的一些框架都在重复应用这一范式，如表2-1所示。

表2–1 比较流行的决策框架所应用的控制论控制系统

框架/方法	目标	感知	比较	计算	行动
精益创业（Lean Startup）	确定假设	测量	学习	构建	构建
目标和关键成果法（OKRs）	目标	监测关键成果	与目标进行比较	计算调整	采取调整行动
V2MOM	愿景	障碍	价值观	措施	方法
Scrum	冲刺目标	每日站会	回顾	查明待改进事项	改进
平衡计分卡（Balanced Scorecard）	战略目标	监测观点	与目标进行比较	计算战略	采取战略行动
DMAIC	定义目标	测量	分析	改进	控制
精益开发	界定价值	绘制价值流图	对照目标成果测量价值流	查明制约因素及原因	创建流程/拉动/力求完美
全面质量管理（TQM）	质量目标	监测指标	与目标进行比较	计算纠改措施	执行措施
OODA	任务目标	观察	判断	决策	行动
PDSA/PDCA	计划	工作/观察	检查/研究	检查/研究	行动/调整
丰田生产系统	运营出色	观察（现场走动/安灯系统）	发现浪费（不均、过载、浪费）	迸发持续改善	实施变革（自动化、准时化生产、持续改善）

2 规模问题的解决方案

流程工程就是在控制论和丰田生产系统的基础上提出的一套做法，提供一种轻量级、迭代性的工作方式，以实现价值、清晰度和流程。我们掌握了这些引导群体对外表达并不断发展自己认识的技能，就可以有的放矢地促成集体行动。

下一章将介绍有效行动的三个要素（价值、清晰度和流程），以此作为一个基于控制论的模型，为我们制定更好的方法、采取大规模的有效行动打好基础。

主要启示

- 常见解决方案往往存在三个缺陷：一致性不足、可见度不足、启动准备不足。
- 价值流提供了一种全组织绩效测量和管理模式，有助于提高可见度。
- 控制论提供了一种实现有效行动的模式，以推动绩效改进。
- 促成有效行动的最佳方法运用了基于控制论的循环——确定目标、感知、响应。
- 我们必须借鉴其他组织的经验教训，但成功的经历不可复制。

注　释

1. Wikipedia, "IKEA effect."
2. Martin, *The Great Transition*, 16.
3. Martin, *The Great Transition*, 104.
4. Rother, *Toyota Kata*, 18.

3
行动的要素

> "在你所处的位置,尽你所能,用你所拥有的。"
>
> **西奥多·罗斯福**

  规模带来了许多挑战,但最隐蔽的或许是在发展和维持价值、清晰度和流程方面的困难,而这是确保个人和集体行动有效的基本要素。价值指引方向,清晰度促进理解,流程则帮助我们完成任务。有了这些要素,才能促成有效行动;缺少任何一个要素,则很难或者不可能实现有效行动。这三个要素对于建立和维持有效的大规模集体行动至关重要。

  价值在宏观上描述了我们对某些结果的个人偏好及共同偏好。从本质上讲,这就是我们从事商业活动的原因。价值在宏观上驱动着组织的行为,在微观上驱动着个人的行为。价值为我们的行动设定了目标。价值是解决问题或满足愿望的愉悦体验。

  清晰度是指有能力准确理解我们所处状况的关键方面。拥有清晰的认识意味着我们的心理模式与观察结果一致。由于我们的视角和心理模式都是有限的,确保团队成员拥有同样清晰的认识,能让我们的看法更为可靠。

  流程是指在有效追求价值的过程中产生的畅通无阻的行

动——这是顺畅、稳定、可持续的活动，既可预测，又令人满意。流程是执行和适应的微妙平衡，使我们能够绕过障碍，不断取得进步。个人在维持心流状态时表现最佳，同理，当成员之间顺利交接、为客户创造价值时，团队也达到了最佳状态。

虽然我们的目标是集体层面的流程，但这些因素在集体和个人层面都适用（见图3-1）。在一个充满摩擦、延迟和干扰的集体环境中，个人层面的流程是无法实现的。控制论的原则之一就是，各种不同规模的层面都会出现相似的模式。本书旨在提供清晰的实践方法，以改善从个人到团队的集体流程，而个人层面的流程则是这一实践的副产品。

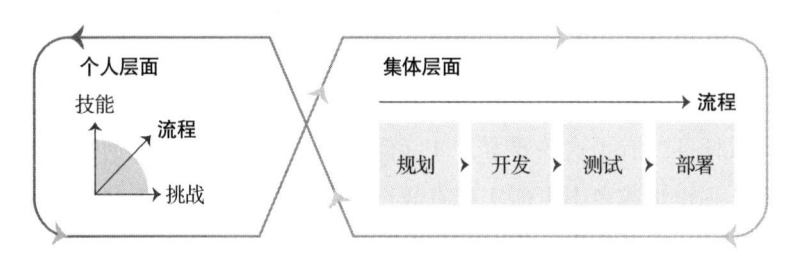

注：流程存在于集体活动和个人工作中。这两个层面是相互依存的。

图3-1 集体流程与个人流程

这三大品质（价值、清晰度和流程）虽然常被提及，但往往很难在组织中建立。即使建立起来，也很容易丧失。随着时间的推移，与价值的关联可能会逐渐减弱，清晰度可能会降低，流程可能会由于条件的变化而受阻或变慢。这三个品质中的任何一个出现问题，都会给团队或组织带来灾难。而此类问题还会随着规模的扩大而加剧（见图3-2）。

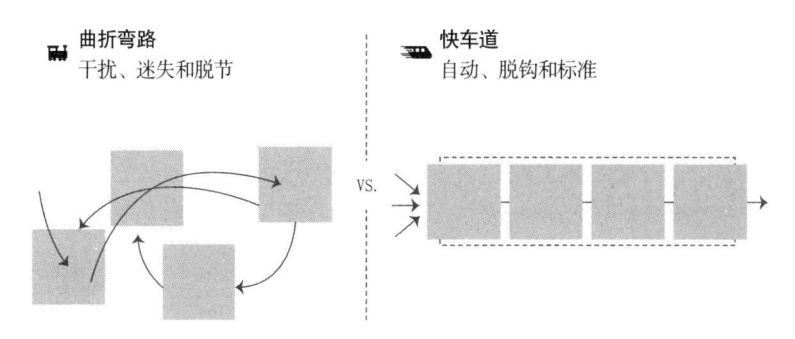

曲折弯路	快车道
干扰、迷失和脱节	自动、脱钩和标准

vs.

注：没有方向或清晰度的流程会让我们误入充满浪费和混乱的曲折弯路。价值和清晰度则能引导流程驶上快车道。

图3-2 行动三要素的影响

价值、清晰度和流程的相互关联

价值、清晰度和流程三者是相互依存的。我们的价值导向或价值感决定了我们寻求怎样的信息，以及我们如何解读所获知的信息。因此，价值是确保清晰度的前提，清晰度反过来又使我们能够发现机会或制约因素，从而促成行动。尤其是对于要实现我们称之为"流程"的这一类需要技巧和不断调整的行动，高清晰度更是必备条件。流程会最充分地利用我们的能量来发展价值，并在我们收到反馈时生成新的可能性。流程让这一循环得以维持或加速。这种相互支持的关系如图3-3所示。

行动三要素的一个关键点在于它们适用于任何规模的组织。我们每一个个体都必须不断地经历确定价值、建立清晰度和促成流程的循环，如图3-4所示。在更大范围内，团队和整个组织都必须如此行事：设定目标、了解现状、采取集体行动。当团队或个人在没有建立共同价值、清晰度和流程的情况下各行其是时，规模的问题就会凸显。

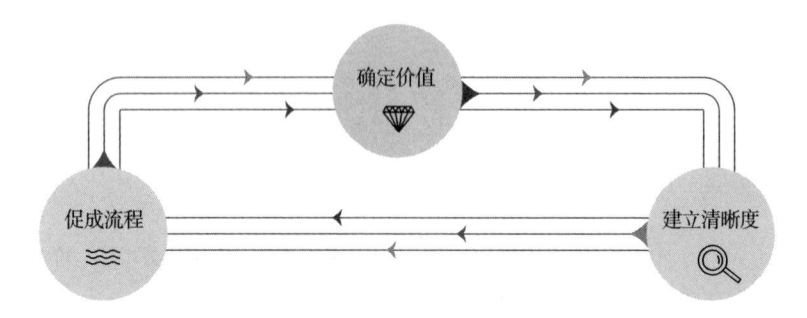

注：行动的三要素——价值、清晰度和流程，是相互依赖、相辅相成的。

图3-3 行动的三个要素

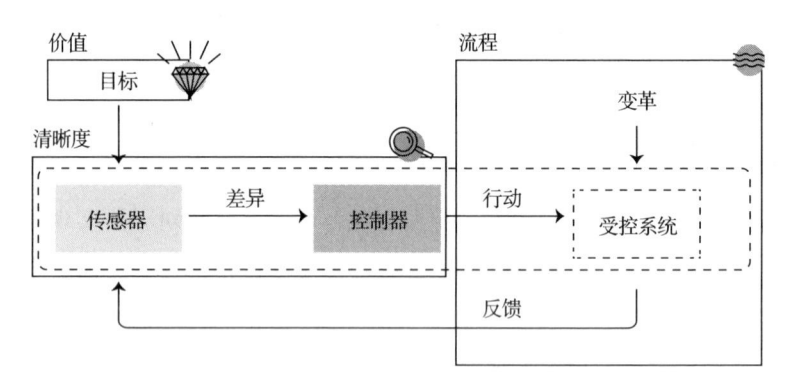

注：控制论循环可以概括为价值、清晰度和流程。

图3-4 包含行动三要素的控制论循环

如图3-5所示，价值、清晰度和流程有助于团队齐心协力采取集体行动。价值代表着团队或组织的共同目标，清晰度让团队了解达成目标的方法，而流程则揭示了实现目标的最优路径。

价值　　　　　　　清晰度　　　　　　流程

注：价值是我们的目标；清晰度让我们理解达成目标的方法；流程则帮助我们找到最优路径。

图3-5　行动三要素：价值、清晰度和流程

结论

有效的行动有赖于价值、清晰度和流程，而大规模的有效行动则需要个人和团队共享这些要素。人与人之间的合作并不会自然而然地扩大规模。在努力实现共同目标时，不同的观点、目标和背景会产生过多的困扰。混乱、浪费和摩擦是转型失败的主要原因。

组织的成败取决于其协作系统，而协作系统需要以价值、清晰度和流程为基础。正如接下来的章节中将介绍的，绘图能力是一种构建行动三要素的轻量级超能力。不同类型的流程图可用于明确目标、过程或依赖关系方面的挑战，这些图还可加以扩展和复制来满足变革的需求。

以流程工程的形式绘图是有效协作的理想选择，也是实现价值、清晰度和流程的过程。下　章将展示如何通过一系列清晰的协作绘图活动来确定价值、建立清晰度并促成流程。

主要启示

- 行动三要素（价值、清晰度和流程）是数字时代商业考量中缺失的隐性因素。
- 由于组织的成败取决于其有效行动的系统，因此价值、清晰度和流程三要素对于组织绩效极其关键。
- 协作使工作（和工作的障碍）变得可见，是建立价值、清晰度和流程的高效手段。

4

流程工程

"在对话中，人们并不交流自己已知的某些想法或信息。（他们）共同创造新的东西。"

戴维·伯姆（David Bohm）
——《论对话》（*On Dialogue*）作者

我们在第2章讨论过，大规模组织所固有的距离问题会导致注意力分散、方向感缺失、参与度降低。我们探究了如何补齐现有解决方案中的短板，这需要快速启动、从领导层到参与者的协调一致，以及自始至终的可见度。本章我们将关注协作绘图这一可抵消规模成本的超能力。

通过绘图，团队可以有效获得凝聚力和行动力。绘图实践具有可视性、互动性和协作性，因此极具吸引力。它创造了一个空间，汇集了不同的参与者及其背景，使团队能够作为一个整体进行定位；它提供了一个平台，将许多观点提炼成界定清晰、重点突出、共同分享的内容，进而明确下 步行动。绘图过程能让参与者在实践中学习。掌握了适当的方法，就能应对注意力分散、方向感缺失、参与度降低的问题。此外，借助一系列正确的流程图，我们就可以优化价值、清晰度和流程，并迅速采取有效行动。

阿比林悖论（Abilene Paradox）[1]描述了这样一种情况：一群人集体决定采取的行动方案与群体中大多数或所有个体的偏好背道而驰。这个悖论源于一个故事：一个家庭集体决定去阿比林①旅行，旅途漫长且难以适应，尽管全家人谁都不想去，但每个人都误以为其他人想去。当成员错误地认为自己的偏好与集体的偏好矛盾，因而没有提出反对意见时，就出现了阿比林悖论。其所造成的局面就是：尽管人人以为这是集体想要的结果，但人人都对结果感到不满。在协作环境中，缺乏清晰度和一致性就可能导致怨声载道的结局。

流程图是罗塞塔石碑

流程图可以起到像罗塞塔石碑（Rosetta Stone）②那样的作用，在组织内的不同话语体系间进行翻译转换，如"业务"和"技术"。流程图是沟通各方观点的桥梁，几乎充当了调解者的角色。通常当两个人研究同一个问题或同一组数据时，他们会由于各自视角、背景等因素的差异而形成不同的看法。

然而，当他们一起绘图时，两个人就可以构建一个综合了双方观点的心理模式。流程图使他们能够解码对方的语言，将双方引向相同的理解（见图4-1）。流程工程中的各种流程图就是为了

---

① 美国得克萨斯州的一个宗教文化名城。——译者注
② 一块以三种古文字记录了同一份古埃及法律文件的石碑，1799年发现于埃及罗塞塔附近，对于破译古埃及象形文字具有重大历史意义，现在常用来比喻能帮助人们解开谜题、理解复杂领域的关键性工具或资源。——译者注

消除由于所从事的活动、关切的事项和可见的视野的孤立受限而产生的理解差距。

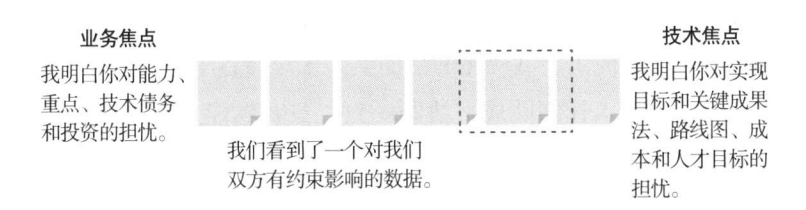

业务焦点
我明白你对能力、重点、技术债务和投资的担忧。

我们看到了一个对我们双方有约束影响的数据。

技术焦点
我明白你对实现目标和关键成果法、路线图、成本和人才目标的担忧。

注：利用流程图，个体之间可以就特定的重点领域展开更高质量的对话。

图4-1　流程图的作用

绘制价值流图是一项极其有用的技能，可推动组织绩效的提升，也很容易上手。那么，为什么不是每个人一直都这么做呢？

当公司里有人提起价值流图时，我们经常听到一些相似的抱怨："我们想做，也知道必须做，可我们还没准备好。"虽然价值流图很有意义，但许多领导者认为他们无法腾出时间，无法提供承诺或预算，也无法学习相关技术或尝试新事物。一些对价值流图有所了解的领导者则认为这种做法只适用于制造业，无法适应自己公司里的复杂环境。

选择维持现状、推迟采用这项技术颇为容易。传统的价值流图采用高度专业化的语言、符号和国际标准化组织（ISO）的官方标准，所以你确信自己无法独立做到。在绘图实践与更高层次的目标之间建立联系，以达成一致并证明这项工作的价值，也可能极具挑战性。但这些挑战正是为你的组织创建简单有序的绘图方法的主要原因之一。此外，只绘图是不够的，还需要采取行动。

流程工程介绍

基于促成有效集体行动的需求，我们开发了一系列绘图做法以帮助团队建立共同的清晰认识，称之为"流程工程"。流程工程以一整套结构化、可视化的绘图实践来呈现这一系列活动，能够激发洞察力，让团队成员协同一致。只要你能主持一场桌游，你就有能力主持这些绘图活动。

流程工程建立在流程图的优势的基础之上，超越了参与、协调和聚焦的范畴。它能促成有效的集体行动。流程工程将现状的背景与明确的目标成果联系起来，使我们能够确定价值，也将成果与客户和利益相关者的具体利益联系起来，还将价值用作指引方向的"北极星"，帮助参与者做出最佳决策，确定如何努力提升和发掘价值。

流程工程有助于我们建立清晰度，让参与者轻松地将各项工作、活动和改进与组织最关注的重点领域联系起来。基于对整个工作系统更全面、完整的认识，每个人都能把握好自己在改进系统这一过程中的位置。极简的设计避开了大量低价值的背景信息和嘈杂言论，从而提高了清晰度。

最后，流程工程让我们不仅能发现对工作流程影响最大的制约因素，还能建立各种关联、疏通利益相关者与参与者之间的对话流和信息流，从而实现流程运转。通过把所有人都与同一个目标成果、同一个价值流和同一个制约因素关联起来，人人都能共同进步，而不会彼此对立或互相背离。简洁的格式使团队更容易摆脱日常干扰，获得清晰认识，因而可以在投身日常工作时重新焕发活力、提高认识、集中注意力。

五种关键的流程工程图有助于实现行动的三要素：

成果图：确定目标成果。
当前状态价值流图：揭示工作流程的当前状态和制约因素。
依赖关系图：通过研究制约因素来确定依赖关系。
未来状态价值流图：界定未来状态的流程。
流程路线图：将洞察、行动和责任制融入改进路线图。

从图4-2中，你可以看到每种图是如何支持价值、清晰度和流程这三个要素的。

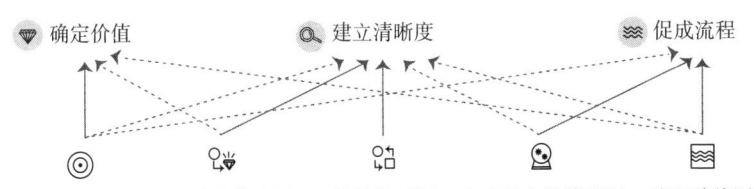

注：实线表示直接贡献，虚线表示间接贡献。

图4-2 价值、清晰度和流程贯穿所有流程工程图

这些绘图练习是为了指导你按照基本步骤建立起团队流程。它们具有适应性和可扩展性，能够满足团队的独特需求。同时，这些练习快捷清晰，易于执行，能够使团队保持敏捷，以改革的速度前进（见图4-3）。

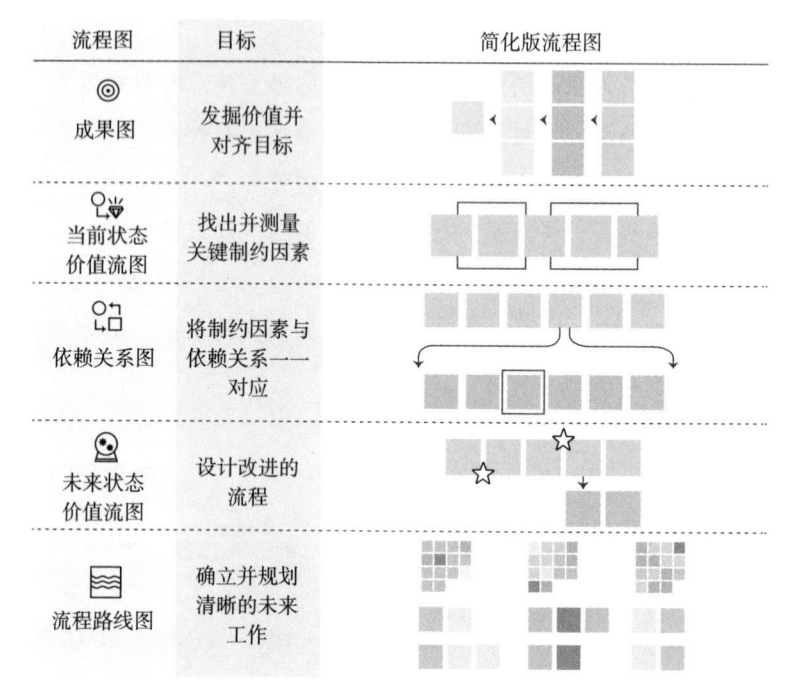

流程图	目标	简化版流程图
成果图	发掘价值并对齐目标	
当前状态价值流图	找出并测量关键制约因素	
依赖关系图	将制约因素与依赖关系一一对应	
未来状态价值流图	设计改进的流程	
流程路线图	确立并规划清晰的未来工作	

注：全套流程工程练习包括创建五张图：成果图、当前状态价值流图、依赖关系图、未来状态价值流图和流程路线图。

图4-3 流程工程的五张图

解决三个不足之处

如表4-1所示，流程工程解决了一致性不足、启动准备不足、可见度不足带来的挑战。

为实现行动三要素，流程工程中的每张图都专门服务于其中一个要素，但作为附加优势，每张图能同时支持其他要素，如表4-2所示。接下来的章节将逐一介绍每张图，分享其实践基础，以及可行的替代方案（如果你想优化现行做法或寻找替代方案的话)。

表 4-1 通过流程工程解决三个缺陷

需求	问题		
	一致性	启动准备	可见度
建立并保持对有价值的目标的关注	√	√	√
可视化和实时协作	√	√	√
灵活并易于融入当前实践	√	√	
适合有志于此的新手引导师使用		√	
包容且公平	√	√	√
远程友好			
简单、快捷、经济实惠	√	√	√
可从试点扩展到整个企业	√	√	√
应对流程挑战的完整方案	√	√	√
拥有自己的流程（显而易见）		√	

表 4-2 每张图服务于至少一个行动要素

流程图	主要目标	附加优势
成果图	汇集背景信息并确定价值	提供多种视角的清晰度和一致性
当前状态价值流图	清晰识别影响最大的制约因素	明确当前状态下的工作流程和绩效
依赖关系图	清楚确立因果关系	创建可与外部利益相关者共享的工作
未来状态价值流图	界定改进后的流程	识别有价值的试验和行动以改进流程
流程路线图	确定流程改进的优先事项并制订计划	明确从现状迈向未来目标的下一步工作和流程

4 流程工程

045

接下来，我们将逐一审视这五张流程工程图，详细说明如何开始绘制，并展示如何通过价值、清晰度和流程三要素来促进团队进步。

本书中的五个绘图练习以"释放性结构"（Liberating Structures）的形式呈现。释放性结构是一种微结构或互动模式，团队允许并激励所有成员参与进来。这些结构或模式基于复杂性科学的原则，采用连贯一致的格式，以便指导和吸引参与者。欲了解更多信息，请参阅亨利·利普曼诺维奇（Henri Lipmanowicz）和基思·麦坎德莱斯（Keith McCandless）合著的《释放性结构：激发群体智慧》（The Surprising Power of Liberating Structures）一书。

在何时开始流程工程

你如果身处大型企业，就很可能随时面临至少以下一种情况：

你需要削减成本、提高效率或缩短产品上市时间。
你正在计划重组或从重组中恢复。
你的日程被会议占满。
你正在进行收购或已被收购。
你需要让员工参与某一复杂的工作流程。
你只需要弄明白发生了什么、重点在哪里、应该做什么。

上述每一种情况都是绘图的好机会，让我们来看看如何让它发挥作用。

在何处开展流程工程

史蒂夫与客户一起开始绘图时，工作还没有转入远程优先模式，那时各个部门可以经常在同一个房间里绘图。现场研讨所迸发的活力、人与人的互动联结以及真实体验，都是线上虚拟空间提供的所无法相提并论的。但线上绘图也有许多优点：大家可以同时工作，没有引导师遮挡看板，手写当然也不成问题。另外，比起在线下预定一间拥有理想设备的会议室，线上绘图要简便得多。线上绘图时，你可以轻松地导出、共享、保存和更新结果，并利用模板为跨团队和跨会议工作节省大量时间。你的团队全员即使在同一地点办公，仍然可以考虑线上绘图，在享有面对面工作便利的同时还可以获取上述诸多益处。

流程工程的工具和时间线

在线上虚拟环境或线上线下融合环境中，任何可视化协作工具都能很好地绘制流程图。有几十种免费工具均支持实时协作，很多工具还提供匿名投票及其他一些出色的强化功能。

重要的是合作绘图，或至少要从每个参与者及相关人员那里及时获得各种不同的反馈。如今，这意味着需要线上协作，不过也可以使用干擦白板、纸张、便笺条，或几乎任何可以共同书写的东西。对于经验老到、技巧娴熟的引导师来说，绘制一张图可能需要两个小时；对于新手来说，可能需要三个小时。

流程工程的参与者

在既定的价值流中，至少要有责任方和义务方的代表参与，这一点很重要。也就是说，既然设计是流程的一部分，那么绘图过程中就应有设计人员在场。这也意味着领导层和那些有能力改变系统、工作流程和团队的人员必须在场并参与其中。一旦确定了关键瓶颈,就可以将参与者的范围缩小至对这些瓶颈领域起至关重要作用的人员。一般来讲,尽可能多地听取意见和观点是好的做法,但我们发现,适用流程工程的最大团队规模是12人。

引导师对于合作至关重要。他们可以帮助参与者减轻恐惧感,鼓励创造,并营造一个适合分享想法的安全空间。他们有能力开启和扩展讨论,同时能缩小讨论范围并完善讨论内容。理想情况下,引导师不参与游戏活动。他们保持中立,支持团队的进程。这有助于推进活动开展,避免陷入琐碎细节。引导师的基本规则指南请参见表4-3。

表4-3 引导师的一般参与规则

√	除了指导过程机制,引导师尽可能少说话;让参与者主导大部分对话。
√	引导师应提醒每个人不要说太久;最好控制在乘坐一趟电梯的时间内。人数较多的团队可用一句话的长度来限制发言时间,以推进活动。
√	提倡标准的、非干扰性的打断方法(举手),以便各个参与者有机会表达自己的想法。
√	鼓励参与者去接触尚未发言的其他参与者,确保每个人的声音都被听到。
√	允许参与者使用范畴词汇和模糊表达;团队成员互相信任,但也要协作验证。
√	引导师要强调专注于当前时间范围内的讨论。我们如果关注的是现状,则应避免谈论解决方案或事情应有的状态。

综上所述,你已经准备好绘图了。有一点值得注意,你完成整个流程工程绘图序列后,就可以马上根据自己的需要独立再次绘图了。比如说,你的团队似乎仍未就目标成果达成一致,那不

妨重新绘制一次成果图。或者说，你如果觉得可能遗漏了某项依赖关系，就再绘制一次依赖关系图。

案例研究 | 流程工程的成就

史蒂夫的早期客户之一是一家《财富》100强公司，规模庞大，资源丰富。该公司为了取得预期成果，执行所有重点计划，并投放数量惊人的资源。其唯一挑战是选择适当的重点目标，并让全体利益相关者与此目标保持一致。这可不是一项小任务，尤其是考虑到我们在现代知识工作中面临的复杂情况。

该组织拥有数千万美元用于改进和自动化的预算资金，目的是缩短产品上市时间。部门领导雇用了一些新员工，以评估本公司与谷歌和脸书等其他成功企业的不同之处。他们发现，这些大公司都在进行自动化部署（价值流中将新打包的代码分发到服务器上以供客户使用的阶段），而本公司尚未开展这项工作。于是，他们提出了一个相当合理的假设：向董事会申请预算来推行自动化。

他们打算遵循常见的企业路径，为自动化部署投入数百万美元。如果你相信通过进一步自动化就能改进部署（这听起来像是个好主意：肯定会使产品发布流程更快速、更简单，甚至可能质量也更好），那么何乐而不为呢？

但是，请退一步从宏观角度思考。如果选择自动化部署作为重点目标，就是在假设这项工作是改进的最佳机会。他们怎么确定这一点呢？

按照组织的预算流程，在大额投资时需要提供理由。投资的资金通常由关键利益相关者提供。过去，企业会参考行业最佳实践、理想范例、模型和框架等外部资源；也会收集可信赖的顾问的意见（这些顾问的参考资源同上），还会结合本组织内部人员自己的观点。这样的操作往往没有采取正式的结构或流程，意味着他们无法真正检查决策过程。他们不能核对数学计算结果，也不能确保基于所有可用信息提出的建议是最佳选择。他们不过是在根据假设和意见行事。

在这样的情形下，领导团队希望基于数据提出理由，向董事会申请预算资金。他们想要确保稳妥。他们想要在相关的业务和技术团队之间建立并强化信任，以实现更高水平的合作。所以，现在的任务是收集发布流程的数据，为自动化部署的提案提供支持。

设想一下，你现在要帮助这家大型企业解决问题。假如你可以要求把资源投入几个领域，以把握明年最关键的一些机会，那么你希望掌握哪些资源？你会如何自信地回答"为什么是这些"或"为什么是现在"这样的问题？

这家公司为了提前解决这些问题，并确保自己确实选择了优先级最高的投资机会，于是聘请史蒂夫为引导师，围绕产品发布流程绘制价值流图。经过几个小时的协作研讨，该企业显然了解到，工件部署只是整个价值流中的很小一部分，但目前还有另外两大瓶颈有待突破。

实际上，瓶颈在于环境更新和验收测试。验收测试的瓶颈让所有人感到意外。质量保证（QA）流程已经稳定运行了很长时间，因此根本没有人留意。当然，也不是完全没有人注意到问题；有些人一直在讨论所谓的"环境更新"问题，可是他们无法恰当地描述出来，也就无法说服任何人为此花费时间。他们的确以某种直观的方法展示了相关数据，以证明观点，但他们也只能提出争论而已。

当只是在争论时，人们最多只能依靠谈判技巧、角色能力、经验、可信度、社会资本等这些与事实无关的因素，导致这种争论在大多数情况下都是浪费时间。然而，通过绘制价值流图，多年来一直在抱怨环境更新问题的人突然觉得自己的观点得到了证实。他们感到被赋予了力量，因为现在每个人都能清楚地理解他们多年来试图表达什么（见图4-4）。

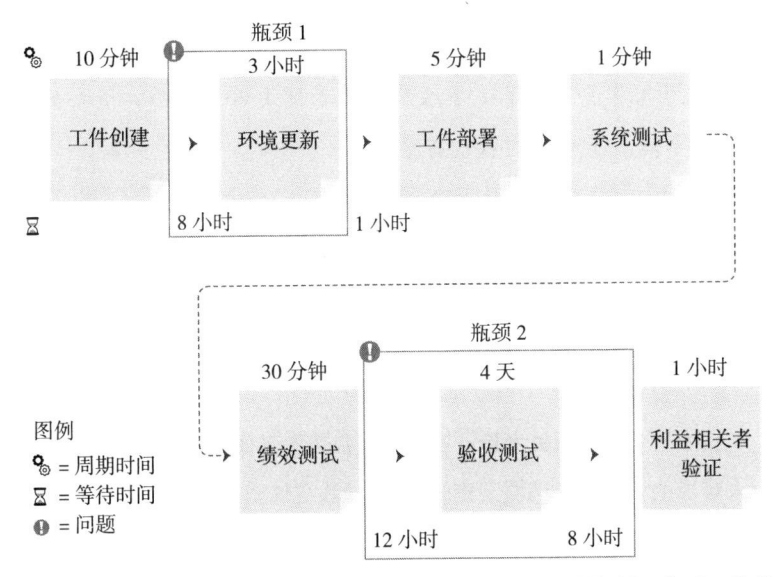

```
           瓶颈1
10分钟      3小时        5分钟      1分钟
工件创建 → 环境更新 → 工件部署 → 系统测试
           8小时        1小时
                                      ↓
                 瓶颈2
       30分钟     4天              1小时
图例
⌛ = 周期时间   绩效测试 → 验收测试 → 利益相关者
⏳ = 等待时间                         验证
❗ = 问题        12小时      8小时
```

注：这一绘图实践推翻了自动化工件部署将带来重大改进的假设。相反，他们还发现了另外两个瓶颈。

图4-4 完整价值流图的一个片段

通过收集整个价值流的数据，该企业发现了三个主要的改进机会。即便是其中最小的一个改进机会，其影响也比自动化部署要大得多。在此过程中，所有利益相关者都能了解到同样的状况、数据和洞察。他们不仅可以看到数据指向了价值流中的三个主要机会，还可以根据收集到的时间、质量和价值数据，轻松地对这些机会排列优先次序。

让我们回顾一下只投入区区几个小时做绘图工作就取得的成果：

将2 000万美元的投资重新分配到能产生显著影响的领域。

避免了在错误的改进上浪费18个月的时间。

从未谋面（尽管在同一价值流中工作）的利益相关者和贡献者建立了联系，相互增进了了解。

在相对投资和权衡取舍的基础上，通过数据明确了优先次序。

部门负责人避免了一个尴尬的浪费性失误，而是在数据的明确支撑下提出了更优的替代方案。

不仅是领导层，价值流内外全体利益相关者和贡献者都获得一个可视化的工件，并在其辅助下达成共识，开展富有成效的对话。

组织获得一种新工具，其有助于理解所处的环境，做出有价值的决策，并在业务和技术团队之间建立信任。

其中一个利益相关者是一名负责监督转型工作的项目经理，用一句令人震惊的话描述了这项工作的价值："我在这里工作了19年，还是第一次从头到尾看清楚我们的流程！"这个案例展示了以绘图为先的改进方法所带来的诸多益处。新颖、简约的绘图方法不但能满足快速创建的需求，而且简化了理解过程，提供了更清晰的洞见。

结论

流程工程中的绘图实践并非放之四海而皆准的方法，流程工程也不是可以通过复制粘贴实现的方法论——我们知道照搬是行不通的。流程工程并不是一个将特定的结构或运营模式强加给公司的沉重框架。相反，它会根据团队的特殊情况，有针对性地为其建立清晰度。在构思、绘制和界定的过程中，每个团队都会了解如何将其独特的目标成果与实现目标的实际工作联系起来，从而提高绩效。他们还会发现那些往往隐藏在幕后的制约因素、障碍和见解。而包括整个价值流中各种观点在内的关键信息，都可以借此显现。

选择前进方向，了解业务概况，然后启航探索——这一过程就是流程工程的核心。这些步骤最终是为了可持续地改进面向客户的价值流。

在接下来的第2部分中，我们将分别介绍五张图，每一张图都有其独特的作用。表4-4总结了这五种绘图活动的目标。理解每项活动的基本目标以及所要克服的问题非常重要。一旦理解了目标，我们就可以适当调整绘图过程，或代之以类似的方法来满足团队的需要。

表4-4 绘制五张流程工程图的目的和益处

绘图活动	目标	避免的风险
成果图	让团队全员就所要交付的价值达成一致	投资不相关的改进措施
当前状态价值流图	明确端到端工作流中最可能存在的制约因素	优化并不产生制约作用的流程
依赖关系图	增强团队对潜在制约因素的清晰认识	对制约因素的理解不到位
未来状态价值流图	共同构想改进后流程的价值流	未能确立清楚可见的变革目标
流程路线图	确定实现流程改进的最基本的步骤	未能有效利用有洞见的信息来采取行动

流程工程也可以包括这五张图以外的其他可视化方法和实践——只要有助于组织了解做什么能实现目标成果即可。

流程工程是通过协作绘图来改进流程的。你可以参考本书中描述的目标、原则和做法，按照组织的需求为自己的组织创建和定制独属的版本。本书第2部分将从成果图开始，逐一介绍五种流程工程图的详细信息和具体指导。

主要启示

- 协作式可视化绘图是知识工作的一种超能力，支持远程操作，可持久开展且易于分享。
- 流程工程并不是一种放之四海而皆准的方法，而是根据特定价值流或特定团队的情况，结合其独特的目标成果来设计改进后的流程。
- 流程工程旨在解决一致性不足、启动准备不足、可见度不足的问题，减少注意力分散、方向感缺失、参与度降低的现象。
- 流程工程易于启动、证明和应用，因此你可以立即开始实施。

注　释

1. Wikipedia,"Abilene paradox."

第 2 部分
综合绘图

FLOW
ENGINEERING

From
to Effective
Action

5

成果图

> "以终为始说明在做任何事之前,都要先认清方向。"
>
> **史蒂芬·R. 柯维(Stephen R. Covey)**

我们在开始做事前,要先认清目标,而后再开始行动。同样,流程工程中所要解决的第一个挑战就是清晰界定预期成果。

流程工程范畴内的成果指在一定时间内所要达到的预期状态。我们通常喜欢以六个月为期。这样便有充足的时间做出改变,把团队可能因情况变化而出现注意力分散、方向感缺失、参与度降低的风险降到最低。成果可以是"为顾客创造比平常多一倍的价值"或是"把产品不良率降低一半"。我们可以邀请团队成员一起创建成果图,从而明确预期成果以及取得成果的途径。

展望理想中的未来有助于明确方向,这种方法自亚里士多德提出"目的论"以来一直是制定策略的重要内容。[1] 诺伯特·维纳(Norbert Wiener)认为控制论的基础是"目的论机制"。[2] 绘制成果图是一种结构化的做法,是一种能够将团队成员凝聚起来,共同明确价值(比如聚焦最关键的目标)和达成目标的方法。

绘制成果图能让团队在思考时以成果(理想的未来状态)为导向,为客户创造价值。一开始就明确预期成果,可为接下来的行动厘清背景和目标。如果不做好这一准备步骤，漫无目的地谋求成果，那么团队的改进工作可能会缺乏焦点，无法对组织产生有意义的影响。

波士顿咨询公司2020年发布的一份调查报告强调了公司进行数字化（或其他）转型前要考虑的三个关键问题：[3]

为何做？
做什么？
怎么做？

如图5-1所示，成果图可以解答"为何做"的问题，确立了价值，也为清晰顺畅的工作流程奠定了基础。在后面的章节中，我们将了解如何利用（当前状态）价值流图和依赖关系图来明确目标，解答"做什么"的问题。最后，利用未来状态（价值流）图和流程路线图来开展工作流程，解答"怎么做"的问题。

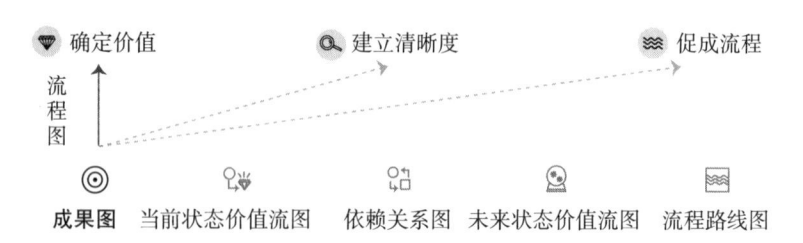

图5-1　成果图主要用于明确价值

成果图是什么

绘制成果图就是通过团队合作，帮助利益相关者明确价值

（确定主要目标和方向）。其目的是让团队集中精力，不论是解开疑点、验证假设，还是提出新的见解。就像流程工程中的其他几张图一样，成果图只需投入少许时间，事先稍加考虑，就能加快变革的步伐。借助成果图，团队可以开始制定清晰的路线图，追寻理想的价值。成果图可回答以下问题：

每个人都清楚地了解目标吗？
如果其他问题干扰了计划，那么是否清楚如何确定优先级？

团队从一开始就明确什么是主要成果，便明白什么问题是可以忽略的。这样有助于团队明确工作范围的界限，厘清所需要的细节层级，而且最重要的是了解每个人如何行事，把目标落地为现实。

如图5-2所示，绘制成果图包括五个阶段：

构思成果：我们的目标是什么？
界定目标成果：我们想要达成什么目标？
界定效益：这项成果有何意义？
界定障碍：达成目标的过程中有何困难？
明确后续步骤：我们要如何推进工作？

团队通过快速对话就可以创建成果图，让成员明确目标、统一落实行动。图5-3就是在十分钟的对话中绘制出来的成果图，可供分享参考，并随时间的推移不断更新、完善。粗略的成果图可在日后逐步精细化加工；作为一份动态文件，每个成员都能随时编辑，发表意见，就其进行投票。

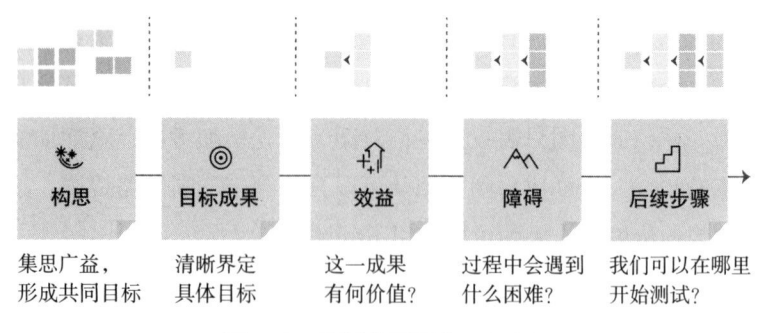

构思	目标成果	效益	障碍	后续步骤
集思广益，形成共同目标	清晰界定具体目标	这一成果有何价值？	过程中会遇到什么困难？	我们可以在哪里开始测试？

图5-2 绘制成果图的五个阶段

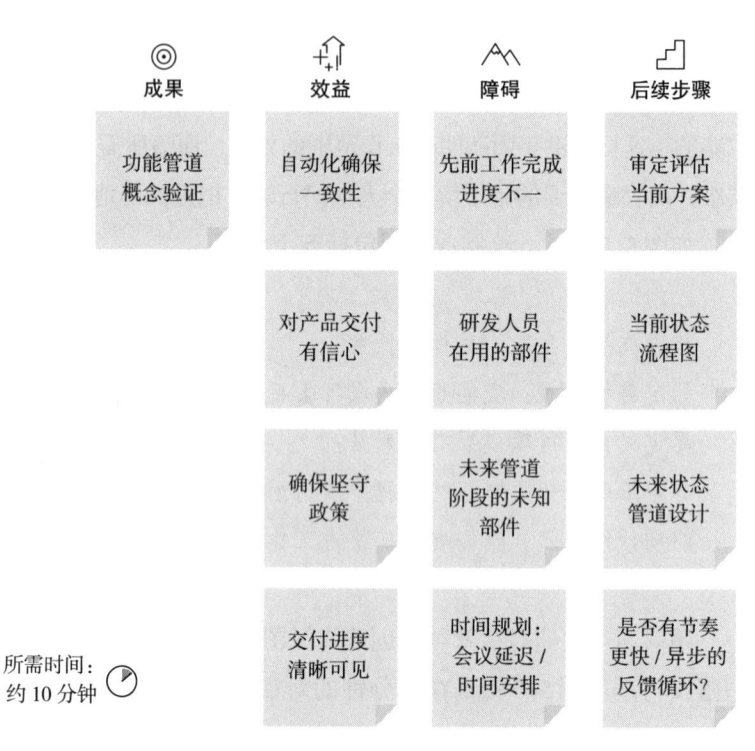

成果	效益	障碍	后续步骤
功能管道概念验证	自动化确保一致性	先前工作完成进度不一	审定评估当前方案
	对产品交付有信心	研发人员在用的部件	当前状态流程图
	确保坚守政策	未来管道阶段的未知部件	未来状态管道设计
	交付进度清晰可见	时间规划：会议延迟/时间安排	是否有节奏更快/异步的反馈循环？

所需时间：约10分钟

注：估计用时：确定价值、明晰目标及后续步骤共需用时10分钟。

图5-3 快速形成的成果图

流程新范式

成果图的妙用：从逆向工作到正向飞跃

控制论的一个关键原则是在行动前确定目标（或是预期）成果，然后努力缩小当前状态与目标状态的差距。亚马逊公司前高管科林·布莱尔（Colin Bryar）和比尔·卡尔（Bill Carr）认为"逆向工作"是组织实现显著成效的关键要素。逆向工作首先需要清晰界定理想的目标状态（成果），以其为指导做出决定和采取行动。[4] 许多领域也都运用同样的方式来展开有效合作。《点球成金》（*Moneyball*）一书及同名影片讲述了2002年不被看好的奥克兰运动队把上垒率和胜率挂钩进行逆向分析，创造了在逆境中胜利的奇迹。[5] 非营利组织"自然之步"（The Natural Step）采用"回溯"的逆向工作法描绘了未来愿景，推动城市的可持续发展。[6] 同样，绘制成果图的五个阶段旨在以终为始，描绘出组织所追求价值的方方面面。

构思成果

第一阶段"构思成果"可回答"我们的目标是什么"这一问题。这是初始准备阶段，让全体利益相关者有机会提出和分享一切相关的背景和关注点信息。对于从外部加入团队指导流程工程的引导师来说，这一阶段尤其重要，哪怕是团队内部经验最丰富的成员也能从中获得意想不到的启示。

通常来说，只要团队出现困惑、不满、不协调、挫败感和遭遇优先事项冲突等，成员就会聚集起来启动绘制成果图的构思阶段。一些常见的模糊情况在这一阶段转化为目标成果后，就可以变得具体可行，参见表5–1。

一种十分常见的情况是，虽然领导层设定了目标，甚至设定了目标和关键成果，但团队或价值流层面却缺乏清晰的目标。最近也许发生了某种变化，可是团队并不清楚该聚焦何处、如何开展工作。团队可能并不知道预期成果（未来状态）是什么，也可能未就此达成一致意见。这种情况下，构思阶段有助于呈现各种原始信息，将其加工转化为明确的集体目标。若没有该阶段，各个成员的工作路径可能会背道而驰。

表5-1 通过构思成果把普遍情况转化为可付诸行动的预期成果

组织内部问题	竞争性/外部挑战
没有明确的目标和关键成果、关键绩效指标	财务资源受限
组织绩效低下	没有战略方向
eNPS（员工净推荐值）停滞或下降	对客户缺乏清晰的认识
组织内认识不一致	无法说服利益相关者采取行动
研发过于关注新特性而忽视其他	NPS（净推荐值）停滞或下降
技术债务累积	客户流失、提出投诉
进行中的工作过多	客户旅程不理想
返工或延期	无客户体验数据
改进措施未落实	对产品使用情况了解太少
难以确定新活动的优先级	销售量下滑

很多时候，团队已被分配好任务，已了解将要实现什么具体成果，因而只需制定实现目标的方法、策略即可。如果全体成员形成清晰一致的认识，那么团队也可以跳过构思阶段，直接开始绘制成果图（详见后文）。但如果有外部引导师加入，或者团队内部看法不一，那么构思阶段必不可少。

绘制成果图的构思阶段包括五个步骤（或五个提示）。参与者需要按以下五个类别提供内容：

背景	难点	提议
目标	问题	

每一个步骤都是一个提示。参与者想到什么就分享什么，不同类别间可能存在重合之处。对于同一项内容，有人可能将其归类为背景，也有人可能将其归类为问题。难点和目标常常是同一事物相反的两个方面。这个过程不是为了把所有内容正确归类，而是要集中展示一切考虑因素。揭示全部问题，即便对问题的分类方式不同，总胜过对问题一无所知。

按上述五个类别汇总信息能够鼓励成员积极参与，可通过大家熟悉的活动调动气氛，体现出团队对分享观点的重视。本章结尾会分步骤指导如何构思成果以及绘制其他流程图。

界定目标成果

第二阶段"界定目标成果"可回答"我们想要达成什么目标"这一问题。该阶段是真正开始绘制成果图的第一步。多数情况下，在前面的构思成果阶段就可以明确预期成果。也有少数情况下，团队从领导层或其他来源获悉预期成果，于是可以跳过构思阶段，直接开始清晰界定目标成果。

在开始做任何流程改进以前，清晰界定目标成果都至关重要，这一点怎么强调都不为过。有些情况下，重点清晰易见，不同事项的轻重缓急程度一目了然。但如果没有特别紧急的情况，或者诸多有影响力的利益相关方各有不同的优先事项，那么确定最值得投入什么资源就变得难上加难。重要的是，明确预期成果其实就是界定清楚任务完成的状态。这有助于避免"一心多用却一事无成"的不良倾向。

界定效益

第三阶段"界定效益"可回答"这项成果有何意义"这一问题。通常，并非所有利益相关者都完全理解和认同取得预期成果将会带来的效益。这项成果可能与公司的战略目标挂钩，超出了日常考虑范围，所以许多团队成员难以领会。出于这一原因，让整个团队明确思考，通盘考虑，并列出取得目标成果的所有好处，将有利于确保团队就此成果形成必要的认识，获得前行的动力。

该阶段明确了预期成果的价值所在，也就是为什么团队要忽略其他事项而只服务于这一重点清晰的目标。我们应当从三个不同的角度来审视这种价值（效益）：

对客户的价值。
对组织的价值。
对每个团队成员的价值。

此类效益可能对一部分人来说不言自明，但往往并不是对所有人都那么显而易见。因此，向大家清晰阐明总体背景总是非常有必要的：如果取得成果，将会带来什么好处？这些好处体现的正是取得成果的价值。如果你很难界定清楚这种效益，就说明你该换个目标，或者你没能充分理解当前目标的总体背景。特别是在未来某个项目的效益遭到质疑的情况下，事先投入精力阐明目标会大有裨益。真正卓有成效的目标成果会实现三赢（客户、公司、员工），从而提高一致性和积极性。

该阶段还有可能在目标成果和下列事项之间建立联系，如目标和关键成果等关键目标，市场趋势、指导原则和价值观等外部因素，迅速反馈等其他目标。这样就在团队中稳固确立了具体的目标成果，为团队提供强大的前进动力。最重要的是，该阶段初步验证了成果的重要性，使团队认可其值得付出努力。

界定障碍

第四阶段"界定障碍"可回答"达成目标的过程中有何困难"这一问题。如果实现预期目标的道路畅通无阻，那么我们早已抵达成功的彼岸。从缺乏必备的技能到面临未知的技术挑战，再到应对竞争者的威胁，不一而足，这些都是阻拦我们达到理想状态（取得目标成果）的实际或潜在障碍。

认清这些障碍能帮助团队发现痛点，明确表达各自的顾虑和面对的挑战，从而能够形成应对策略。务必尽早明确这些障碍，这样成员就能有意识地应对。有些成员可能不太愿意表达疑虑和关切，但这会削弱团队预见风险、规避风险的能力。我们需要邀请成员声明各种潜在风险，为那些谨慎、防御性或悲观的观点提供安全的表达场所，以便它们发挥作用，并在第一时间被聆听。

毕竟项目失败的代价极其沉重，如果成员不敢表达也没有机会袒露想法，那么这样的环境所造成的后果是我们承受不起的。允许成员表达疑虑，可确保整个团队能够有意识地思考这些问题。如果成员的担忧真的变成现实，那么团队就能够有所准备，更快速自如地应对。

有些人积极性很高但很容易产生顾虑和不同意见,很可能会质疑每一项任务。我们有必要倾听他们表达的关切,以便将其纳入考虑范围,寻求解决方案。心理学家亚当·格兰特（Adam Grant）把这类人称作"唱反调的贡献者",称赞他们可能对团队做出贡献。[7]

明确后续步骤

最终阶段"明确后续步骤"可回答"我们要如何推进工作"这一问题。由于流程工程以流程改进为核心,绘制成果图的下一步骤通常是规划何时创建"当前状态价值流图"（参见第6章）,深入了解当前流程,查明有待改进的方面。不过,后续步骤可能包括安排调研、访谈、评估等,以及采取其他一些行动来帮助团队解答疑问,检验想法,继续推进工作。

第9章会详细介绍流程路线图以及问责制和单线程负责制的重要性,可以这么说,除非有人明确承诺在限定时间内落实下一步骤,否则工作就不可能完成。

案例研究 | 初创公司管理层未考虑心理安全

某飞速发展的初创公司CEO急切想要利用价值流图来改善绩效。与引导师简短交流背景信息后,他们直接着手绘制价值流图。目标是查明浪费环节,加快交付速度,提高质量。完美运用价值流图,是吧? 没那么快。

首先,有三个目标成果,却没有明确划分优先级,这会导致团队精力分散，项目范围蠕变[1]。其次，引导师和CEO事先没有召集团队开会，向团队了解背景信息，于是他们的预期未能传达给整个团队，导致团队成员缺乏安全感。再者，他们没有绘制成果图来确定相关效益和障碍，所以团队成员并不清楚改进工作的意义以及可能遇到的困难。

直到CEO开会通知，与会成员才得知来龙去脉，真正开始就现状展开讨论。团队成员会想："CEO事到临头才告诉我们要改什么，真让人抓狂。而且CEO又不说清楚质量标准，所以我们总是要返工，太焦虑了。"而CEO会想："我不推动指点的话，工作会一拖再拖，最后结果也会出错。"

随后，引导师在领导和员工间主持了一场会谈，最终形成一场全公司上下参与其中，虽然颇具挑战性但取得了突破的对话。此前他们忽略了准备工作，未能为有效合作打下必要的基础。现在为了重启工作并做出调整，团队返回到起点，完成构思成果，界定成果、效益、障碍及明确后续步骤这些阶段，所有这些对于有效绘制成果图（并付诸行动）至关重要。在外部化的共享工作空间展开这些讨论，可以让每个人都面向共同的对象表达看法，而不是相互指责，因而有可能建立起一套适合所有人的未来状态流程。这样，后期就不再会出现干扰和中断问题，取而代之的是前期确立的定义和指导原则。

工作的一部分内容是帮助团队找出流程解决方案。但在找到解决方案之前，需要先让所有人达成一致意见。流程工程有时候更像是心理治疗。

一开始就想运用价值流图是不会成功的，事先必须清晰界定预期成

---

[1] 项目范围蠕变（Project Scope Creep）是一个项目管理术语，指的是在项目执行过程中，未经正式批准而逐渐扩大的项目范围。——译者注

果，澄清成果对于客户、团队和公司的价值。而绘制成果图能帮助每个人明确最有价值的共同目标，同时能揭示重要的背景和冲突情况。引导师则需要在相互竞争的目标之间进行协调。

如何召集会议，绘制成果图

本章开篇就提到，流程工程中所要解决的第一个难题就是清晰界定预期成果和影响其实现的重要背景。我们的具体做法就是绘制成果图，邀请团队成员参与进来，深入了解预期成果，以开阔的眼界规划实现成果的路径。本节将详细介绍采取哪些步骤来召开会议，绘制成果图。

确定关键利益相关者

首先必须明白一点，流程工程的各种绘图做法就是开展结构化的会谈，并且要有明确的产出。基本原则就是让团队会面交谈。如果团队成员有机会当面交流，就能极大地促进有效沟通、提高参与度、建立信任。不过，我们的大部分此类会谈都是借助数字化协作工具远程进行的。

那么，哪些人应该参与会谈呢？具体执行工作流程的人员必须参与进来，让他们阐释清楚自己负责的流程部分需要如何改进。许多研究表明，自主权是最重要的内驱力之一[8]，因此团队需要拥有自行决定工作推进方式的权利。与会者还应包括那些具备情境意识，能准确把握变革时机的团队成员。当这些成员亲自参与绘制成果图时，他们就明白自己有权视需要进行调整。与此同时，并非所有成员都需要参会。任何会议都应尽量精简出席人数，确保出席者所做出的决定令成员信服并愿意接受即可。

总的来说，从绘制成果图开始，让同一批利益相关者参与到全部绘图工作中，能够最大限度地厘清背景情况、形成明确共识。参与绘制成果图的人员可以获得更清晰的认识，参与度也会更高。因此，参与人数越多，效果越好。但从实际操作的角度说，可能很难召集一场超过十二人参加的互动会议（随着与会人数的增多，协调主持的复杂性会成倍提高。）

然而，如果负责相关工作的人员不到十人，那么我们建议让每个人都参与进来。如果超过十人，那么我们建议从每个部门和职能单位选出代表。比如，主管架构师、产品经理、部门领导和测试组组长都可能是传达本部门关切事项的理想代表。如果缺少某个核心职能的代表或利益相关者，那么整个团队很可能会忽视一些重要关注点，或者部分团队成员也可能不积极参与。

时间分配

整场绘制成果图的会议进展比较快速的话大概需要一小时。如果你的团队初次召集此类会议，那么可以放宽至两小时。

所需材料

要想完成成果图的绘制（及其他流程工程绘图），在远程开会或召集线上线下融合会议的情况下，你需要借助数字化协作工具；在现场开会的情况下，你需要干擦白板、纸张、便笺条和马克笔。我们喜欢至少使用五种颜色的便笺条以便区分内容，你也可以混合使用多种不同颜色的马克笔和便笺条。

引导参与

积极鼓励每个人都平等参与。理想的情况下，引导师不会直接发号施令，而是关注如何提升安全性和包容性，引导活动顺利进行。

团队配置

安排一名主记录员在共享记录板（可以是数字化协作工具，也可以是白板或纸张）上绘制成果图，其他参与者一起讨论如何在共享的图上添加、删除或修改内容。

图板布局

先在数字或实物记录板上为成果图的第一阶段——"构思成果"划出一块区域，然后在此区域内细分五个先前提到的类别：背景、目标、难点、问题、提议，如图5-4所示。你的团队如果已明确目标成果（比如领导层已下达的目标），就可以简化这一阶段。明确成果这一步往往是必不可少的。

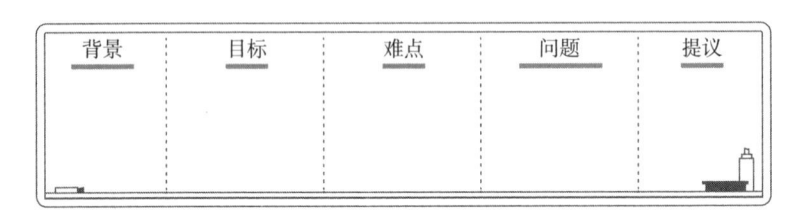

背景	目标	难点	问题	提议

注：这五个类别或提示是背景、目标、难点、问题、提议。

图5-4　成果图中的五个类别

接着，在白板上划出成果图的第二块区域，它由四栏组成：

成果、效益、障碍、后续步骤（见图5-5）。

| 成果 | 效益 | 障碍 | 后续步骤 |

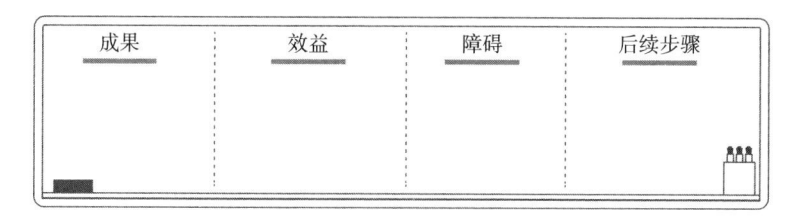

图5-5　成果图的各个阶段

确保板上留足空白，在后面的活动中有机会用到。

绘制成果图的过程（分步骤）

1. 构思成果

提醒一下，第一阶段"构思成果"回答的是"我们的目标是什么"这一问题。在这一准备阶段，团队会提出一系列可能实现的目标成果。如前所述，这一阶段可以提出任何导致团队不满、不协调的问题。在优先事项存在冲突且不明确的情况下，这一阶段会非常奏效。但团队如果已经对成果形成清晰的认知，就可以跳过这一阶段。

在"构思成果"阶段，先把空白便笺条贴在白板上为这一阶段划出的区域。至少选择五种颜色对应不同的类别栏（例如，内容对应黄色，目标对应绿色）。刚开始先让每个参与者独立行动，把各自的背景、目标、难点、问题和提议填在空白便笺条上。记住，这五个类别是起提示作用的。参与者应该写下所有能想到的东西，这五个类别或许会互有重叠。这和棋盘游戏不同，我们没有惩罚规则，只是为了让每个人有地方表达想法（用时5分钟）。

接下来，把一张张便笺条贴到白板上"构思成果"阶段区域内、合适的类别栏（见图5-6）。

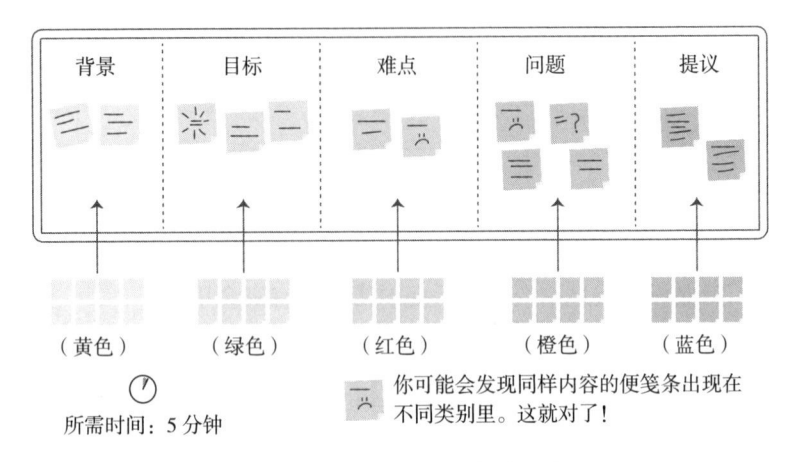

背景	目标	难点	问题	提议
（黄色）	（绿色）	（红色）	（橙色）	（蓝色）

所需时间：5分钟

你可能会发现同样内容的便笺条出现在不同类别里。这就对了！

注："构思成果"阶段旨在揭示团队正在关注的各种问题。

图5-6 成果图的构思成果阶段示例

团队全员要一同审阅这些便笺条。你会注意到很多内容都涉及一样的主题。例如，你可能会发现"难点"和"目标"两栏都贴着一张写着"我们如何区分优先级"的便笺条。这很正常，"难点"和"目标"通常是一枚硬币的两面。你也可能会看到各个类别贴着很多关于以往工作或技术债务的便笺条。别担心，这都在预料之中。有些人会在"问题"上想得更多，有些人会在"提议"上想得更多，还有些人会在"难点"上想得更多。"构思成果"阶段让每个人都能自然而然地意识到，大家实际上想法一致（换句话说，就像本书第1部分提到的，是从不同角度看待相同的挑战）。

鼓励团队成员去发现多种视角，然后表达他们对新视角下浮现出的话题和主题的理解。他们越会这么做，会议结果就越能集思广益（用时5分钟）。

然后，在白板的空白处将这些新浮现出的主题或话题分组。各个主题分组可能涵盖"目标""难点"等不同类别的内容（用时3分钟）（见图5-7）。

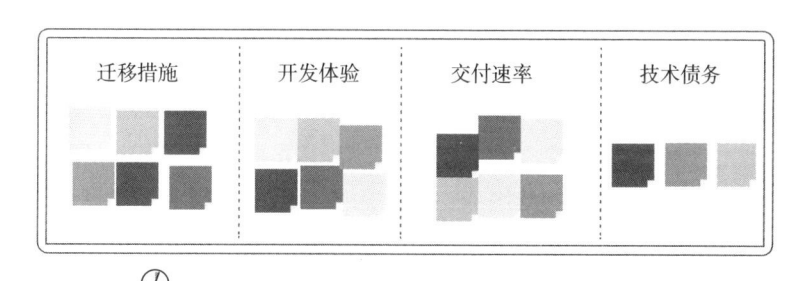

所需时间：3分钟

注：借助不同颜色的标识，分组之后仍然能辨认出原来的事项类别。

图5-7　按主题整理便笺条

现在，团队成员要投票表决他们认为哪组话题（或主题）在当下最为重要。他们需要确定如何定义"最重要"。这一过程中团队可以利用数字化协作工具通常自带的投票功能。

如图5-8所示，使用白板或纸张的情况下，团队成员可以用马克笔在便笺条的一角画点投票。（小提示：多个事项的便笺条归为一组时，可以在这一组最右上角的便笺条上记录这一组的团队投票总数，也可以记录在代表同类事项的这一组标题上。）

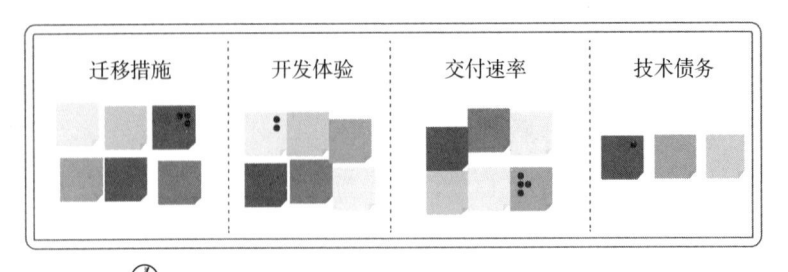

| 迁移措施 | 开发体验 | 交付速率 | 技术债务 |

所需时间：3分钟

注：投票可以让团队成员缩小关注范围，就最重要的主题达成一致。

图5-8　画点投票示例

基于票数最多的分组或主题，团队全员一起制定一项目标成果，要既能涵盖便笺条上的信息，也能呈现出有价值的目标。进行这一步时请牢记以下三点：

对客户的价值。
对公司的价值。
对每个团队成员的价值。

例如，如果团队选出的分组是"迁移措施"（见图5-8），包括该分组内所有便笺条，那么最后得出的目标成果就可能是："第三季度前把80%的关键遗留应用迁移到下一代云盘平台"。如果同时选出了首要成果和次要成果，也没关系，比如"交付速率提高30%"与"保持NPS水平"这两项成果可以取得平衡。这样能防止对目标成果过度投入而损害了某项重要的衡量指标。

成果可以表述得简单明了，比如"把产品不良率降低50%"，也可以表述得具体详细。某大型工程管理组织在一场团队绘图会议上将成果表述为"我们要提供自助式的内部开发体验，使学习和成功变得容易，工作变得愉快，员工不易犯错"，这听起来泛泛而谈且难以测量。简单讨论后，我们把这一成果精简为"eNPS上升20个点，产品不良率降低20%"，这虽然听起来不像原先那么雄心勃勃，但更直观可测。

制定SMART目标的指导原则也适用于思考如何分点罗列目标成果。SMART的含义是具体（specific）、可测量（measurable）、可实现（attainable）、有关联（relevant）、有时限（time-bound）。

为达到目的，你可以把成果和目标看作是能互相替换的，所以别担心两者之间的细微差别。简而言之，目标往往会激励人心，而成果是采取行动会带来的结果。我们把有效行动定义为能实现预期成果的行动。

既然团队已经选出了要努力实现的目标成果，现在就该绘制成果图来规划实现目标的路径了。

2. 成果图：界定目标成果

团队一经确定目标成果（不管是一开始就有界定清晰的成果，还是在"构思成果"阶段共同制定的），就要围绕这一目标绘制成果图。首先应该把目标成果写在便笺条上，贴在"成果"这一栏。

3. 界定效益和障碍，明确后续步骤

接下来，团队会逐个填好剩下三栏。

每一栏均遵循以下步骤：

第1步：参与者应静默地思考这一栏的提示（比如效益、障碍或后续步骤），形成提议。例如，如果这一栏是"效益"，那么参与者要思考目标成果会给团队和组织带来什么效益（用时1分钟）。

第2步：分成两人一组，每组两个人要互相分享他们通过思考得出的提议（用时2分钟）。

第3步：每两个组合并成一个四人组，在组内互相分享对这一栏的提议，然后整合他们的提议（小提示：注意相似点和不同点）（用时4分钟）。

第4步：最后，整个团队投票决定最重要的优先事项，把所有相关的提议移至这一栏的最上方（用时2分钟）。

在剩余三栏都要执行以上步骤，界定取得目标成果所能带来的效益，认清各项障碍，最后列出实现成果所需采取的后续步骤（完成全部三栏共需约30分钟）。这些重复、合作、整合的做法是为了让每个人都参与进来，都能释放潜力，同时避免因拼写错误或表述不清等简单错误而致使某些内容未得到投票。绘制完成的成果图如图5-9所示。

在绘图活动结束前，询问团队成员小组以下问题是否已解答或者答案模糊不清：

我们的目标成果是什么？
取得这一成果能带来哪些效益？
取得目标成果的过程中存在哪些障碍？
为取得成果我们需要采取哪些后续步骤？

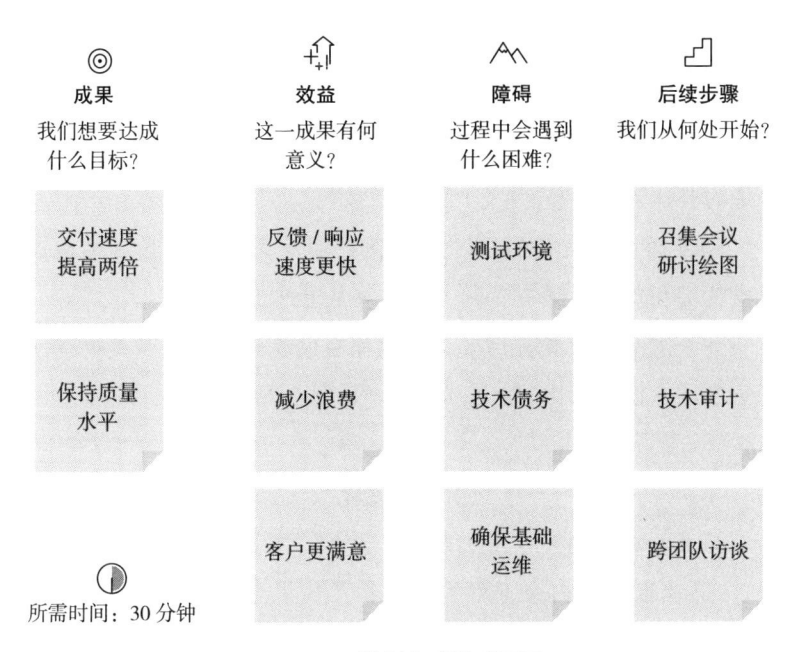

成果	效益	障碍	后续步骤
我们想要达成什么目标?	这一成果有何意义?	过程中会遇到什么困难?	我们从何处开始?
交付速度提高两倍	反馈/响应速度更快	测试环境	召集会议研讨绘图
保持质量水平	减少浪费	技术债务	技术审计
	客户更满意	确保基础运维	跨团队访谈

所需时间:30分钟

图5-9 绘制完成的成果图

如果还有不确定的事项,先解决这些事项,再推进工作!

注意事项

避免让一部分人主导全过程。

引导师如果并不负责参与交付成果,就不应在白板上贡献提议。

远程绘图的情况下,要请参与者打开视频功能,提升参与效果。

限制绘图会议的讨论范围,只关注团队有能力产生影响的目标和行动。

针对如何创造高质量目标成果分享指导原则，比如SMART目标。

如果成果涉及流程改进，价值流图将有助于参与者明确需要改进的具体流程环节。

为目标成果设定3～6个月时限的隐含用意是，当目标达成后或情况和优先事项有变时，还应重复上述工作。

如果成果包括提升绩效，就确保后续步骤里有一步是要建立衡量基准，以便于比较。

重复与变化

拓展的成果图可以增加几栏，比如"衡量"、"责任"和"方法"，具体取决于剩余可用的时间和团队扩大讨论范围、提高清晰度的意愿。如果需要或者想获得更多细节和定义，也可以通过绘制成果图实现。

在复杂的情况下，可能无法预测到确切的成果，而更宜将成果表述为增强学习、降低风险、提供更多选择（比如，在三个不同领域投资，以减少不可预测的市场和监管环境带来的财务风险）。接下来要开展试验，进一步讨论，或征求更广泛的反馈。

在同一个项目的全过程中可以多次绘制成果图，定期重新明确认识。

影响图与成果图相似，但主要关注外部人员和为每个人都设定一项成果。成果图并不事先指明具体人员，而是代之以面向各种利益相关者的效益。如果时间充足，你可以借鉴影响图分解每个阶段直接贡献的做法来绘制成果图，列出相互联通的分支结构。

Bolt Global 公司 | 软件交付团队

为了说明成果图的绘制过程，我们来看看Bolt Global公司软件交付团队的案例（前言部分已经介绍过）。和很多团队一样，Bolt Global致力于提高软件交付绩效。莎伦认识到自己的团队需要明确面临的挑战和主要目标，于是召集了关键利益相关者会面，一起分享想法、提议、担忧和疑问，这样他们就能快速高效地合作。图5-10总结了莎伦及其团队面临的挑战。

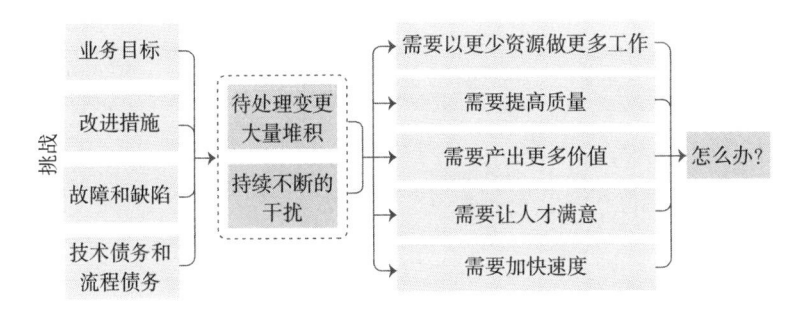

图5-10 莎伦职责范围内的各种挑战

莎伦的团队组织了一场成果图绘制会议，以阐明背景情况，缩小关注范围。起初，他们面临的各种挑战之间关系不明确，而且时不时会出现一些问题，但整个团队对此并不清楚。成果图让整个团队有机会看到并考虑这些问题。图5-11展示了在"构思成果"阶段，团队基于已知的背景情况和各种挑战，决定集中精力使发布速率提高　倍。

Bolt Global团队一致认为需要提高交付速度。但是团队在讨论中提出一个关键疑问：速度提高可能会影响质量。此前投票时，提升质量获得了第二高的票数，显然，团队既需要努力提高交付速度，也要在每一

5 成果图
079

步骤保证质量——确保质量上升而不是下降。

讨论中提出的一些其他问题也很重要。赋予团队成员以权利来表达自己的关切能让他们觉得自己的声音被听到。对各项提议进行匿名投票能让成员表达或保留自己的意见，而不必承担任何风险。共同见证投票结果能让整个团队发现原本隐匿的信息——其他成员的想法和动力。

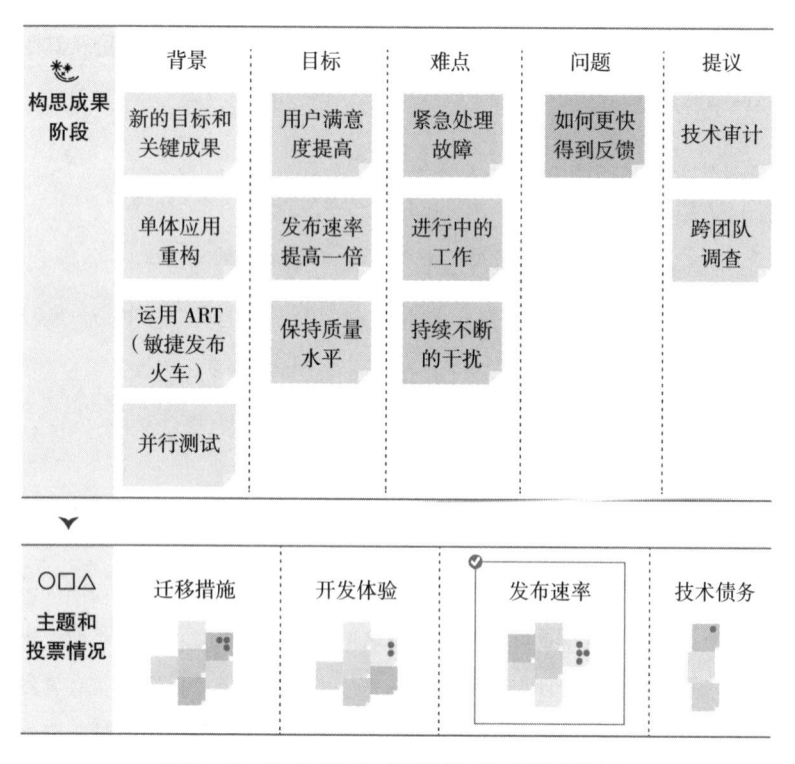

构思成果阶段	背景	目标	难点	问题	提议
	新的目标和关键成果	用户满意度提高	紧急处理故障	如何更快得到反馈	技术审计
	单体应用重构	发布速率提高一倍	进行中的工作		跨团队调查
	运用ART（敏捷发布火车）	保持质量水平	持续不断的干扰		
	并行测试				

主题和投票情况	迁移措施	开发体验	发布速率	技术债务

图 5-11　Bolt Global 团队的成果图绘制过程

简而言之，此次绘图让隐匿的信息变得可见，促使个体认同团队追求的价值。社交互动存在风险，有些人对此比其他人更敏感。团队要想发掘出最好的提议，团队成员就需要对他人有信心，相信其他成员不会反对或贬低自己的任何提议。有时项目的重大风险最初表现为微小的疑虑，而有时绝妙的创新想法最初听起来不切实际。要想实现最重要的创新并避免最严重的风险，团队要有能力放大这些细微的信号。此外，此类活动要求整个团队都参与创意过程，令参与者感到成就感十足，乐趣满满。于是在成员间建起了一条纽带后，往往也增强了成员与整个组织之间的联系。

现在，Bolt Global团队利用成果图来探究将交付速度提高一倍这一预期成果。

落实上级布置的成果要求

有时目标成果是组织高层的想法或讨论结果。负责实现目标的团队可能对为什么选择这些成果缺乏信息或认知。所以保持谦逊，尊重组织安排，信任高层的要求是重要且有益的。

但是，高层领导也可能对取得成果所必需的条件缺乏细致的了解，没考虑过其他附带后果，这种情况很正常。绘制成果图的第一阶段就是要有批判性地评估目标成果，从一开始就提出基本的疑虑和问题。

团队成员通常认为自己无权界定或重新定义所要取得的成果。大多数组织默认的运作模式还是"下达命令"型，即组织高层既规定需要团队取得的成果，也规定团队所要遵循的工作方式。在简单的情况下，这一模式足以适用。但就如第1章解释过的那样，这种做法剥夺了团队成员的自主性，削弱了他们的内驱力和创造力。而当团队对成果有掌控权时，他们就可以在领导层规定的合理范围内自行权衡取舍。

大多数情况下,团队可以用自己的方式巧妙地重新表述一项成果,同时不会逾越领导限定的范围。这样界定和重新表述成果带来的效益,可确保看似仅服务于某一群体的成果能引起所有人的共鸣。成果图的绘制过程非常有用,能让团队使命变得鲜活生动,因为这一过程能鼓励团队思考并明确目标成果背后的动机和影响。

也有可能出现这样一种情况:即使在成果图绘制完成和经过讨论后,团队依然无法理解目标成果,或者团队预见到许许多多的障碍或附带后果,因而认为这项工作似乎毫无益处。在大型组织里,这种对全组织活动的怀疑甚至持否定态度十分常见,团队在缺乏真正动力的情况下经常难以推进工作。绘制成果图能让团队以更具说服力的方式向领导层清楚表达自己的担忧,或者就达成目标的其他方法提供建议。这样可以快速解决未来可能造成灾难性后果的问题,从而节约大量的资金和时间,提振团队士气。疑虑和挫败感必须表达出来,否则团队就无法有意识地予以解决,还会变成对变革的阻力。

某些组织的领导层或许尤为排斥团队的反馈意见。为了提高成功的可能性,提议计划调整的表述方式应当有利于实现目标成果,而不是暗示团队成员存在严重的思维缺陷。有了成果图的支持,讨论的意义就是邀请全体成员厘清背景情况,而不是指出什么逻辑漏洞或战略错误。这种交际手段有其实用性,同时应体现出对他人的尊重。

若团队没有办法巧妙地向领导层反馈意见,自然只能不情不愿地开展活动。但如果团队预计活动会失败或毫无益处,他们就会丧失动力,不再投入努力。当计划失败后,他们会想"我就知道会失败",还会私下对同事发牢骚。这种情况很常见,说明未能利用团队的创造力、智慧和韧性。我们应当尽一切可能确保每个人都对任务有明确的认识,积极参与其中,并在任务开始前就想尽办法巧妙地向管理层表达各种关切。

结 论

绘制成果图提供了一个框架,帮助团队快速明确价值,在任务落实之初形成清晰共识,让团队成员从内心理解活动将带来的效益。整个过程具有创造性和重复性,能让团队成员分享见解,揭示那些可能导致团队工作脱轨的疑虑和限制因素。

成果图从一开始就应关注让团队围绕一个有价值的目标团结一致,这是后续绘图步骤的重要前提。团队应定期重复这项工作,以随机应变,找准新的机会。

主要启示

- 以终为始有助于明确目标,让团队重点关注需改进之处和改进方式。
- 绘图的过程比结果更重要,因其为富有成效和创意的讨论搭建框架,逐步形成方案。
- 每一步骤都合作完成,能揭示并解决种种隐匿的疑虑和困惑。
- 共同创建清晰明了的成果图,为取得成果的路径提供指导,有助于各个团队和个人加强沟通,消除在不同关注领域的认识差距。

注 释

1. Wikipedia, "Teleology."
2. Rosenblueth and Wiener, "The Role of Models in Science," 320.
3. Boston Consulting Group, "Flipping the Odds of Digital Transformation Success."
4. Bryar and Carr, *Working Backwards*, 98–120.
5. Lewis, *Moneyball*, 59.
6. "Accelerating Change."
7. Grant, "Are You a Giver or a Taker?"
8. Hagger et al., "Autonomous and Controlled Motivational Regulations."

6
当前状态价值流图

> "价值流图之所以高效,是因为它聚焦于产品及其对客户的价值,而非组织、资产、技术、流程及职业发展等其他因素。"
>
> **玛丽·帕彭迪克、汤姆·帕彭迪克(Mary & Tom Poppendieck)**

流程工程是一种帮助团队改进工作流程的轻量级工具。这一方法的核心在于理解团队的真正目标,集体评估现行工作模式,然后一起构想改进工作流程的各种可能性。本章介绍了如何绘制第二种流程图——当前状态价值流图,为团队开展上述工作指明前进方向(见图6-1)。

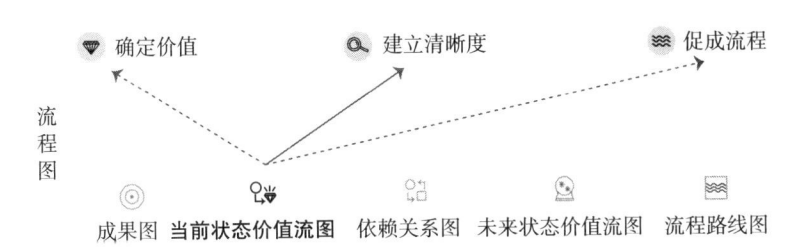

图6-1 价值流图土要用于建立清晰度

过去几十年间,价值流图在传统制造业与知识工作领域得到广泛应用，如今，价值流图也在团队工作流程的可视化以及可操作指标（actionable metrics）的收集方面受到前所未有的重视。

在上一章，我们学习了如何使用成果图确定价值取向，解答关键问题，帮助团队明晰工作流程，明确工作重心。本章将先简要概述价值流图的具体内涵，再介绍价值流图如何帮助团队加深对现有工作模式的理解，增进对重新构想工作流程的认识。接着将讨论绘制价值流图的准备工作，包括参与者的选择、绘图活动的开展频率，以及前期的必要准备。最后，本章将为你解释如何召开团队会议完成价值流图的构建，如何对团队工作流程现状进行可视化展示和测量等。

价值流在何处？

约翰·舒克（John Shook）与迈克·鲁斯在《学习观察》（*Learning to See*）一书中对价值流的概念做出重要界定："价值的概念需要从客户的角度出发进行界定。从概念到落地，从订单到交付——每种产品或服务类别的价值流都需要单独加以界定。"[1] 换句话说，任何产品或服务的背后都有其开发与交付的价值流。

如果对价值流的定位和内涵缺乏了解，那么绘制价值流图只能是"无米之炊"，但这正是绘图的意义所在——帮助我们了解价值流。需要牢记的是，价值流是客观存在的，团队既有的工作流程已经成型。在此基础上，我们能够反思过去的活动，总结可实现客户成果的具体工作流程，进而揭示价值流所在，以及价值流所发挥的作用。通过这种方式，我们能够在着手绘制价值流图之前确立一些指导性原则，真正"看懂"价值流模式。以下是一些重要原则：[2]

价值流只不过是一种模式。在这种模式出现的情况下,你就可以运用一套连贯一致的做法。

哪里有客户,哪里就有价值流。客户既包括诸如利益相关者之类的内部人员,也可以是来自公司外部的客户。

每一个组织都拥有一个服务客户的价值流网络体系。价值流并非独立存在,既有直接服务于外部客户的价值流,也有服务于内部利益相关者的价值流。

逆向追溯比正向推导更容易。从一项给定的客户成果倒推,你通过不断提问"是什么导致了现在的结果",就能循着价值流终点追溯至起点得到答案。

逆向追溯需要从具体的客户成果出发。客户之所以成为客户的原因多种多样,客户获得价值的方式也各不相同。要想找准价值流,就需要明确具体成果(例如某个使用我们最新功能的企业用户或某个部署自有基础设施的内部开发者)。这样,你就能聚焦于促成该客户成果的某一特定价值流。

价值流所处的环境可能是混乱无序的。一名工作人员可能身兼数职,每一项职责都对应着不同的价值流。工作流程各个阶段之间可能存在巨大变化以及长时间的延迟,这加大了准确识别价值流的难度。所以流程工程的目标之一就是化解这种困境,创建更标准、更简化的工作模式。

什么是价值流图?

绘制工作流程图的做法始于20世纪。弗兰克·吉尔布雷斯在其1921年出版的著作中对多种流程图进行了研究,在该领域做出重要贡献。[3] 约翰·舒克和迈克·鲁斯在《学习观察》一书中对价值流图做出了明确的界定，指出价值流图"作为一种工具能在一种产品经历整个价值流时，帮助你认识和理解物料与信息是如何流动的"。[4]价值流图能够明晰工作流程，并为价值流全程及其中每个步骤确定关于速度、质量、浪费与积压的指标。

保拉·思拉舍（Paula Thrasher）在2020年企业运维峰会上发表了主题为"交互性可视化价值流图——让虚拟世界的流程可视化"的演讲，其中提及了一个高效的价值流图创建框架。她提出通过"5R原则"识别价值流：基于某项已交付的功能或变更，选择具有时效性（Recent）、有效性（Real）、连续性（Reach）、代表性（Representative）以及经过验证（Road tested）的案例。[5]

时效性：选择你还记得的近期发生的案例。

有效性：选择对业务有实际影响的案例，而非软件升级之类的小事。

连续性：选择贯穿整个价值流的案例。

代表性：选择能够反映你的工作模式的典型案例，而非某些紧急请求。

经过验证：选择正在运作中的案例，最好能够获取遥测数据和客户反馈。

如前所述，价值流只不过是一种模式，在出现这种模式的情况下，你就可以运用一套连贯一致的做法。你所在的组织是一系列价值流的集合体，通过绘制价值流图，这些价值流才变得直观可见。无论是招聘、客户引导和服务，还是路线图的制定、合并与收购，以及季度规划等，都可以看作一个价值流，其中可能会涉及企业内部或外部客户。这也意味着我们能够在上述领域，甚至是更广的范围内进行流程的规划、测量与改进。

我们能够通过识别客户以及逆向追溯的方法来识别价值流，这需要我们提出一系列问题，比如"我们怎样让客户获得价值"，然后接着提问"在此之前，我们需要先做好哪些工作"。以此类推，直到我们追溯到工作流程的源头。识别并明晰公司里的各种价值流，能够让真正驱动公司发展的隐形关系网络与业务活动显现出来。

詹姆斯·P. 沃麦克（James P. Womack）与丹尼尔·T. 琼斯（Daniel T. Jones）在《精益思想》（*Lean Thinking*）一书中提出了五大精益原则。其中，第一原则是"精确具体地描述产品价值"。[6]

正如唐·赖纳特森（Don Reinertsen）在《产品开发流程的原则》（*Principles of Product Development Flow*）中所提到的："业务活动所实现的价值增值表现为开展此项活动之前和之后理性消费者愿意为某一工作产品支付的价格之差。"[7]通过价值流图，我们能够围绕工作流程中实现价值创造的方式形成清晰的共同认识，以便利用各种信息来减少浪费。

如图6-2所示，绘制价值流图包括五个阶段：

选择价值流

确定活动步骤

设定时间安排

丰富图表维度

突出制约因素

选择价值流	确定活动步骤	设定时间安排	丰富图表维度	突出制约因素
选择最接近你所设想成果的价值流	逆向溯源以明确流程的各个阶段	设置周期时间与等待时间	加入与成果相关的数据	识别流程中影响最大的因素

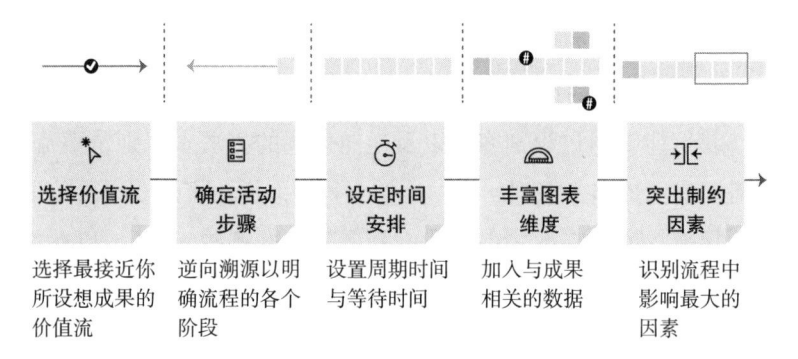

图6-2 绘制价值流图的五个阶段

经历一遍上述五个阶段，我们就能够清楚地理解与目标成果最相关的价值流，以及最需要改进的重点关注领域。

无论是团队还是个人，其工作范围通常在价值流中囿于一隅，因而难以认识到自己的工作对有依赖关系的其他团队的助力或制约情况。这导致他们在试图改进流程时目光狭隘，不能优化整个系统。任何价值流中都可能存在一个限制流程速度的步骤，制约了整体价值流的交付效率，但通过绘制价值流图，我们经常会发现一些能够事半功倍的机会。

绘制价值流图是一种通过团队合作使价值流可视化的活动，能够揭示上述制约因素，发现改进的重要突破口，利用定性与定量数据，将可视化与绩效测量相结合。由此生成的价值流图作为共同工作流程的一种视觉呈现，是团队围绕提高绩效而展开讨论的关注重点。随着团队成员认同度的提升，这一快捷版本的价值流图可作为一个简便起点，为制定更详尽、更全面的流程图打下基础。简言之：快速绘图，展示潜力，持续进步。

要想让价值流图充分发挥作用，团队需要始终秉持一致的目标与愿景。成果图（见第5章）的意义在于明确前进方向，确保团队协同一致，界定可能出现的挑战与障碍，确定有待学习加强的领域，构想目标成果的呈现形式。而价值流图的目标是在数据的支撑下创建可视化的流程图，揭示具体的改进机会。

绘制价值流图时，若结合绘制依赖关系图（参见第7章）所获取的信息，我们就能基于数据做出准确的投资假设。这些假设可表述为节约成本、增加收入、提高员工或客户满意度等积极成果。其中一个最重要的方面是测量工作阶段的时长与项目交接过程中等待阶段的时长（见图6-3）。时间是唯一一种我们无法扩展的事物，也是我们最容易浪费的资源。事实也是如此，回顾过去的工作流程可知，我们的时间一直在不断流逝。相比之下，其他一切都显得颇为主观，所以我们如果连时间安排都无法把控好，那么将很难在任何其他可测量的事项上达成一致。

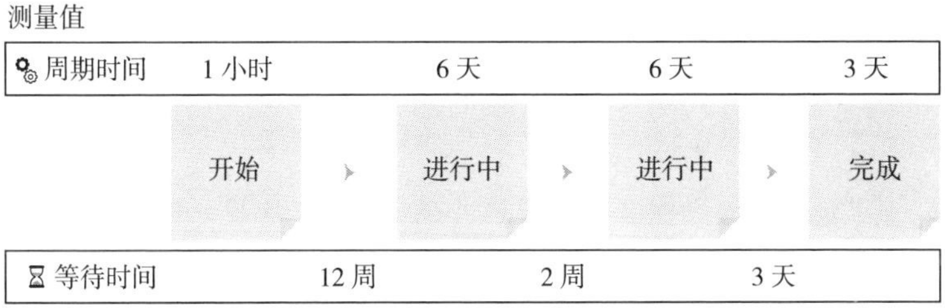

测量值

周期时间	1小时	6天	6天	3天
	开始 ▷	进行中 ▷	进行中 ▷	完成
等待时间		12周	2周	3天

注：上图为简化版的价值流图，重点显示了周期时间与等待时间的测量值。

图6-3　简化版的价值流图

价值流图均衡运用了完整工作流程的定性信息与绩效和效度的定量信息，从数据提供方的角度构建与客户相关的数据，并将此数据叠加在流程图上，以便组织内部及外部人员理解工作流程。

价值流与客户旅程

客户旅程图以客户发现需求作为出发点，展示客户产生兴趣、购买、使用以及推荐某一产品或服务的全过程，是从客户的角度构建而成的，呈现了客户的内在体验。[8]

对于市场营销、销售、产品管理、用户体验与商业战略等部门而言，绘制客户旅程图是一种以可视化的方式展现和推理分析客户在每个阶段互动体验的手段，能够让组织对客户旅程有所认识，为满足客户所需铺平道路。

价值流图也关注客户的价值体验。但不同于客户旅程图，价值流图提供了一种幕后视角，反映的是客户旅程中所有价值交付背后的工作。客户旅程图侧重于呈现客户与产品互动的外部体验，而价值流图则聚焦于产品生产的内部流程，这两种图的差别如表6-1所示。

尽管客户旅程图的构建与改进在业内并不罕见，但许多组织，尤其是知识型工作组织，往往不太了解对价值流绩效起核心作用的工作流程的设计原则。

如图6-4所详细展示的那样，组织的价值流是客户旅程的前提，通过为客户提供价值，激发客户的动机，满足客户的需求。对于各价值流之间的关联以及与客户旅程之间的关联共同组成的价值流网络，我们将在本书第3部分进一步探讨这一内容。

表6–1 客户旅程图与价值流图的差别

层面	客户旅程图	价值流图
角度	外部（从客户的角度出发）	内部（从组织和利益相关者的角度出发）
定义	客户在接触产品或服务的过程中历经的一系列互动或步骤	为客户设计、生产与交付产品或服务所需开展的序列业务活动，能够反映工作流程与信息流程
关注重点	理解并改进客户体验以及客户与品牌之间的关联	发现并消除流程中的浪费现象，提高整体效率
目标	提高客户满意度、忠诚度以及改善总体体验	提高流程效率，减少浪费，优化交付或生产流程
构成要素	接触点、情绪、渠道、痛点以及客户认识、考量、购买、保留和宣传等多个阶段	程序，工作流与信息流，周期时间，待办事项队列，增值与非增值业务活动
关键指标	客户满意度、净推荐值、流失率、客户努力得分（CES）	前置时间、周期时间、进行中的工作、吞吐率、质量、增值率（详见附录）

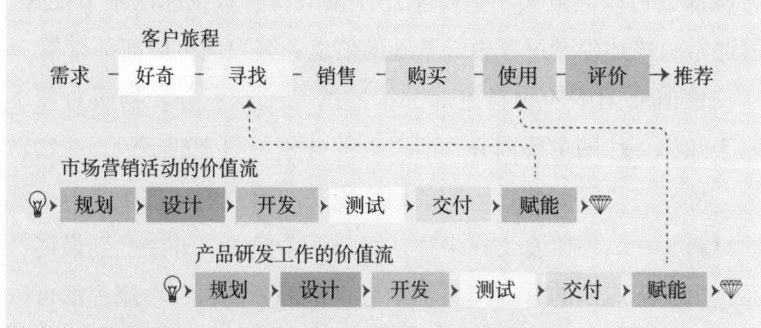

客户旅程

需求 — 好奇 — 寻找 — 销售 — 购买 — 使用 — 评价 → 推荐

市场营销活动的价值流

💡▶ 规划 ▶ 设计 ▶ 开发 ▶ 测试 ▶ 交付 ▶ 赋能 ▶ 💎

产品研发工作的价值流

💡▶ 规划 ▶ 设计 ▶ 开发 ▶ 测试 ▶ 交付 ▶ 赋能 ▶ 💎

注：客户旅程的每个阶段都得到组织中不同价值流的支持。

图6-4 客户旅程与价值流对比

> 客户旅程解释的是企业能够维持经营的原因,而价值流则揭示了企业维持经营的方式。通过观察客户旅程,我们能够从客户成果回溯至促成这些成果的工作流程。每一个价值流要么直接推动客户旅程,要么支撑着另一推动客户旅程的价值流。你如果很熟悉所在组织的客户旅程,就能够更好地理解组织的工作流程,更好地为改善客户成果进行规划。

图6-5展示了价值流图的传统呈现形式,共分为三个部分:

信息流。
物料流。
前置时间阶梯。

此图来自丰田生产管理体系中使用的物料流与信息流图。信息流部分可以涵盖关于追踪生产体系的所有数据库的细节描述,但通常只描述生产过程中最基础的信息:客户向供应商下订单。

价值流图中的物料流部分描述的是生产流程。物质对象不属于知识工作的主要内容,所以大部分相关图表都不包含"物料流"部分。尽管如此,该图的核心仍是对流程顺序的呈现——从原材料(在软件研发工作中往往只是一个概念)开始,到最终产品(可实际应用的软件产品)结束。这部分的每一项流程都可以注明相关指标,特别是工作积压(当前步骤正在处理的工作项)、用时(周期时间加上等待时间)以及质量(通常为当前步骤已完成工作的比例)的相关指标。

信息流

供应商 ← 每周订单 ← 生产控制 ← 每月订单 ← 客户

物料流

每周 → ... → 每月

流程 A	流程 B	流程 C	运输
周期时间 = 300 秒	周期时间 = 45 秒	周期时间 = 300 秒	
换线时间 = 60 分钟	换线时间 = 10 分钟	换线时间 = 240 分钟	
正常运行时间比例 = 80%	正常运行时间比例 = 90%	正常运行时间比例 = 100%	
2 个班次	2 个班次	2 个班次	
可用总时间为 27 000 秒	可用总时间为 27 000 秒	可用总时间为 27 000 秒	

前置时间阶梯

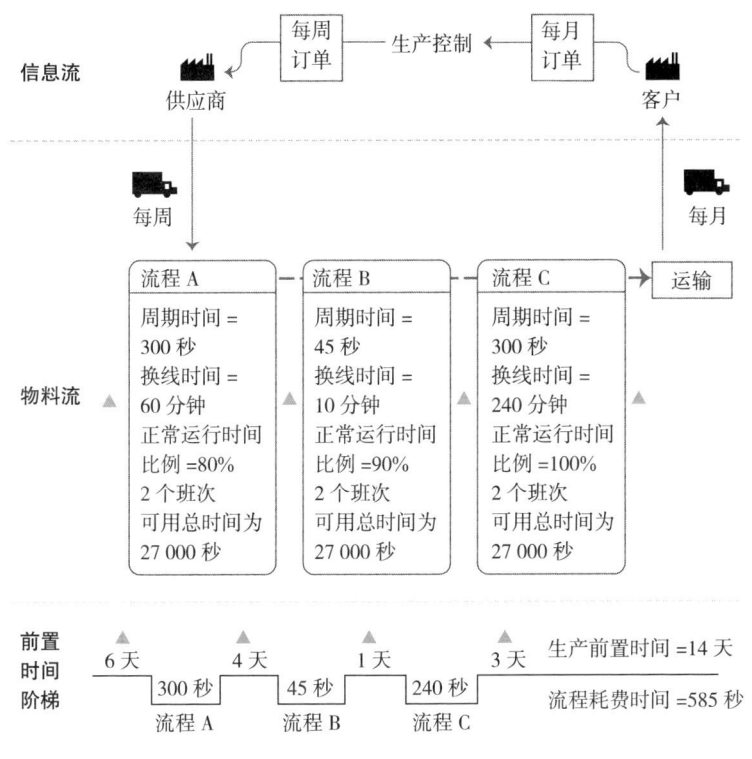

6 天 — 300 秒（流程 A）— 4 天 — 45 秒（流程 B）— 1 天 — 240 秒（流程 C）— 3 天

生产前置时间 = 14 天
流程耗费时间 = 585 秒

图6-5　制造业价值流图的传统呈现形式[①]

该图的最后一个部分"前置时间阶梯"对工作流程中最重要的指标——时间进行了可视化呈现。时间是唯一真正不可再生的资源，是知识工作者用于构思、讨论、创作等工作的主要资源，也是客户从提出需求到需求得到满足这一过程中最能感知到的事物。此外，时间还常常伴随着低效的问题，在不同阶段之间的等

---

① Source: Image adapted from Daniel Penfield, "Value Stream Map Parts," Wikimedia Commons, accessed November 2023, under Creative Commons Attribution-Share Alike 3.0 Unported license.

待时间尤为如此。

流程工程所强调的价值流图比传统图表简单得多，但依旧十分重视追踪时间的环节。

学界有很多关于在数字领域应用传统价值流图的优秀著作，包括早期玛丽·帕彭迪克和汤姆·帕彭迪克夫妇合著的《精益软件开发》（Lean Software Development），卡伦·马丁和迈克·奥斯特林（Mike Osterling）合著的《价值流图》，以及近期盖瑞·鲁普（Gary Rupp）的百科全书式著作《以价值流管理推动DevOps》（Driving DevOps with Value Stream Management）等。流程工程的目标是在传统做法的基础上，整合实现价值流图的极简化，帮助团队在项目初期填补知识缺口，快速入手应用价值流图。

根据我们的经验，价值流图虽然已经得到了广泛的认可，但是尚未实现普遍应用。很多高度规范化的软件工程团队依赖复杂精细的绩效改善、流程，但这种体系完善/运作成熟的团队仍是少数，十倍于此的团队竭尽全力都难以清楚理解企业目标，优化工作流程对它们来说更是一个遥不可及的目标。

流程工程非常倚重一种简化版的价值流图，任何人都能轻松理解和绘制这种图，如图6-6所示。对于尚不熟悉价值流图的团队而言，借助这一轻量化的简便方法启动工作非常重要。这种方法更为便捷，成本更低，对初学者来说也更容易理解。随着对这一方法的了解，前文内容能够帮助你逐步叠加运用一些更高级的操作技巧。

要对价值流做最基本的呈现，首先就是使从生产到向客户交付价值的各项业务活动的顺序可视化。然后就是加入周期时间（流程时间）与等待时间这些指标，形成完整的价值流图，如图

6-6所示。通常情况下，这种程度的细节已经足以指导改进工作，但如果有新的需求或机会，我们还能在此基础上更进一步。

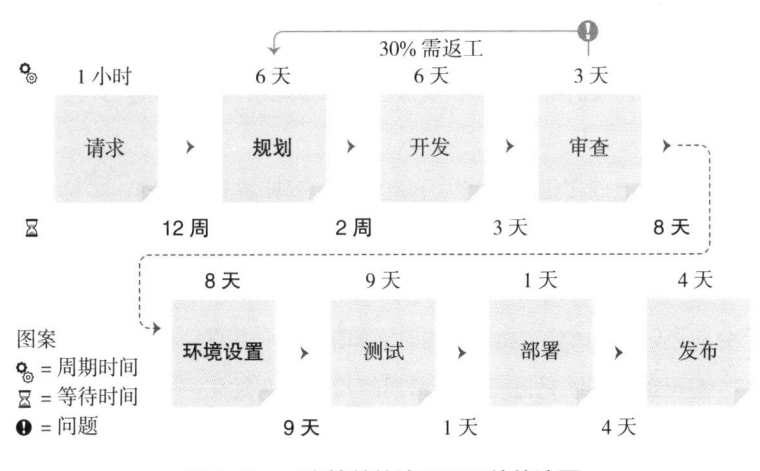

```
           30% 需返工
1小时    6天      6天      3天
 请求 →  规划 →  开发 →  审查 →
12周    2周      3天      8天
        8天      9天      1天      4天
     → 环境设置 → 测试 → 部署 → 发布
        9天      1天              4天
```

图案
- ⏱ = 周期时间
- ⏳ = 等待时间
- ❗ = 问题

图6-6　一张简单的流程工程价值流图

在团队研究探讨价值流图的过程中，很自然的做法就是在图中附加其他相关信息。如果在某个步骤存在大量工作积压，那么团队成员可以注明积压工作项的数量；如果某些工作项常常被退回至前一步骤，那么团队成员也可加以标注，如图6-6所示。不过，这些指标仅在研讨过程中在有需要的情况下即时添加。通过这种方式，团队能够快速完成初始版本的流程图，也能够优先收集最迫切需要的数据，而非寻求在每一步骤都获得完整数据。

这种极简版本的价值流图最具有价值的点在于，参与团队无需投入大量时间，对于有专业引导的团队而言更是如此。可想而知，如果要求一个团队必须停下手头工作一周，那么很难让他们相信你在专注于消除浪费和改进流程！

6　当前状态价值流图

案例研究 | 短期冲刺的当前状态价值流图

某客户在勉力应对其用户的微小更新需求。他们绘制了成果流程图，确定目标为将原来每月发布一次更新版本的频率提高至每两周发布一次。随后，他们也绘制了价值流图，希望能明确流程改进方法，以便实现目标。

首先，他们在价值流图左上角重申了预期成果（见图6-7）：实现两周一次发布。事先阐明目标并将其放在醒目的位置上使其清楚可见，能够让团队集中精力，确保不被无助于实现目标的干扰因素分心。这与开会前声明议程类似，能够节约时间和精力，让团队协同一致。

鉴于这一团队只进行为期四周的短期冲刺优化，将发布频率加快一倍也意味着工作量的翻倍，全部冲刺任务需要压缩到两周内完成。他们先列出冲刺阶段需要开展的各项任务，以确定如何精简这些任务的实施流程，而明确这一点是为了查明流程中浪费时间、重复劳动或因违规而遭受惩罚的活动。例如，假设目前每四周制订一次冲刺计划需要花费1.5小时，那么改为每两周进行一次对团队而言是不是更高效率的做法？

团队列出了所有的主线流程与并行步骤，每项流程耗费的时间，以及各步骤之间的等待时间。他们随后计算了流程总时长，也加总了那些有风险的环节的时长，以便识别其中的制约因素。图6-7右下角的方框中显示了这些指标的汇总数据。

目前整个流程需耗费27天（前置时间），显然超出了冲刺计划的两周时间限制。其中，周期时间为18天，等待时间为9天。注意：如图6-7所示，拉取请求环节需要5天，可能还存在未计入的隐匿等待时间。

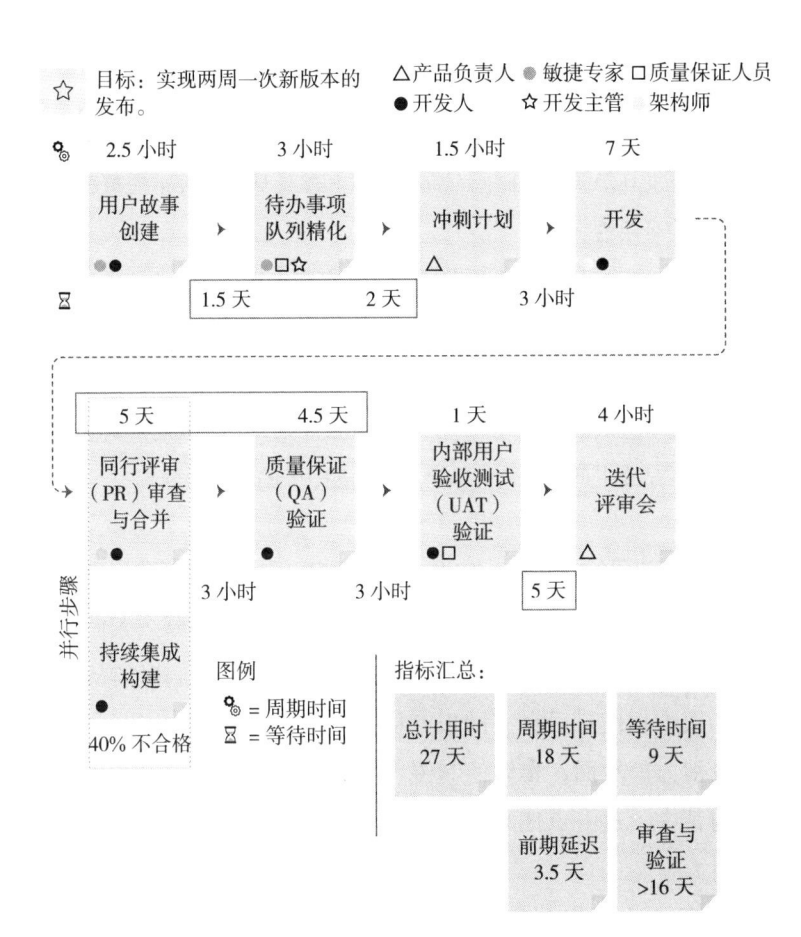

```
☆ 目标：实现两周一次新版本的     △产品负责人  ● 敏捷专家  □ 质量保证人员
   发布。                        ● 开发人    ☆ 开发主管    架构师
```

价值流图（简化文字描述）：

- 2.5 小时 用户故事创建 ●
- 3 小时 待办事项队列精化 ●□☆
- 1.5 小时 冲刺计划 △
- 7 天 开发 ●

等待时间：1.5 天 / 2 天 / 3 小时

- 5 天 同行评审（PR）审查与合并 ●
- 4.5 天 质量保证（QA）验证 ●
- 1 天 内部用户验收测试（UAT）验证 ●△
- 4 小时 迭代评审会 △

等待时间：3 小时 / 3 小时 / 5 天

并行步骤：持续集成构建 ● 40% 不合格

图例：
🕐 = 周期时间
⌛ = 等待时间

指标汇总：
- 总计用时 27 天
- 周期时间 18 天
- 等待时间 9 天
- 前期延迟 3.5 天
- 审查与验证 >16 天

注：价值流图通常横向呈现工作流程。上图经过切分调整，以更好地适应页面布局。虚线框中为多个并行步骤。

图 6-7　绘制完成的价值流图示例

可见，缩短等待时间（占流程总时长的 1/3）是一个重要机会。团队还非常关注启动初步工作所需的时间，以及审查和测试最终产品所需要的时间。在识别出重要的优化项后，需要花费 3.5 天的时间才能启动工作，这会拖慢团队的开发速度；测试时间则需要耗费16天，几乎是团队实际开发时间的2倍。这并非偶然，许多组织都在测试和验证环节花费比开发环节更长的时间；而在测试和验证环节又经常潜藏着许多发生延迟的可能性。

上述对流程图的宏观分析有助于团队识别3个主要热点问题，如图6-7右下角方框部分所示。第一个关注点是从确定某项工作到团队实际开始工作之间的启动延迟问题。第二个关注点是同行评审与质量保证这两个在流程中耗时最长的环节。第三个关注点则是发生在用户验收测试环节之后、部署生产和迭代评审会之前为期5天的等待时间。

价值流图的妙用：结合多种视角，构建清晰认识

如果投入努力无法带来肉眼可见的直接成效，那么人们会犹豫再三，因为这一过程往往是看不见摸不着的，人们以前从未实践过，很难相信最后会有回报。从这个角度看，价值流图确实不太有吸引力。然而，集体绘制流程图的强大效用在于每一个人都能参与其中，这一点比起无聊至极、毫无参与感可言的会议就更具吸引力了。

价值流图之所以如此强大、好用，原因有很多方面，以下是5个关键点。

多角度思考

后退一步，能够让我们拥有更加多元的视角。合作创建价值流图，能够促使团队成员与陌生的角色和领域共情，意识到团队的工作流程是一个可构建、可发展的系统。这一过程鼓励团队全体成员发挥创造力，贡献优化建议，并通过设想未来状态，形成

共同的愿景与目标，激发更多创造力。

系统性思维与可见度

系统性思维与可见度有助于我们形成全局意识，从而理解需要做出的改变。价值流图能够激发系统性思维，这是因为它提供了一种全面看待整个工作流程或系统的视角，使团队跳出关注单独某个部分的局限性。这种全局观能让团队识别和理解工作流程之间的关联性与相互依赖性，更有效地确定低效因素与瓶颈环节。

组织通过描绘从最初投入到最终产出的完整价值流，能认识到各个组件如何互动并对整体系统产生影响。这一认识有利于做出更明智的知情决策，确保各项工作与组织目标保持一致，深入理解某一领域的改变可能给其他领域带来的影响，最终实现更加有效、更可持续的优化。很多团队往往都是在绘制价值流图时才首次尝试对端到端的软件交付流程进行可视化测量。大多数情况下，价值流中的某个或某些环节会占据过多的前置时间。

绩效测量

常言道："绩效测量是有效管理的基础。"在流程优化领域，价值流图是以数据驱动决策的强大工具，能够将团队工作流程中模糊和未知的信息转化为具体、可量化的见解，帮助团队基于实证而非假设或直觉进行决策。

这种以数据为支撑的方式，还有利于确定需要改进的具体领域，理解潜在改变的影响，并追踪落实优化措施的成效。测量起着至关重要的作用，既能区分事实和想法，也能让每一位团队成员获得对可量化的相同理解。

确定制约因素

正如一句名言所说,"制约因素指明前进之路"。艾利·M.高德拉特(Eliyahu M. Goldratt)提出的制约理论意图避免团队工作中,尤其是知识工作中常犯的一个错误,即我们很容易投入大量时间、金钱和精力在那些对客户没有什么实际影响的改进工作上。如果我们在工作中没有系统性思维,就会对客户造成负面影响。

随着敏捷软件的加速开发给下游的业务运营带来问题,DevOps成为重要的补救措施。消除运营中的制约因素是解放上游敏捷开发生产力的关键。绘制价值流图让我们得以看清这种动态,并发现流程中的制约因素,实现事半功倍的效果。

发掘隐藏机遇

机遇往往隐藏在日常工作中。理解了每个员工的工作是如何影响客户满意度的,意味着员工努力所带来的影响更能被看到,因而能够提高他们的参与度与积极性。日常工作的辛劳很容易挤占员工对总体目标及其实现方法的注意力,从这层意义来讲,这一视角尤为重要。

我们一贯的经验表明,仅仅是共同创建当前状态价值流图,就能揭示出一些问题,帮助团队节约至少20%的时间。还有一些普遍的洞见,比如识别出某两个工作环节可以同步进行,或者以电子邮件交流取代没有太大价值的会议。这些易于实现的成果能够确保价值流图为团队带来事半功倍的成效。节约20%的时间相当于每周节约一个工作日的时间,这给整个组织带来的效益是无法估量的。

通过最大限度地减少时间和精力的浪费来提高生产力，可以提高我们从现有人才中获得的价值。价值流图可以捕捉到有关精力浪费、认知负荷、协作问题、质量差距等信息，并将这些信息添加到工作步骤和时间安排的基本框架中。接下来，我们花一点时间探讨一下真实情境中的价值流图通常是什么样的。

Bolt Global 公司 | 续

为了了解如何提高产品开发生命周期的吞吐率，莎伦召集了她的团队以及上下游的主要贡献者，共同绘制当前的工作流程。

首先，他们将成果流程绘图会议商定的目标成果"使发布速率提高一倍"贴到看板右上角。莎伦希望确保这一目标成果始终是规划工作的重点，并易于回顾参考。

接着，莎伦及其团队从上一次发布后的交付情况开始往前追溯，列出了所有促进价值交付的活动步骤。列出每个活动步骤后，他们又在图上添加了各项活动周期时长和活动之间等待时长的测量值。

团队仅通过审查时长数值，就发现了许多明显的机会。鉴于这是第一次运用价值流图，莎伦决定在能够展示一些结果并获得进一步认可之前，先不在图上增加额外的信息，如质量、角色、增值时间（VAT）等。

如图6-8所示，在简化版的价值流图中，他们注意到环境设置这一步骤占用了45%的价值流总时间。如果他们能解决这一制约因素，就可以大幅提高达成目标的速度，进而寻找其他瓶颈和制约因素。如果他们有能力，还可以同时解决多个问题。

确定了制约因素之后，莎伦的团队开始深入研究如何解决这个问题。

☆ 目标：发布速率提高一倍。

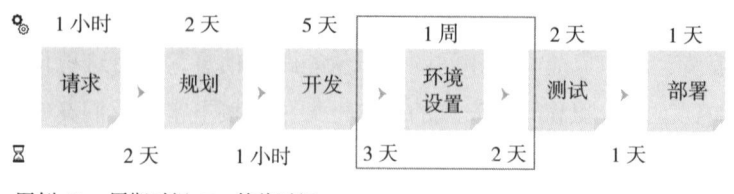

```
🕐 1小时    2天      5天     1周      2天     1天
   ┌───┐   ┌───┐   ┌───┐  ┌───┐    ┌───┐   ┌───┐
   │请求│→ │规划│→ │开发│→│环境│→  │测试│→ │部署│
   └───┘   └───┘   └───┘  │设置│    └───┘   └───┘
                          └───┘
⌛  2天     1小时           3天 2天          1天
图例 🕐=周期时间  ⌛=等待时间
```

图6-8 识别价值流中的制约因素

如何绘制价值流图

发出邀请

邀请同一价值流的利益相关者代表一起开会，明确当前的工作流程，以确定需要改进之处。团队规划路径过程中，应着重解决以下关键问题：

完整的工作流程由怎样的活动序列构成？
完整工作流程的绩效测量结果如何？
能产生最大影响的改进机会是什么？

这一环节争取用90分钟左右的时间快速完成，如果是第一次进行，则至少需分配2个小时。

空间安排与所需材料

使用数字化协作工具、白色干擦板或纸张和便笺条。
预留出足够横向排列8到20个不同步骤的空间。

流程新范式

引导参与

团队中应有最多10名价值流的主要贡献者代表。

每个人根据自己对相关步骤及整体价值流的了解程度参与其中。

团队配置

由一名主要记录员在共享记录板上绘制价值流图。

其他参与者共同讨论对共享图示进行哪些添加、删除或修改。

步骤顺序与时间分配

1. 选择价值流

首先你要确定你希望改进的特定价值流。请参见本章"价值流在何处"一部分介绍的原则。(我们在此提供一份简化清单以帮助你操作。)

从特定的客户成果(如交付的新功能)开始往前追溯。

时效性:选择你还记得的近期发生的案例。

有效性:选择对业务有实际影响的案例,而非软件升级之类的小事。

连续性:选择贯穿于整个价值流的案例。

代表性:选择能够反映你的工作模式的典型案例,而非某些紧急请求。

经过验证:选择正在运作中的案例,最好能够获取遥测数据和客户反馈。

2. 确定活动步骤

整个团队从价值交付阶段开始往前追溯（见图6-9），依次绘制每个不同的步骤（标记注释或条目），一直回溯到价值流的起点（触发该工作的请求）。最简单的系统往往只是一个线性的步骤序列。如果流程的几个组成部分是同时进行的，那么团队可以通过将一个步骤绘制在另一个步骤的上方来表示（用时10分钟）。

| 请求 | 规划 | 设计 | 开发 | 测试 | 交付 | 赋能 | 部署 | 发布 |

所需时间：约10分钟

在此之前发生了什么？
好的，已交付发布

图6-9 软件开发工作的价值流图示例

3. 设定时间安排

接下来，估算每个步骤通常花费的周期时间，并将其写在该步骤上方（用时10分钟）。然后，估算每个步骤之间通常需要的等待时间，并将其写在步骤间隙的下方（用时10分钟）。接着，将用时最长的周期时间或等待时间突出显示，作为可能需要改进的事项（用时2分钟），如图6-10所示。

1小时 | 6天 6天 | 3天 | 8天 9天 | 1天 | 4天

请求 → 规划 → 开发 → 审查 → 环境设置 → 测试 → 部署 → 发布

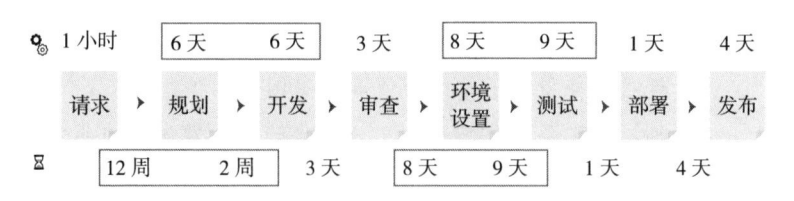

12周 2周 | 3天 | 8天 9天 | 1天 | 4天

图6-10 显示周期时间和等待时间的价值流图示例

4. 丰富图表维度

加总所有步骤的总周期时间和各步骤之间的总等待时间，再将二者相加，确定端到端流程的总时长（前置时间）。将总时长数值写到记录版下方（用时2分钟）。接着再添加所有与目标成果相关的其他维度的数据，例如准确完成百分比（%C&A），并在可量化的情况下对其进行加总（见图6-11）。

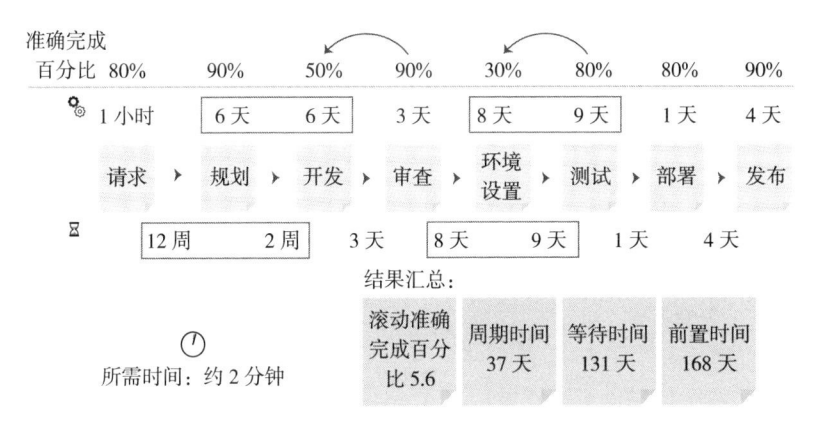

```
准确完成
百分比  80%      90%    50%    90%    30%    80%    80%    90%
   ☼  1小时   6天    6天    3天    8天    9天    1天    4天
         请求 ▶ 规划 ▶ 开发 ▶ 审查 ▶ 环境  ▶ 测试 ▶ 部署 ▶ 发布
                                        设置
   ⧖         12周       2周    3天    8天    9天    1天    4天
                            结果汇总：
                            ┌──────┬──────┬──────┬──────┐
                            │滚动准确│周期时间│等待时间│前置时间│
   ⏱                        │完成百分│ 37天  │ 131天 │ 168天 │
   所需时间：约2分钟           │比 5.6 │       │       │       │
                            └──────┴──────┴──────┴──────┘
```

注：这一注释版本的流程图展示了每个阶段的准确完成百分比，需要特别关注的环节（以粗体标出），检测到错误、需要返工的阶段（以弯箭头标出），以及累计指标的总计数值。

图6-11 附加注释的价值流图

除准确完成百分比之外，该价值流图中的大多数指标都是通过简单累加得出的。准确完成百分比是通过计算滚动准确完成百分比（Rolled %C&A）得出的，即所有准确完成百分比的数值依次相乘得出的结果（60%×50%=30%），该结果反映了任一阶段的质量问题对后续各阶段准确完成的工作流程的制约情况。

其他信息，如每个阶段由谁负责，可以用彩色圆点及相应的图例表示；每个阶段使用的工具，则可以在该阶段下方做简短注释（见图6-12）。

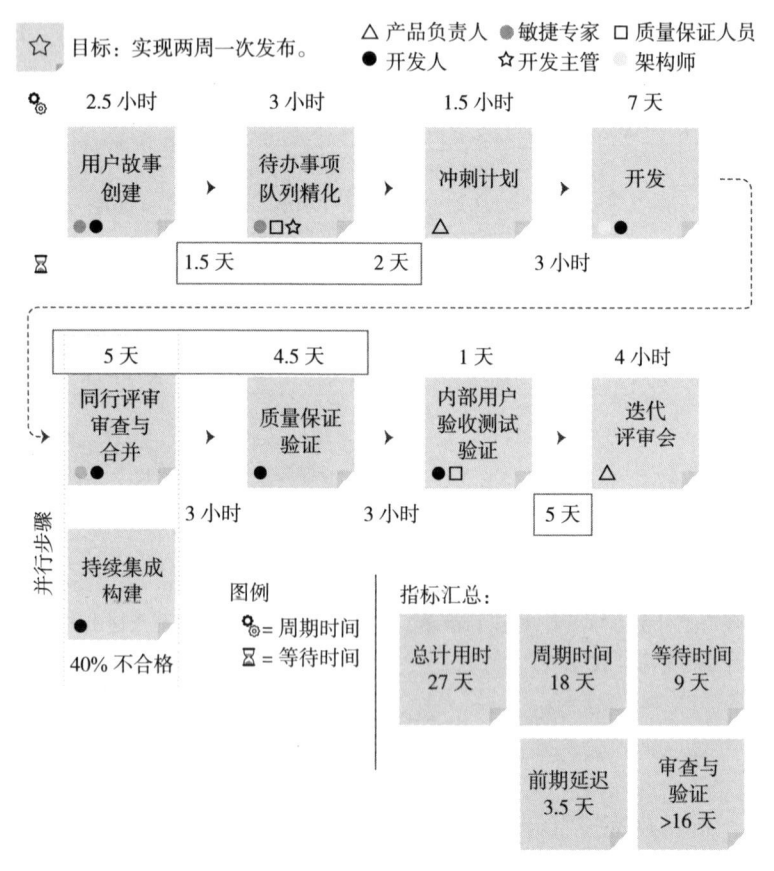

目标：实现两周一次发布。
△产品负责人 ●敏捷专家 □质量保证人员
● 开发人 ☆开发主管 ●架构师

2.5 小时	3 小时	1.5 小时	7 天
用户故事创建 ●	待办事项队列精化 ●□☆	冲刺计划 △	开发 ●

1.5 天　　　　2 天　　　　　　3 小时

5 天	4.5 天	1 天	4 小时
同行评审审查与合并 ●	质量保证验证	内部用户验收测试验证 ●□	迭代评审会

3 小时　　　3 小时　　　5 天

并行步骤

持续集成构建
40% 不合格

图例：
🔧 = 周期时间
⌛ = 等待时间

指标汇总：

总计用时 27 天	周期时间 18 天	等待时间 9 天
	前期延迟 3.5 天	审查与验证 >16 天

注：一张描述目标成果、角色分工、总值、热点与并行活动的小规模价值流图。

图6-12　小规模价值流图示例

流程新范式

108

5. 突出制约因素

通过团队合作，确定端到端流程中影响最大的一项可改进事项（制约因素），将作为未来工作的目标以及在依赖关系图中使用的制约因素，下一章将就相关内容展开探讨（用时5分钟）（见图6-13）。

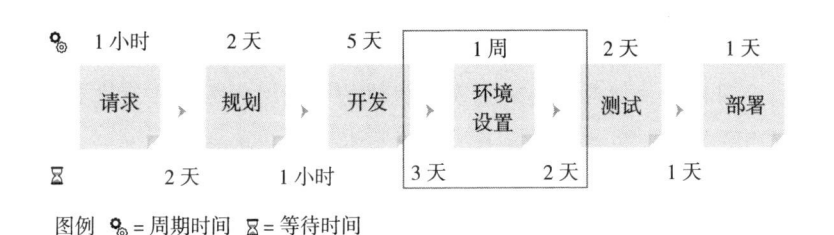

图6-13 利用价值流图识别制约因素

绘图研讨会的最终目标在于让整个团队都能充满信心地回答初级问题：

完整的工作流程由什么样的活动序列构成？
完整工作流程的绩效测量结果如何？
能产生最大影响的改进机会是什么？

注意事项

在召开价值流绘图会议前，先召开成果绘图会议来帮助团队明确目标。

选用最能反映价值流活动的典型图表框架，再由团队加以修改，这种方式可以加快绘制进程。价值流图框架可以如图6-10

中所示的结构一样简单，从确定"请求、规划、开发、审查、测试、部署、发布"这几个步骤开始绘图工作，这样不仅节省时间，还能为不熟悉价值流图的参与者提供一个明确的参照点，便于他们定位。

向团队说明当前的工作流程是由各种因素演变而来的，我们不能改变过去。重要的是看清当前现实，接受现实，并努力加以改进。我们必须从现状出发，为过去感到后悔是毫无意义的。

同样，我们应该避免提及价值流的预期运作方式或改进后的运作方式，而应重点关注最近一次或几次迭代的典型案例。我们将在第8章讨论未来状态价值流图。

团队必须始终专注于当前发生的事情，而非流程一开始是如何设计的、理想状态下应该如何运作或未来将如何运作。团队应该考虑价值流上一次的实际运作情况，最好是最近几次的情况，以便获得更具代表性的样本进行测量。

关注最常发生的情况。我们要反复询问团队"这通常需要多长时间"，并提醒他们"这得看情况"不是一个可接受的拖延理由。近因偏差和其他认知偏差会阻碍我们在没有引导的情况下做出这些判断。

正如菲奥娜·加伯特（Fiona Gabbert）、洛兰·霍普（Lorraine Hope）和罗纳德·P.费希尔（Ronald P. Fisher）在《保护目击者证据》（Protecting Eyewitness Evidence）一文中解释的那样，想要寻找准确的信息，一种有用的做法是从右到左进行追溯（从客户成果开始倒推到起始点），因为这种逆向操作会打破基于预期和常识重建记忆的常规过程。[9]

努力呈现近期发生的典型价值流。上一次迭代如果没有异常，便可以作为具体参照物；如果有异常，仍可以作为参照物，但需要清楚注明异常之处。

让支持工作的利益相关者参与进来，可以加深他们对流程的理解，展现对改进工作的郑重承诺，但要确保那些影响力强大的个人不会诱导其他参与者分享过分乐观的信息。

避免让少数人主导会议。主动询问保持沉默的团队成员，鼓励他们提供意见或反馈，或者进行提问。

不要试图面面俱到。如果流程因中途变化而出现分歧，那么团队可以加注记录下来，但应重点关注最常发生的情况。

不要满足于用"视情况而定"来描述多变的工作流程。先请专家做出预测，再征求其他意见。

不要追求精确测量。就我们的目的而言，粗略估算就足够了。

如果难以获得与估算或任何细节相关的信息，一种有用的做法是先从引导师的视角做出预测，在有可能的情况下再让团队成员进行纠正。

如果参与者就某项活动所需的时间存在分歧，而大家无法迅速达成共识，则直接取最坏情况下所需的时间。

为了使高度不确定的时间安排更加清晰，团队可以分别估算出最佳情况和最坏情况所需的时间，从而确定造成无法预测交付时间的波动程度。

让价值流图聚焦团队能够产生影响的步骤。为超出能力范围的事情而焦点只会打击团队的积极性。

信息流是需要添加到流程图中的最重要的附加维度之一，因为它会对质量、吞吐率和价值产生极大的影响。团队运用依赖关系图（见第7章）可以更好地了解信息流与制约因素（或潜在制约因素）的相关性。

如果已有客户旅程图（见图6-4）且为大多数参与者所熟悉，那么不妨以客户旅程图为出发点，这对引导师和其他参与者都非常有帮助。利用熟悉的参考框架不失为一个良好的开端，便于向未曾见过价值流图的人介绍价值流。

阻碍有效绘制价值流图的一大关键障碍在于开始绘制之前的范围划定。约翰·卡特勒（John Cutler）曾列举过工作可视化可能涉及的一系列误区："可能会有很多工作处于'规划中'状态，或者会有很多工作标记为完成却未交付给客户。人们担心'过早'追踪工作进度会'扰乱系统'，又担心'完成后'才追踪会让他人觉得团队进展太慢。"[10] 团队如果不事先划定范围，就无法解决这一障碍。

重复与变化

在这一过程中，由熟练的外部引导师协助是非常有益的，原因如下：

来自组织外部的视角基本不太可能带来某种特定议程、偏见或政治影响，有助于取得更好的结果。

如果团队不能有效聚焦，例如关注点转向了过去的决策而非对当前工作系统的改进，那么协作绘图可能会变得难以进行。

熟练的引导师能够维持积极向上、有建设性的绘图工作环境。

熟练的引导师知道工作中何时深入挖掘可能有价值的信息，何时又该转变工作方向。基于与其他团队合作的经验，他们知道应该提出哪些问题，以及哪些测量值相对异常。

上述各种协助能节省宝贵的时间，实现价值最大化。如果不能从绘图会议中获得价值，那么召集团队开会就很不值得，而且如果团队觉得他们在浪费时间，就会影响士气和信任。熟练的引导师能够节约一半的开会时间，同时保持团队的参与度。你的团队中可能已经有敏捷教练、敏捷专家、dojo培训师、实践社区负责人或教员，他们可能早已具备引导技能。即便如此，你也可以让愿意尝试和学习的新引导师和新团队来试行绘图工作！

扩展版的流程图可以增加额外的维度，包括以下内容：

质量：每个步骤中完整且准确完成的工作所占的百分比（即准确完成百分比）。

效率：每个步骤中用于增值工作的时间占总时间的百分比。

进行中的工作：每个步骤中通常有多少工作正在进行。

队列：工作事项在得到处理之前的累积情况。

角色：每个步骤涉及的负责人。

工具：每项活动涉及的系统。

工件与可交付成果：每个步骤的产出。

图6-14展示了如何在简化版的价值流图上添加其他维度，以根据目标成果补充背景信息。

这些附加的维度不是必选项，因为这些维度的相关性多少会因具体的目标成果而有所不同。最好从简单的开始，再逐步添加细节，而不要追求过多过全，以免超出团队的接受度和耐心限度。

| 增值时间 | 60% | 50% | 65% | 70% |
| 准确完成百分比 | 78% | 67% | 50% | 60% |

⏱ 1小时　　　6天　　　6天　　　3天

请求 ▶ 规划 ▶ 开发 ▶ 审查 ▶

⌛　　12周　　　2周　　　3天　　　8天

| 增值时间 | 60% | 50% | 40% | 60% |
| 准确完成百分比 | 20% | 60% | 90% | 75% |

⏱ 8天　　　9天　　　1天　　　4天

环境设置 ▶ 测试 ▶ 部署 ▶ 发布

⌛　　9天　　　1天　　　4天

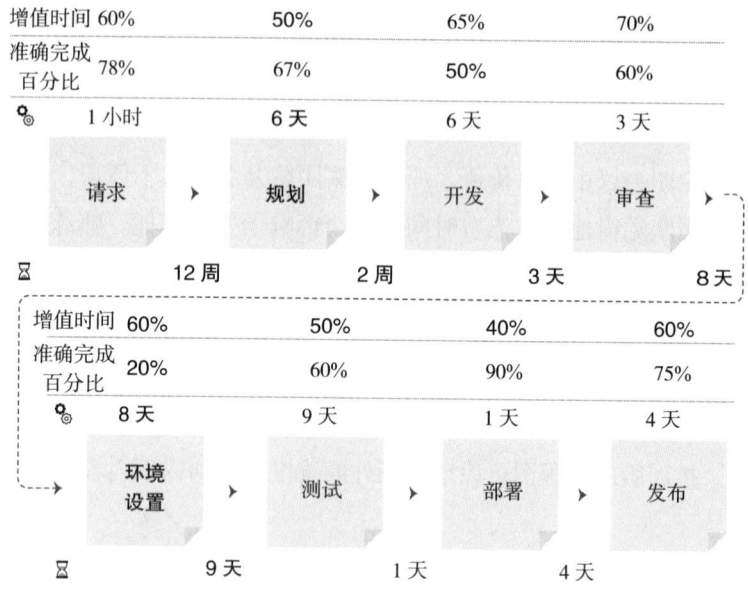

图例 ⏱ = 周期时间　　⌛ = 等待时间

注：一张附有每个阶段增值时间和准确完成百分比的简单价值流图。

图6-14　附有增值时间和准确完成百分比的价值流图

追踪每个步骤的工作质量通常需要大量的数据收集和分析。如果团队之前没有就工作质量相互给出明确且友善的反馈，那么这可能是一个比较敏感的话题。卡伦·马丁和迈克·奥斯特林在《价值流图》一书中教给我们的方法是，记录每个步骤的准确完成百分比。[11]这一指标测量的是当前步骤的工作中，已完成且准确完成的、无需返回前一步进行返工和澄清的工作所占比例。

我们应当重复开展价值流图的绘制活动，定期在团队内部重新确立清晰认识。一旦完成绘图并实施了改进措施，制约因素就会在其他地方出现，而重新绘图则可以发现新的潜在制约因素，从而继续取得进展。为此，通常情况下可以每三到六个月进行一次绘图，具体频率则取决于改进范围。

团队可以让每个参与者同时分头绘制各自的价值流图（及相关数据），然后在团队中展示和讨论这些流程图，再将它们整合成一张统一的图表。这对每个参与者都是一种挑战，能够促使他们不断细化和加深理解。整合这些图的过程可以揭示每个人观点之间的差异，为每个参与者提供清晰的反馈，供其学习、借鉴。这一过程还提供了最完整的"原始数据"。

在缺乏认可、时间紧张时，也可以让参与者异步进行绘图。精益咖啡（Lean Coffee）会议的创始人之一吉姆·本森（Jim Benson）分享了他在一家大型建筑公司的采购部门工作的经历。他让一个大型团队在五天内以个人参与的形式绘制出一张价值流图。随着时间的推移，越来越多的人加入这一价值流图的创建和讨论。这张图始终挂在同一面墙上，并在接下来的六个月内随着价值流的改进而不断完善。[12]

还有一些类似的方法可能更适合你当前的实践，例如事件风暴（event storming）或泳道图（swimlane diagrams），但团队如果不对流程做任何形式的测量，就很难识别制约因素并让团队就此达成共识。

如果后续步骤不够明确或遇到阻碍，那么你可以使用"15%解决方案"[13]来确定第一个稳妥的步骤。这是"释放性结构"的一种做法，可以帮助人们克服面对巨大挑战时的不知所措或无能为力感。在采用这种做法的情况下，参与者必须思考和解答一个问题："在没有更多资源或授权的情况下，你能做些什么让你在解决问题的道路上向前迈进15%？"

团队可以使用价值流图绘制出极其复杂的工作流程，但细节的增加需要耗费更多时间，可读性也会随之下降。因此，细节的添加应"恰到好处"，即只需详细到足以自信地采取下一步骤的程度即可。在必要的情况下，可在图上添加许多注释或评论，以记录团队的见解和观察结果，如图6-15中价值流上方和下方的深色注释框所示。

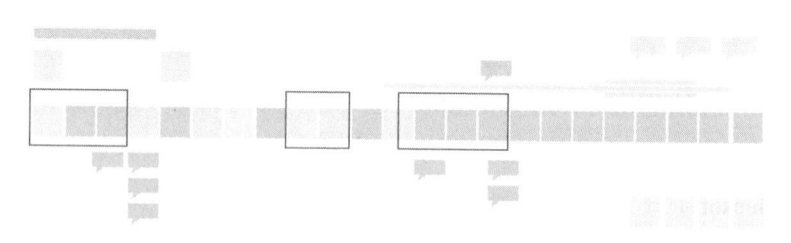

注：价值流图可以包含推动进展和改进工作所需的任何信息。

图6-15　附有大量注释的价值流图示例

在价值流图中，你可以使用可视化指标来显示其他信息，如图6-15所示，用不同颜色来区分显示以下内容：

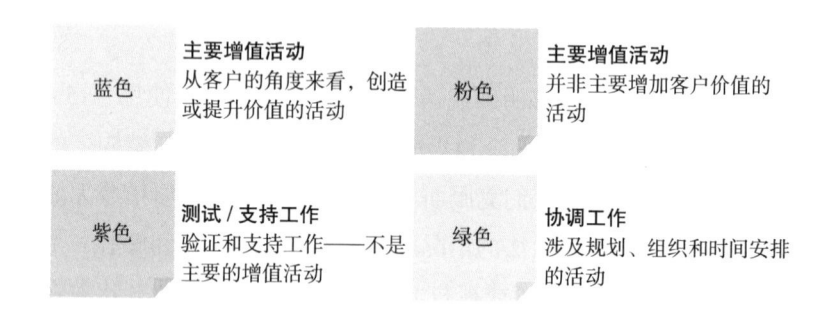

蓝色	**主要增值活动** 从客户的角度来看，创造或提升价值的活动	粉色	**主要增值活动** 并非主要增加客户价值的活动
紫色	**测试/支持工作** 验证和支持工作——不是主要的增值活动	绿色	**协调工作** 涉及规划、组织和时间安排的活动

通过这种方式，你可以与参与者一起稍作讨论，让他们投票选择四种颜色分别最适合哪一阶段。这有助于将注意力集中在关键阶段，而非那些可能构成浪费的阶段。确保背景清楚明了：分析的重点是活动本身，而不是负责该活动的角色。可想而知，如果团队成员意识到自己的角色并没有为工作增加价值，那么他们会非常担忧。

数据收集要求

人们很容易认为，在开始绘图之前需要收集所有相关数据。这种想法直接引出了一个不容忽视的事实：开发过程中的数据常常分散在许多系统中，不但格式不符合我们的需求，而且可能由于缺乏充分维护而不准确。此外，数据也具有较强的时效性，几个不准确的数据点就可能分散团队的注意力。

不过别担心！你并不需要高精度的数据。拥有大致准确的信息通常就是最好的开端了。我们希望对所管理的整个系统有一个合理准确的印象，并在此基础上小幅渐进。如果无需高质量数据来揭示制约因素，那么一味寻求高质量的数据就是浪费时间。

由于一个典型的端到端流程从开启到结束需要数天、数周甚至数月的时间，因此在单个步骤上存在几小时甚至几天的误差可能无关紧要。价值流图的目的是识别流程中潜在的瓶颈，然后便可以通过依赖关系图（见第7章）对此做进一步研究。大多数团队都发现现有工作流程中20%的工作都属于可以立即消除的浪费。

每次和团队一起开展绘图工作时，你都可以用更精准的数据对初始评估进行补充。第13章详细介绍了价值流管理的工具和实践，用以持续获取和提炼所需的数据。

不错，我们可能会因为相信团队的预估而有所遗漏。但如果为了追求完美而导致绘图过程冗长且令人难以承受，那么我们的建议是以"足够好"为目标即可。

案例研究 | 细节决定成败

在一场敏捷会议上介绍流程工程方法时，史蒂夫遇到了一位在银行工作的敏捷教练。这位教练分享了一个曾动摇过他对价值流图信心的"恐怖故事"，这个故事还让银行的领导层对价值流图在日后的应用产生怀疑。他们的绘图工作花了整整四天时间，一屋子的人绘制了一份详尽无遗、包含两千个步骤的发布流程，而最终却没有人对这个过程或结果感到满意。

他们进行了第二次修改，将流程简化为十五个步骤，但此时，他们已经精疲力竭，士气严重低落。这是一个很好的例子，说明了从简入手，再辅以细致引导的重要性。

引导师最重要的工作包括推进流程，保证一切从简，并使整个团队对大致估算感到满意。在绘制价值流图的过程中，"追求完美"恰恰是"保证良好"的敌人。"从简"不仅是一种有益的约束，还能节省成本、维持士气、节约精力。

结 论

有效的行动取决于思路是否清晰，而清晰的认识源于在更宽泛的背景下明确我们的工作方向。绘制价值流图可以让团队成员集体建立共享的心理模式，对工作目标以及开展工作的方法都形成相同的看法。这项看似简单的工作为个人提供了有效参与团队合作所需的心理状态。

我们的价值流图绘制方法从较为复杂的传统方法提炼而来，因此更易理解和上手，便于团队定期使用，不但有助于提高绩效，而且能推动团队对现状及工作重点达成共识。

后退一步，能够让我们拥有更加多元的视角，更加客观地对待日常工作。将工作可视化，尤其是将端到端的工作系统可视化，有助于团队避免掉入局部优化而忽视全局的陷阱。而通过测量，团队可以深入理解工作质量，从而识别各种趋势并设定具体目标。

价值流图的结果是识别出潜在的制约因素，这些制约因素值得我们通过依赖关系图进行更深入的研究（将在下一章展开讨论）。价值流图广而不深，依赖关系图深而不广。下一章的目标是通过更深入的挖掘，揭示那些造成制约因素的主要原因。

主要启示

- 绘制价值流图可以快速有效地进行意义构建，确保团队达成一致，以及确定工作重点（即建立清晰认识）。
- 适度的仔细测量可以揭示出影响流程的制约因素。
- 尽管价值流图会呈现一些测量数据，但简化版的价值流图更多地关注质量方面，而非数量方面。细致入微和准确无误并不是获得有价值见解的必要条件。

注　释

1. Rother and Shook, *Learning to See*, 26.
2. Pereira, "Principles of Value Stream Identification."
3. Gilbreth and Gilbreth, *Process Charts*, 4.
4. Rother and Shook, *Learning to See*, 13.
5. Thrasher, "Interactive Virtual Value Stream Mapping."
6. Womack and Jones, *Lean Thinking*, 29.
7. Reinertsen, *The Principles of Product Development Flow*, 35.
8. Kalbach, *Mapping Experiences*.
9. Gabbert, Hope, and Fisher, "Protecting Eyewitness Evidence."
10. Cutler, "TBM 34/52."
11. Martin and Osterling, *Value Stream Mapping*, 72.
12. Jim Benson, personal conversation with the authors, 2023.
13. Lipmanowicz and McCandless, "15% Solutions."

7

依赖关系图

> "万事万物皆有联系,但程度不同。"
>
> **德内拉·梅多斯(Donella Meadows)**
> ——《系统之美》(*Thinking in Systems*)作者

依赖关系图旨在深入挖掘价值流中那些似乎存在制约因素的部分,从而让整个价值流以及该部分的指标更加清晰明了(见图7-1)。

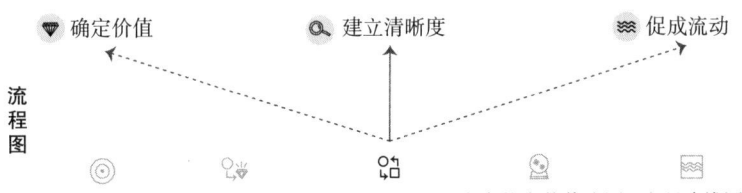

流程图:成果图　当前状态价值流图　**依赖关系图**　未来状态价值流图　流程路线图

确定价值　建立清晰度　促成流动

图7-1　依赖关系图主要用于增强绘制价值流图所建立的清晰度

任何事物都不可能孤立存在。价值流图显示了流程中各项职能或各组成部分在整体中的定位。重要的是,价值流图还能揭示团队在流程中遇到的阻碍。详尽无遗的价值流图绘图过程不仅包括细致入微的流程描绘,还包括在每一个步骤中收集详细的指标信息。但在流程工程中快速绘制的价值流图不需要这些详细的指标信息。为了速度和简便，我们有意舍弃了精确性。我们的目的是收集恰好足够的信息，足以明确关键制约因素即可。

绘制依赖关系图是为了明晰关键制约因素，以找出精准的解决方案，也让我们有机会探究形成关键制约因素的依赖关系链。

这种做法在技术上对应的术语叫"追踪"（trace），比如堆栈追踪正在运行的软件，或通过网络追踪一个数据包的路线，你能分离大致区域，进行深入挖掘，从而发现并调试解决问题。通过绘制依赖关系图，我们还希望收集恰好够用的信息，发掘一些可以改进流程的机会。我们的目的不是描绘出价值流图中每个阶段的全部依赖关系，而是追踪流程图中存在问题的部分，如图7-2所示，这样我们投入的时间和精力才会有高回报。

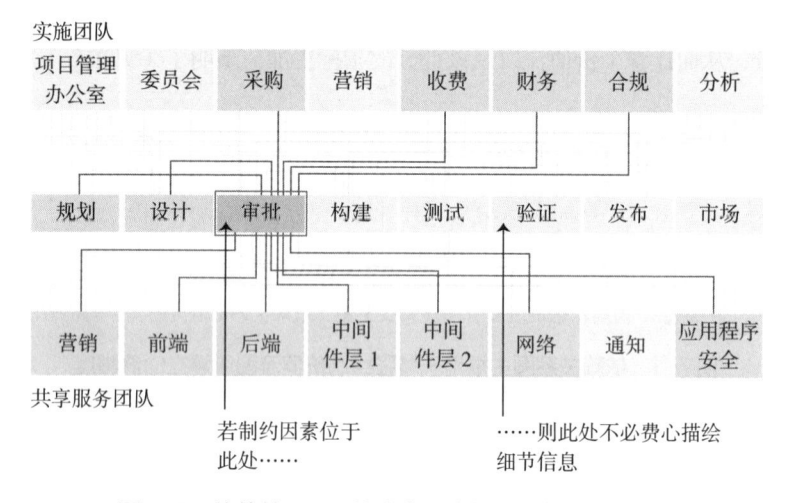

图7-2　依赖关系图只关注会影响制约因素的依赖关系

在任何改进计划中，最大的风险之一就是改进方向出了错。"额外处理"是精益生产管理工作（见第8章）中明确提出的七种浪费类型之一：对流程整体影响不大的改进部分是浪费，为确定可改进之处而搜集超出必要水平的数据也是浪费。绘制依赖关系图就是要通过深入挖掘潜在热点，对我们关于问题所在之处的假设提出疑问。

团队能做的优化数不胜数，但除了少数几种，大部分对提升吞吐率和质量毫无用处。图7-3显示了一个团队中可能存在的一些依赖关系，但没有明确指出哪些关系需要消除以提升绩效。将价值流图（综合性强、清晰度低）和依赖关系图（用于提高清晰度，查明造成问题的间接原因）相结合，我们就能够确定对团队绩效有实质影响的改进措施。

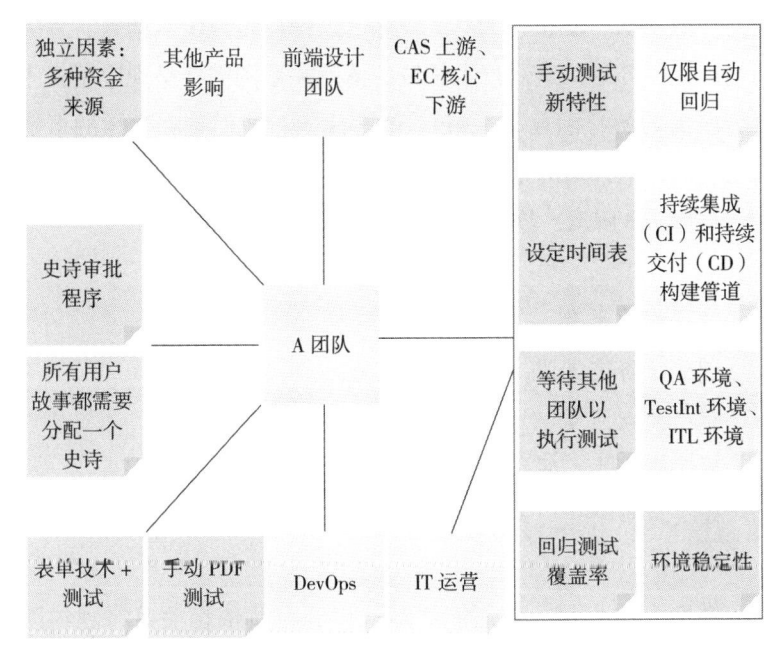

注：找出团队中的全部依赖关系虽然有用，但无法明确可能需要改进的地方。

图7-3 依赖关系范围示例

7 依赖关系图

有几种图表能体现跨团队或跨系统的依赖关系，但很少能体现依赖关系对工作流程的影响。而且这些图表常常与制约因素无关，需要花更长时间来制作，可能会使人分心。我们的主要关注点在于找出牵制单个价值流的制约因素。不过，解决该制约因素常常对其他价值流也有所帮助。我们的目标是形成帕累托效应——用20%的精力达到80%的效果。

什么是依赖关系图

绘制依赖关系图是确立价值流中关键依赖关系的一种轻量级协作流程，通过分析价值流中的制约因素，明确给定工作所需的任何外部团队、信息、工具或程序。这往往是跨团队调查、解决制约因素的开始。绘制技术领域的依赖关系图需要呈现应用程序运行所需的所有函数库、API、数据库等，我们现在要做的事情与之类似，但针对的是工作流程。

如图7-4所示，绘制依赖关系图包括五个阶段：

发现制约因素。
创建子价值流图，聚焦制约因素。
识别热点问题。
明确造成热点问题的直接原因。
深入挖掘制约因素。

借助上述步骤，我们能清晰认识到哪些依赖关系对制约因素影响最大，以及依赖关系中的哪些焦点会有利于实现最有效的改进。

发现制约 因素	创建子价值 流图	识别热点 问题	明确造成 热点问题的 直接原因	深入挖掘 制约因素
从价值流图 入手。	揭示造成制约 因素的原因。	突出标示存在 问题的部分。	找出内因和 外因。	添加数据以获得 洞见。

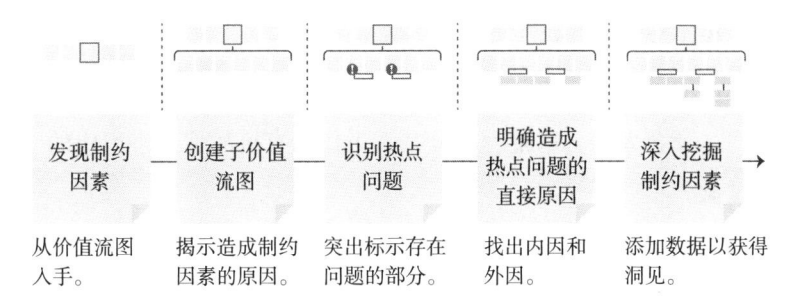

图7-4 绘制依赖关系图的五个阶段

依赖关系指的是什么

和其他图表一样，绘制依赖关系图首先始于可见度：我们要先意识到并且能互相交流各种直接和间接的依赖关系及其对团队产生的影响，然后着手解决问题。在绘制依赖关系图时，我们会明确造成制约因素的最直接依赖关系以及对其负责的团队。接着我们会深入了解有哪些流程隐藏在这些依赖关系之下，以及这些流程的运转是否依赖其他团队。通常，我们不具备定义这些额外层级所需的知识，这就意味着即使是描绘依赖关系，我们也需要和其他部门的领导层合作。由于处理这些依赖关系几乎肯定需要和其他部门合作，因此我们从一开始就要和其他团队建立共同的清晰认识，为取得改进奠定坚实的基础。

制约因素出现的原因层出不穷，所以开放式讨论非常重要，这样能让每个人都分享见解，比较不同的观点。记住一点：当下关于如何改进的各种猜想都还仅仅是假设。只有切实做出改变，并展示改进成效，我们才能确定自己正确识别出了制约因素，找到了合适的解决方案。生活中这种情况处处可见。

这种试验性方法可见于精益生产、敏捷开发和DevOps管理等工作中，要求实施者具备智识上的诚实品质，但这一点在业界既罕见又珍贵。造成制约因素的原因还包括存在其他共享服务的部门、开会太多、审批程序复杂、工作富有挑战性、进行中的工作过量等。

还可能存在内部制约因素（比如，只有某一个人有能力完成某些复杂的操作，或者我们不能有效利用某些工具）和外部制约因素（比如，与我们交接工作的某一个团队，或者某项强制审批程序）。

一个曾和我共事的团队表示，受制于在每个开发冲刺阶段都要依赖的一道程序，他们必须向共享服务的团队提交请求。该请求涉及一项为期三个工作日的服务级别协议（SLA），这导致他们团队基本上每个月有两次不得不推迟部分工作。

某一外部依赖关系会影响团队交付价值的能力，一个常见的例子就是对项目管理办公室（PMO）的依赖。项目管理办公室通常会通过由其他部门兼职成员组成的委员会来评估请求。为限制评估所占用的时间，委员会成员往往一个月只开一次会来审查产品规划流程。在这种情况下，有些决策可能得等到下一次项目管理办公室会议（或更久）才能得到审查和批准。因此那些希望尝试结构性变动的团队可能首先要获得项目管理办公室的批准。诸如此类的延迟会在很多方面对团队效率产生影响。

更常见的是，变更咨询委员会（CAB）有时会要求任何生产变更都须经过评估。这让来自开发团队外部的架构师审查变更过程常常更像是作秀，起不到真正的"保护层"作用。变更咨询委员会的兼职成员几乎不可能投入足够多的时间，也不太可能掌握必要的知识去透彻评估变更可能带来的影响。决策也常常是基于比较表面的原因做出的，比如基于对提出变更请求的团队过往业绩的信任。

另一个例子是,有时我们需要运营团队通过安装或更新软件包,或者更改配置来定制某种环境以支持新特性,由于设定了为期四天的服务级别协议,这一过程可能每次都要花费四天时间才能完成。团队往往把服务级别协议当作截止日期,而在服务级别协议到期以前总是优先处理其他进行中的工作。此类跨团队的依赖关系几乎在每个冲刺阶段都会影响工作,还会占据交付新特性的大部分前置时间。

若能将这些依赖关系可视化,就可以让团队共同思考一些已明确的信念以及观察结果是建立在什么基础上的。团队内外的任何成员都能随时审查或质疑观察结果,因为这些观察结果公开可见,而不是湮没在邮件里或久远的对话中。团队做每件事都只靠自己是不合理的,我们也要依靠别的团队,从来没有团队是真正完全自主的。对团队依赖关系做出结构性变更,往往是实现流程改进最有效的方法。

依赖关系图有何作用?

封闭的大环境里特别容易形成误解。每个团队通常都有自己的目标、议程、工作量,以及独特的视角。如果一个团队受另一个团队影响,那么仅通过一张工单、一份文件或一场会议来达成共识可能极具挑战性。而可视化工具能指出确切的痛点,展示工作内容和目标所处的宏观背景。这对于消除一个个孤岛式封闭环境之间的隔阂有奇效。除此之外,依赖关系图还能作为一种工具来使各团队相互尊重、形成同理心甚至建立人际关系。

依赖关系图的妙用：找到阻塞点和漏洞，促成流程

绘制依赖关系图有三大好处。

找准发力点。没必要分析或理解价值流中的每段依赖关系。价值流图也不是存在于真空中。最大障碍的产生往往是因为团队与组织中其他领域有联系，或缺乏内部技能、工具、资源等。团队聚焦于影响最大的制约因素，就能最为高效且有效地利用好时间和精力，只分析该制约因素，而不必试图包罗万象。

流程图能成为"罗塞塔石碑"。流程图能推动跨部门同事之间的建设性对话，哪怕他们不懂你的专业语言。处理依赖关系通常要求我们跨越组织边界，建立同盟，理解他人的观点和优先事项。虽然对一些人来说这是不熟悉的领域，但做出此类改变可以为组织和相关团队带来巨大利益。有了依赖关系图，你就可以利用可视化图示，向不熟悉相关价值流的团队说明其中存在的制约因素，并提供足够的背景信息，以便他们为你提供帮助或指出正确的方向。

深入了解每位成员的工作内容。共享服务团队和复杂的子系统团队（如数据库和基础设施团队）可能从外部看起来像一个不透明的黑箱。依赖关系图提供了可视化资源，便于你与外部团队开展富有成效的对话。你可以借此强调未知因素，让别人更容易填补你认知上的空白。在此过程中，你可以形成并展示自己对于外部各方在价值流中所做贡献的理解。这有助于各团队相互理解，建立有益的关系。

Bolt Global 公司 | 续

通过绘制价值流图，莎伦的团队找出了制约因素和隐藏的困难。整个发布流程中影响最大的制约因素——环境设置过程，其实并非由莎伦的团队负责。他们依赖基础设施团队来配置新的环境和数据，这一过程可能要耗费12天。每次发布都必须完成这一步骤，以确保莎伦的3个团队都能获得清洁的开发和测试环境（见图7-5）。

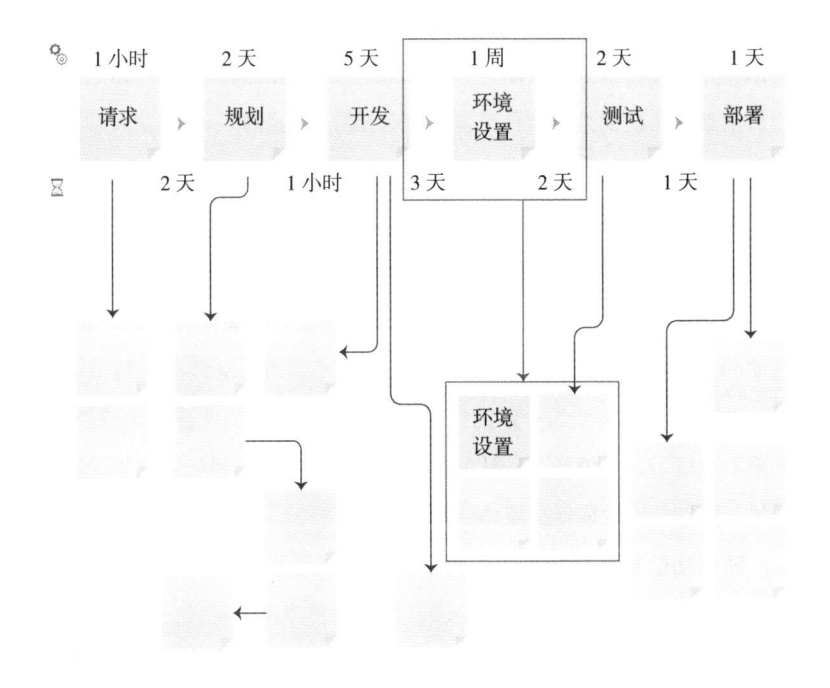

图例：⚙ = 周期时间　⧗ = 等待时间

注：莎伦的团队有很多依赖关系，但她需要关注的是那些对制约因素有影响的依赖关系。

图7-5　针对制约因素的依赖关系图——环境设置

基础设施团队由卡尔负责。他的团队要负责十几个产品团队的开发、测试以及生产环境，总是忙得不可开交，还一直受到生产问题和通知不断带来的干扰。他们也负责一些长期项目，有些已经开展了很多年。卡尔基本上不得不忽视所有外部请求，否则他会被工作完全淹没。他的团队大多数时候都处于工作量饱和或超饱和的状态，根本没空考虑莎伦的需求。即使他们知道莎伦的目标，那么凭什么要先帮她排忧解难呢？

卡尔的团队十分团结。他们每天都要处理相似的问题，所以有着极其相似的认知、目标和行动，也就形成了强烈的团队认同感。但是，他们却把其他团队视为与自己完全分离甚至敌对的群体——即使大家在同一组织内共事。他们认为其他团队是"他者"。这种"自我—他人"的二分法影响了卡尔团队对其他团队的认知和评价，也影响了他们的观点、意图和行动。

要想凝聚全组织的力量，使上下团结一心，就需要将观点、意图、行动和身份统一起来。强化这一点能够极大地增强全体成员努力的效果，这就像在光波波长一致的情况下，即便是弱光也能被放大成激光。如图7-6所示，价值取向一致使得大家目标一致，目标一致又推动行动一致，行动一致就能促进集体认同感。

随着团队规模的扩大，有关价值、清晰度和流程的问题就变得更加棘手。比如，卡尔团队和莎伦团队拥有截然不同的视角。在日常工作中，他们分别接触完全不同的系统、人员和问题。因此，他们的目标不同，价值取向自然也不一致。在软件开发的过程中，开发部门和运营部门之间常常出现冲突，因为开发人员的任务是实施变更，而运营人员的任务是维护稳定。组织中的各个子团队可能想要将某些事最大化或最小化，但随着其在组织中的影响力日益提高，每个团队面临的挑战就逐渐变成如何理解与己方不同的观点以及平衡相互竞争的优先事项。

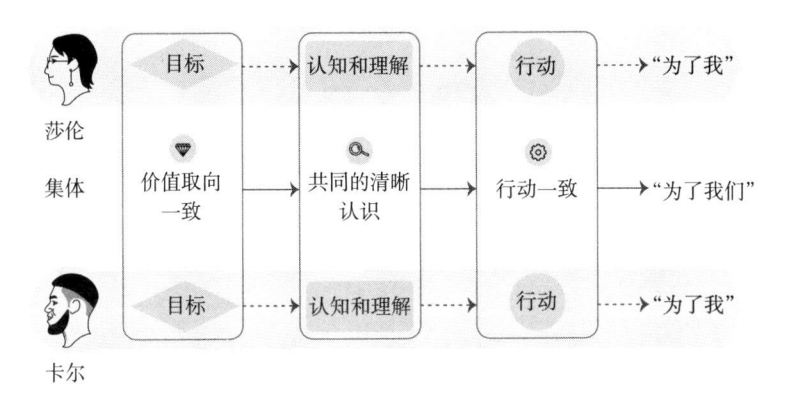

```
莎伦    目标 ----> 认知和理解 ----> 行动 ----> "为了我"

集体   价值取向  ----> 共同的清晰  ----> 行动一致 ----> "为了我们"
       一致           认识

卡尔    目标 ----> 认知和理解 ----> 行动 ----> "为了我"
```

注：消除两个团队之间的隔阂需要价值取向一致，具有共同的清晰认识，并且行动一致。

图7-6　莎伦团队和卡尔团队之间的隔阂

莎伦基于有限的视角，可能会责怪卡尔，抱怨他的团队，或者感到无能为力和停滞不前。这种感受是正常的，哪怕对解决问题于事无补，还常常会让每个人都感到沮丧悲观。团队合作的障碍之一就是责怪他人，高高在上地认为自己的问题也应该成为别人的头等大事。我们无法解决每一个问题，甚至连主要问题也并不总能顺利解决。但是，通过聚焦具体问题，并采取有技巧性、策略性的方式解决它们，我们就可以最大限度地增加改进的机会。

如图7-7所示，莎伦具备三项有利条件，可用作开展团队合作的依据。首先，通过分享成果图，她能够帮助卡尔了解她的目标成果是如何服务于共同的组织目标与客户目标的。其次，通过价值流图这一可视化方式，她能够说明环境设置是如何被识别为她的团队端到端流程中的关键瓶颈的。最后，运用依赖关系图，她能够详细解释该瓶颈与卡尔团队有何关联。

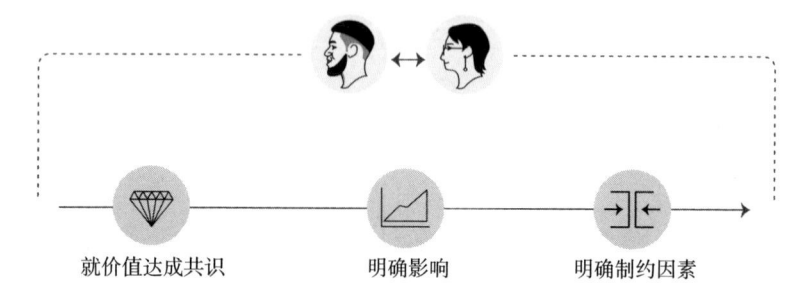

就价值达成共识　　明确影响　　明确制约因素

注：在处理跨团队依赖关系时，与其他团队的领导者一起重新审视成果图、价值流图和依赖关系图，以统一观点是非常有益的。

图7-7　达成合作的三项有利条件

这样一来，莎伦和卡尔就有机会共同讨论总体背景，提出疑问，发现挑战，识别未知因素，并明确实现成功的具体测量标准。这一过程的关键在于莎伦和卡尔（以及各自团队的其他相关成员）必须共同参与解决问题。在思考解决方案的过程中，双方共同努力的力量是不可估量的。

这也让莎伦有机会了解卡尔的疑虑和担忧，同时让双方都认识到为寻找解决方案可能需要额外学习哪些内容。他们的下一步安排就是为流程中的环境设置环节共同绘制一份依赖关系图。在此背景下，莎伦团队（以及组织内的其他团队）就成了卡尔团队的客户。这份新的依赖关系图如图7-8所示。

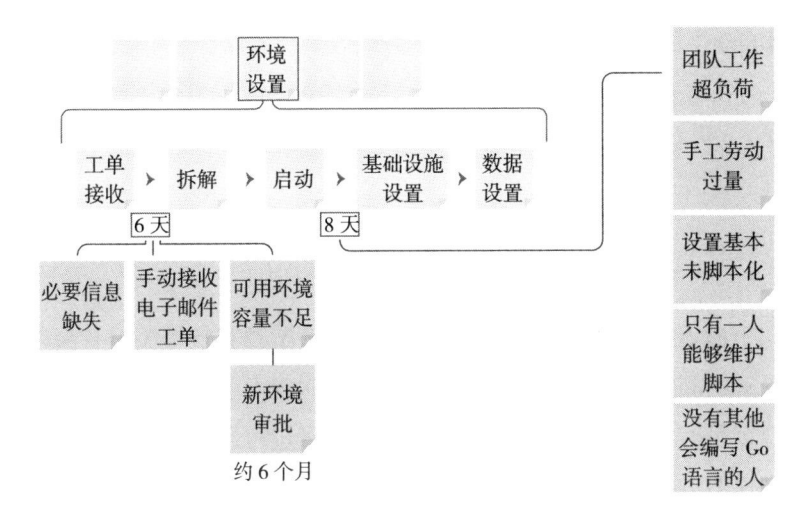

```
                    ┌─── 环境 ───┐                           团队工作
                    │   设置    │                           超负荷
                    └───────────┘                           
                                                            手工劳动
  工单  →  拆解  →  启动  →  基础设施  →  数据                过量
  接收                       设置        设置
       └── 6天 ──┘    └─── 8天 ───┘                         设置基本
                                                            未脚本化
  必要信息  手动接收  可用环境
  缺失      电子邮件  容量不足                                 只有一人
            工单                                             能够维护
                      新环境                                  脚本
                      审批
                      约6个月                                 没有其他
                                                             会编写Go
                                                             语言的人
```

图7-8　卡尔与莎伦共同绘制的依赖关系图

对卡尔来说，为环境设置绘制依赖关系图是一次非常有用的练习。他的团队对该流程非常熟悉，但从未花功夫将其可视化，或测量相关的时间消耗。卡尔团队所计划和期望的许多改进措施都会对这一流程产生影响，但他之前并没有考虑过这些措施会对其他部门的工作流程产生什么影响。有些问题说起来似乎显而易见，但在繁忙的日常工作中却很容易被忽视。

两个团队一起研究了环境设置过程，围绕如何为改善流程状态做出各自的贡献达成一致。在交接工作时，信息或沟通机制通常很容易就能得到改进，从而提高大家的工作效率和效果。

通过深入挖掘依赖关系，人家发现卡尔团队人手不足，而莎伦团队中有些工程人员可为其提供重要帮助。卡尔团队依赖用Go编程语言编写的脚本，但团队中只有一名Go语言专家。卡尔和莎伦一致同意，可以利用莎伦团队成员所掌握的技能，将卡尔团队负责的最具挑战性的工

7　依赖关系图

作自动化。这样,他们便找到了能够开展合作、互惠互利的领域。

在这一案例中,两个团队最后成功地跨越了组织边界进行对接与合作,以一种对双方都有利的方式解决了制约因素。

如何绘制依赖关系图
发出邀请

邀请团队内外那些对制约因素所在环节及其依赖关系有深入了解的利益相关者一起开会,以进一步明确当前状态。会议应对既定目标成果的价值和已明确的制约因素进行总结。会议在规划路径的过程中应着重解决以下关键问题:

实现这一步骤的具体过程是怎样的?
该过程中各子步骤的时间通常如何安排?
在这一过程中还有哪些其他挑战?

空间安排与所需材料

使用数字化协作工具、白色干擦板或纸张和便笺条。
留出纵向和横向空间,以便绘制直接和间接的依赖关系。

引导参与

团队中应最多有十名对制约因素及其依赖关系有深入了解的代表。

每个人根据自己对相关依赖关系的了解程度参与其中。

团队配置

由一名主要记录员在共享记录板上绘制依赖关系图。

其他参与者共同讨论对共享图示进行哪些添加、删除或修改操作。

步骤顺序与时间分配

1. 从制约因素入手

方便的话，先复制一份价值流图。为简化可视化过程，可以删除所有与价值流绘图会议所确定的制约因素无关的数据。例如，在Bolt Global公司的例子中，他们重点关注的制约因素是"环境设置"（见图7-9）。

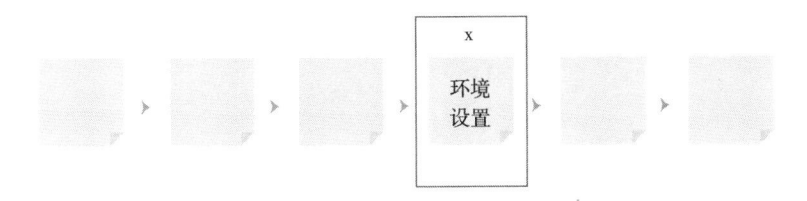

图7-9 绘制价值流图时识别出的疑似制约因素

2. 聚焦制约因素

在联合绘图团队中，快速创建一个子价值流图，以聚焦制约因素。该图应分析构成此项制约因素的各个子步骤，如图7-10所示。

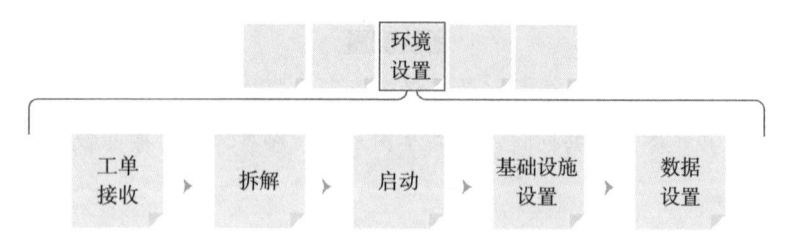

图7-10 子价值流图示例

3. 识别热点问题

联合绘图团队需要确定工作受限制最严重的地方，以及这些制约因素造成的影响（等待时间）。仅需做粗略估算就足以突出需要关注的领域。图7-11显示，"工单接收"和"启动"这两步后面分别存在较长的等待期，这正是值得进一步分析的领域。

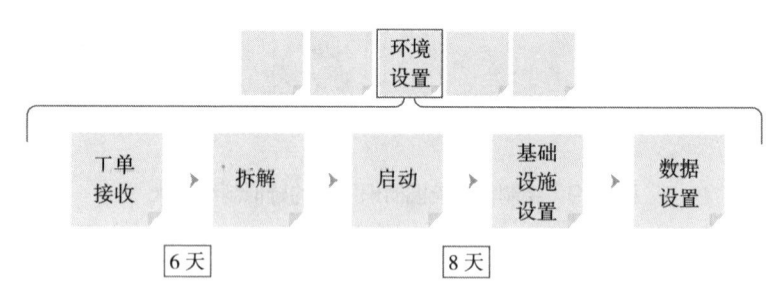

图7-11 一张描述依赖工作项的子价值流图

4. 明确造成热点问题的直接原因

根据识别出的热点问题，在图上添加对相关步骤完成情况有影响的所有内部或外部依赖关系（见图7-12），例如：

流程新范式

人员数量或能力有限。

预算有限。

设备可用性。

技术限制。

团队成员的技能水平。

其他部门的审批流程。

部门间的协调与沟通。

依赖其他团队（比如技术部门、人力部门）的支持。

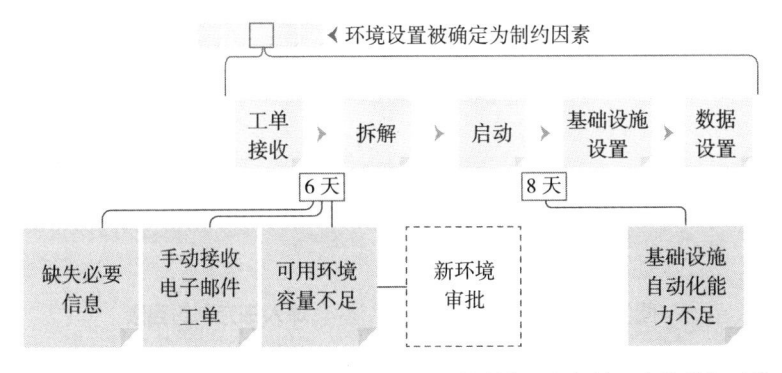

注：识别出造成热点问题的原因以及超出团队控制范围的领域。有关增加环境容量的审批标注在虚线方框内，表示该因素超出了团队的直接影响能力范围。

图7-12 造成热点问题的直接原因

5. 深入挖掘制约因素

"五个为什么法"（Five Whys）因精益运动（the Lean movement）而闻名。这是一种简单的方法，对于影响最大的制约因素，我们只需提问：该制约因素为什么会存在？然后我们继续深入探究每一种答案，逐步揭示主要制约因素背后的更多原因。图7-13说明了这种探究方法如何揭示改进的机会。

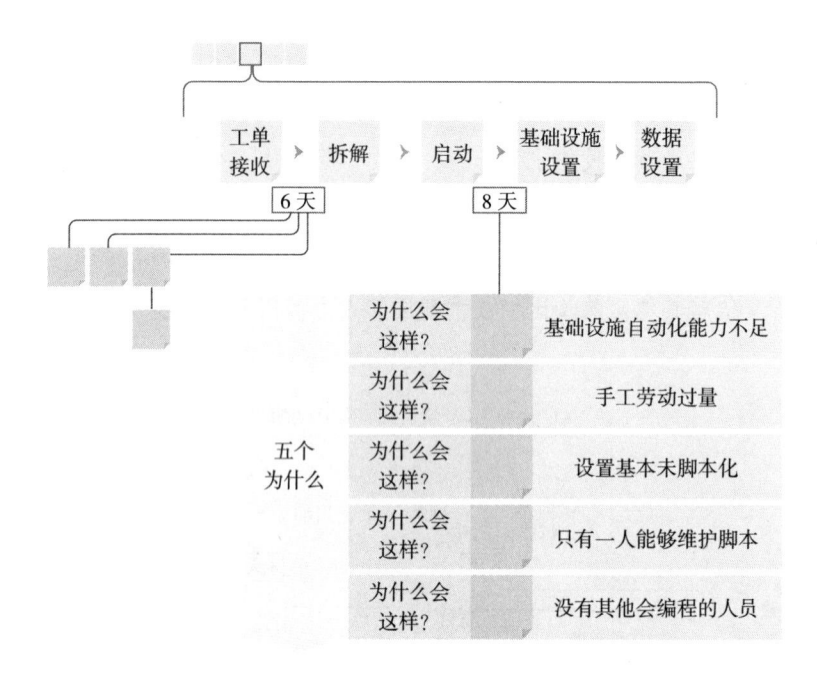

```
工单接收 → 拆解 → 启动 → 基础设施设置 → 数据设置
   6天                    8天

五个为什么：
  为什么会这样？ → 基础设施自动化能力不足
  为什么会这样？ → 手工劳动过量
  为什么会这样？ → 设置基本未脚本化
  为什么会这样？ → 只有一人能够维护脚本
  为什么会这样？ → 没有其他会编程的人员
```

图7-13　练习"五个为什么法"，深入探究制约因素

注意事项

始终牢记，你和你所依赖的那些人同属一个团队！

不同团队的激励机制可能存在冲突。如果你所依赖的团队被鼓励不采取任何行动，那么你不要指望他们会立刻帮助你。比如，如果你所在团队的工作重点是创新和变革，而你所依赖的团队会因保持稳定和一致性而获得奖励，那么你必须谨慎地提出对双方都有吸引力的共同方案。

准备好成果图和价值流图，与其他团队分享你们正在努力实现的目标和迄今为止取得的成绩。通过向他们展示令人信服的目标成果（最好能将其与对方的目标和激励机制挂钩），你有可能赢得对方的支持。同样，你若能证明自己已经考虑过其他方案，并找出了明确的制约因素，就可以表明你已经做足了功课，不是在无端地索求帮助。

如果没有尽快采取行动的动力，那么服务级别协议——无论是显性的还是隐性的——可能会占据大量前置时间。像任何时间窗口一样，它也受帕金森定律（Parkinson's Law，"工作会膨胀，直到填满所有可用时间"[1]）的影响。这意味着我们有充分的理由可以假设，任何具有服务级别协议的依赖关系都会消耗其所允许的最长时间。

带着好奇心来绘制依赖关系图，而非指责或命令的态度。正如史蒂芬·柯维在《高效能人士的七个习惯》（*The 7 Habits of Highly Effective People*）一书中所建议的那样："先理解别人，再寻求别人的理解。"[2]

利用曾让你在其他方面受益的宜家效应原则。通过合作，你更有可能实现一致性，获得他人的支持。

重复与变化

依赖关系图作为一种强大的工具，可用于规划灾难恢复方案，评估安全漏洞，或者从更全面的角度重新设想如何降低成本，而不仅仅是关注单一流程。

通过依赖矩阵，你可以全面绘制组织中各个团队之间的依赖关系。如果需要更全面的展示，那么不妨采用依赖矩阵，这可以涵盖大量团队及其互动方式。

沃德利图可以用于探讨各种相互依赖的能力所产生的战略影响。如果你拥有足够的时间、精力、支持和预期价值去超越制约因素进行思考，那么从系统的视角看，沃德利图不失为一项有益的投资。

SIPOC图（供应商、输入、流程、输出、客户）可用于更详细地描述流程中的依赖关系。

RACI矩阵（负责人、当责人、被咨询人、被告知人）可用于更详细地描述人员之间的依赖关系（如审批、会议、协商）。

案例研究 | 重新审视复选框项目

在第1章提到的复选框项目以及类似的全组织项目中，常常会出现分析不足或分析过度的极端情况。一方面，团队如果花费太多时间去分析和规划每个项目中的所有潜在依赖关系，就迟迟不能正式开始工作，而是将大量精力浪费在那些影响微乎其微或无关紧要的依赖关系上。另一方面，如果事先不做任何分析就立刻展开工作，那么这像赤脚在黑暗中堆满乐高积木的房间里乱跑一样，团队会面临许多潜在的困难。

复选框项目不为人知的秘密在于，类似的工作状况不但经常出现，而且案例中描述的复选框项目已是第三次尝试实施复选框了。不仅如此，这类跨团队项目并不少见，往往涉及一模一样的依赖关系，如图7-14所示。这意味着组织可以借鉴过往的先例，绘制出具有代表性的价值流图和依赖关系图，以便弄清如何更有效地开展工作。

复选框项目中的复杂问题非常常见，但由于组织中常用的项目工作模式的存在，这种复杂性往往得不到解决。诸如此类的项目被视为一次性尝试（尽管之前早已有过许多先例），因而团队从未有机会设计一个高绩效、可持续的流程。

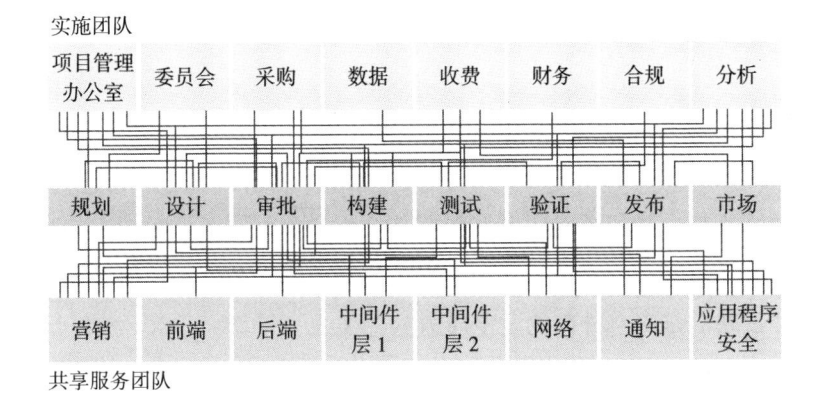

图7-14 复选框项目流程中的依赖关系的可视化呈现

关于这些相互依赖、共享服务的团队，还有一个经常被忽视的问题，即这些团队各有其既定的工作任务和优先事项，所以每一个委派给他们的项目都会打断已存在的工作。在复选框项目中，团队就遇到了以下问题：

中间件团队正在升级架构，以支持未来的业务量。

前端团队受到外部僵尸网络的攻击，正在紧急处理WAF（Web应用防火墙）保护。

商业智能团队刚刚被并入一个新组织，其工作重点有所变化。

所有团队都面临过类似的情况。"把工作交给他们"的做法打断了团队手头的工作，使他们在大规模相互依赖的工作中遭遇了注意力分散、方向感缺失、参与度降低等问题，却没有机会持续改进价值流，进

7 依赖关系图

而改善工作流程。

如果无法设计出解决方案，那么下一个项目也将继续面临依赖关系方面的问题。

结 论

大多数团队在内部和外部均面临提高绩效的巨大压力。如果业绩不如人意，那么团队成员往往会很自责。同时，组织中的高层领导也常常要求或期望团队取得更高的绩效。这种内部压力往往反映的是来自外部的竞争压力。

心理上缺乏清晰度，却承受精神压力，这只会让团队产生焦虑和恐惧。团队成员如果能看到并理解依赖关系，就能更清楚地了解他们所处的工作环境，了解那些会对他们持续高效工作的能力造成影响的外部或内部依赖关系。

绘制依赖关系图可以揭示需要增加、改变或减少的因素，以提高吞吐率和清晰度。内包、合作、采用变通方案、重新协商期望值，都有助于解决外部依赖关系的制约。有针对性地开展培训、重新分配工作，以及有的放矢地投入时间、劳动或资金，都有助于增强团队内部的业务能力。

任何事物都不是独立存在的。看清外部和内部依赖关系，就能获得我们所需要的洞察，迎接新的挑战，做出有效的改变。提高团队的自主性，让其更自由地与客户互动，确定产品开发的方向，提出满足自身需求的解决方案，并快速向客户交付产品，这样不仅能提高工作效率，还能为工作带来乐趣。

主要启示

- 通过价值流交付工作离不开外部依赖关系和内部能力。
- 要想解决价值流中的瓶颈问题,首先要识别出支持该步骤的关键依赖关系和能力。
- 那些阻碍团队工作的依赖关系,可能需要通过跨部门合作来解决,以削弱该依赖关系的影响、提高业务能力或使团队能够自主解决问题。
- 着眼于改善价值流的依赖关系改进或能力提升,能使团队为未来的改进工作提供清晰的商业依据。

注 释

1. Parkinson, "Parkinson's Law."
2. Covey, *The 7 Habits of Highly Effective People*, 66.

8

未来状态价值流图

"当我们开始思考把完成一项任务所需的基本步骤排列成一个稳定的、连续的流程时,所有的事情就变了样。"

詹姆斯·沃麦克和丹尼尔·琼斯

——《精益思想》作者

价值流图分为三类:当前状态图[①]、理想状态图、未来状态图。当前状态图描绘的是当下正在发生的情况,第6章已介绍过相关内容(见图8-1)。

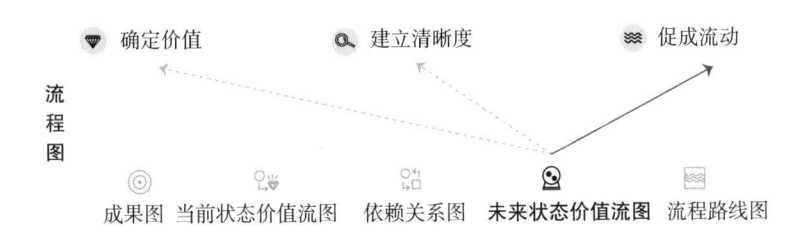

图8-1 绘制未来状态图有助于顺利开启流程

理想状态图描述了在具备一切必要能力与资源且不计各步骤

---

① 当前状态图即当前状态价值流图。——编者注

间等待时间的理想情况下,价值流会呈现何种情况。其目的是界定改进工作的上限,激发团队重构流程的创意。

从定义来看,理想状态永远无法实现。但理想状态图既可以像永不熄灭的灯塔一样,指引团队做出改进,也可以作为承载团队最具创意愿景的空间。理想状态图有助于激励团队成员,在时间充裕、成员支持的情况下非常值得一试。

但是,就流程工程的目的而言,我们如果希望快速绘图来明确目标,就需要聚焦未来状态图,因为未来状态图展示的是我们短期内可达成的目标(见图8-2)。

未来状态图非常实用,估测的是价值流经改进半年后的情况。根据第9章中的流程路线图,可以确定所需采取的行动,而未来状态图是该环节的基础,为促成改进流程提供了依据。

— 80天 →　　— 10天 →　　— 40天 →

当前状态　　**理想状态**　　**未来状态**
现在是什么状态?　未来有可能达到什么状态?　下一步会是什么状态?

注：价值流图的这些变体反映了相同工作流程可能呈现的不同状态。

图8-2　当前状态图、理想状态图和未来状态图

绘制理想状态价值流图

对于任何重要的工作而言,明晰可能实现的愿景总是有所裨益。这种愿景之所以重要,不仅仅是因为它反映了我们所能达到的真实状况，还因为它能够为项目激发活力，让团队成员就共同目标达成一致。大规模全组织举措的最大挑战就是统一成员的意见，形成共同的愿景；而缺少共同且持续的愿景是这类举措失败最常见的原因。因此，从一开始就确立清晰的愿景至关重要。

理想状态图与当前状态图（参见第6章）的结构相同，但呈现的是我们理想中最为顺畅的工作流程。那么，如果确保工作顺利完成，理论上最快、最轻松地完成的理想工作状态是什么样的呢？

精益实践者是出了名的追求单件流。假设一次只需完成一项工作，那么完成规划、构建、测试、归档、部署等流程该有多快？团队一起构想单件流生产，有助于计算出可达到的最快工作速度，其中不会再包含因多批次或多任务而产生的等待时间。其实大部分等待时间都是由团队进行中的工作太多导致的，因此即便新任务"万事俱备"，团队也很难迅速地上手，反而造成任务的堆叠和拖延。

缩短或消除等待时间通常能够减少80%或更多的前置时间。不过，团队还可以再进一步，着眼于当前耗时较长的流程。我们能想到什么实际可行的办法来更快完成工作吗？比如某个步骤的子组件已预先完成且随时可用，效果会如何？再比如某个步骤能安排两人或多人同时处理，效果又会如何？是否有哪个工作流程足够简单，可以安排给其他不太忙的人员来处理？

如果你绘制的当前状态图已经涵盖了员工的关切事项，比如特定步骤的流程质量，那么现在就有机会构思如何在每个步骤的流程中都能注重质量。团队必须从流程一开始时就确保质量，质量问题到流程后期是解决不了的。我们能否，或者说是否应该在初期就确保某些特定方面的质量？我们可否不必等到后期才进行代码审查，而是采用结对编程的方法在开发阶段就保证质量？是否应该在项目

8 未来状态价值流图

初期就和客户一起详细验证用户故事？比起从头到尾依序完成研发流程，应用工作原型是否能够更快地获取反馈？

对工作流程进行这样创造性的构想为大幅提升绩效开启了一扇方便之门。设想把原来的耗时三天配置服务器，替换成不到一分钟时间就能启动Docker容器；再设想一下用自动化证明过程代替手动合规过程，将是何等效果！实现转型可能需要付出巨大努力，但绘制理想状态图能够从一开始就为这种改进工作提供商业理由。

综上所述，对于团队来说，理想状态图为其明确了理论上工作可达到的最快速度、最佳便利度及最优质量。尽管并非每项改进方案都能够或应该被落实，但这一绘图过程为我们设定了奋斗的最高目标。不过在实际工作中，究竟哪项改进方案的优先级最高呢？接下来要介绍的未来状态图便会对此进行分析。

什么是未来状态图

未来状态图能够可视化地呈现理想的目标状态并明确当前状态与理想状态的差距，从而推动流程顺利运转。未来状态图采用了和价值流图一样的形式，但二者存在以下两点差异：

未来状态图描绘的是价值流理想的未来状态，而非当前状态。

图中标注出了达到未来状态所需的改进机会。

绘制未来状态图有助于实施"改善套路"。正如第2章所提及的，"改善套路"通过不断迭代来更新未来目标状态（规划），为达目标状态而付出努力（执行），再分析新的当前状态（研究），并基于观察调整流程（行动），从而实现持续的提升（持续改善）。这一"规划—执行—研究—行动"（PDSA）的循环也叫戴明循环（Deming cycle）或休哈特循环（Shewhart cycle），目的是让改善成为一种习惯。

这种情况下，未来状态图描绘出了我们追求的未来目标状态（规划）。下一章将要介绍的流程路线图则为我们提供了达到目标状态的途径（执行）。做好前期安排后（一般需要三个月），我们开始绘制价值流图，以再次评估当前状态，判断干预措施的效果（研究），再进行改善或调整（行动）。之后，我们界定新的目标状态，再重新进行PDSA循环。当熟悉整个流程后，团队就可以更快地完成这些活动。你也可以把这个迭代过程看作第2章中介绍过的控制论循环。

通常来说，三个月时间不长不短，既足够做出重大改变，对于预测未来状态并做出及时跟进也绰绰有余。图8-3展示了改善套路的循环。成果图界定了目标（1），当前状态图及依赖关系图（2）揭示了可改进的事项，帮助界定未来状态图（3），而未来状态图为下一章将要介绍的流程路线图指明了通往未来状态的路径（4）。

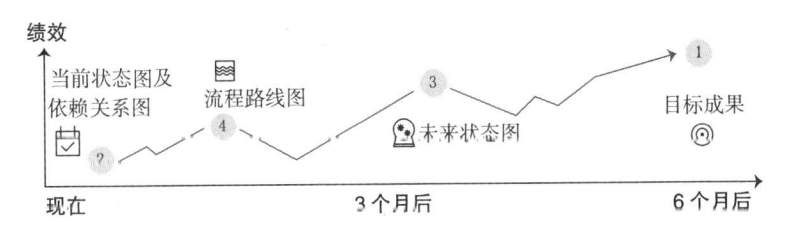

图8-3 流程工程的绘图循环是一种改善套路

8 未来状态价值流图

图8-4展示了绘制未来状态图的四个阶段：

回顾以往流程图中确定的目标成果及得出的结论。
确定改进目标。
重新设计流程。
评估未来状态。

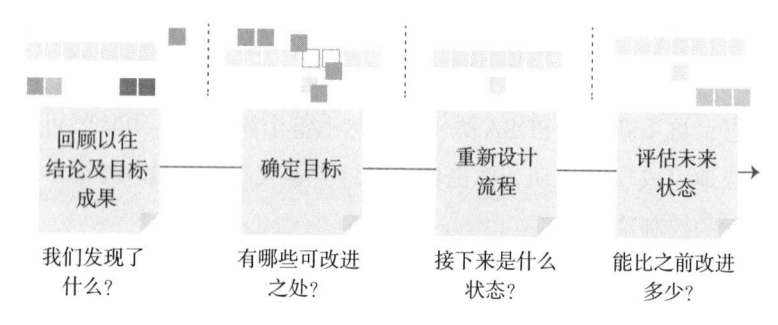

图8-4 绘制未来状态图的四个阶段

四个阶段依次为：
- 回顾以往结论及目标成果——我们发现了什么？
- 确定目标——有哪些可改进之处？
- 重新设计流程——接下来是什么状态？
- 评估未来状态——能比之前改进多少？

未来状态图的妙用

绘制未来状态图可带来以下五项具体益处：

构想未来的"做法"。日常工作中很容易遇到困难，忽略目标成果，但是单凭目标成果并不能得出可能取得成功的方法。未来状态图描绘了理想的流程，这一流程明确了或实现了我们的目标成果。

提供基于控制论的目标。未来状态图构建出我们想达到的最清晰的目标状态，完善了成果图所设定的目标，并且继续利用控制论的方法：明确目标状态并朝着这一目标努力。

促成持续改进与跳跃式改进。未来状态图不仅能够界定流程的可改进之处，而且能对流程实现彻底的重塑；能够呈现消除浪费、改进信息流、变更某些步骤负责人等具体改进；还能够揭示诸如重组、消除、并行化等彻底的流程重塑。

在团队外实现系统干预。工作流程中的种种制约因素通常是由团队外部的依赖关系造成的。我们需要和其他部门的同事"跨工位协作"，一起构想如何改进流程让整个组织获益。未来状态图提供了一种共享工具，清晰地界定出"我们努力的方向"，促进了团队与外部的沟通。

消除浪费。持续消除浪费是精益思想的精髓。实际的物理工作中容易产生物质材料的浪费，而知识工作中则主要是时间、精力、资金、人力等方面的浪费。

我们所说的浪费是指什么？

在动态变化的知识工作领域，效率十分关键，但却难以实现。提高生产率、鼓舞士气的最简便办法之一可能就是找出浪费。有些浪费"远在天边，近在眼前"，但我们尚不能及时发觉：若没有图表辅助，就很难找出这些浪费。

传统视角下的价值流图着眼于物质世界中各种不同类型的浪费，而在知识工作中，可以用DOWNTIME这一缩写词来概括精益生产管理中的八大浪费：

不良品：如软件漏洞、测试与自动化错误、重做、非计划的修订、不充分知识迁移、相关文件或信息缺失等。在价值流中，代码

8 未来状态价值流图

审查、自动化测试、架构评审等质量管控措施有利于确保每一步骤的工作都能达到相应的质量要求。但同样是这些管控措施，也会给我们的工作造成拖延或浪费等不良影响。我们需要在优化交付的大背景下理解这些管控措施，而不要以为每项工作都应当采取这些管控措施——这一点非常重要。优化交付是一项需要取得微妙平衡的活动，团队既可能从限制管控措施中获益，也可能从扩大管控措施中获益。

过量生产：如根本或几乎无用的特性、半途而废的任务、重复的数据。

等待：如拖延、交接缓慢、排队、等待审批、不必要或无效的会议。尽可能并行开展多个进程能够减少等待时间。由于在价值流中处于后期阶段的人员无法一接到任务就立刻投入工作，于是产生了等待时间，进而导致工作逐步累积。尽管有些贡献者可能会对工作积压采取"眼不见，心不烦"的态度，但对于其他一些贡献者而言，这意味着仍然存在排队等待处理的工作项，会持续造成精力消耗。

未充分利用人才：如能力缺失、工具匮乏、培训不足、员工没有人尽其用、激励措施失当或缺乏、士气低下等。浪费人才潜能是最严重的浪费。

转移：如不同团队、系统、数据库、工具间的数据传输、手动交接、不必要的商务出差等。在流程中避免交接及中间环节能够减少转移的现象，尽可能为其他团队提供自助式工具也能够降低转移的成本。

库存：如等候队列、工作积压、开发或预发环境下的工作、进行中的工作、代码或设计分支等。进行中的工作会在不知不觉中扼杀工作效率，不仅对客户毫无裨益，还会给员工带来变动更频繁的环境与更多的困扰。知识型工作很容易产生无形的积压,因为关于个体或团队究竟可以积压多少未完成工作,理论上不存在任何限制。在《将工作可视化》一书中,多米尼加·德格朗迪斯进一步阐述了戴维·安德森(David Anderson)提出的"暂缓开始,专注于完成"的准则。在启动任何新工作以前,先专注于完成现有工作,就可以减少进行中的工作。这一点非常关键,能够降低任务交接导致的隐性成本(因为人们无法同时兼顾多项需要有意识地认真思考的任务),并减少等待时间。

不必要的动作:如不必要的交接、环境转换、数据传输或重复、工作转入开发/预发环境等。减轻不良的认知负担有利于减少动作浪费。当任务(或分心问题)超出我们的认知能力范畴时,与工作密切相关的信息会从我们的工作记忆中淡出。作为补偿,我们就不得不在不同任务间反复切换、查证资料等,于是导致工作流程效率低下。

过度加工:如不必要的审核步骤或审批、多余的细节要求、不必要的批准、不必要的审查或验证、镀金行为、多余的内部与外部用户验收测试(UAT);在粗略数据足够的情况下开展深入分析;在粗略文档够用的情况下创建完善的文档,等等。简单化、模块化的结构可以帮助我们解决较为简单、受到较大制约的问题,从而减少过度加工造成的浪费。

多米尼加·德格朗迪斯还列出了一份简要清单,总结了导致浪费的"五只偷走时间的黑手"以及浪费对每个团队成员的影响:[1]

进行中的工作过多:已经开始但尚未完成的工作;

未知的依赖关系:完成工作过程中必然会出现的意外因素;

计划外工作:阻碍完成工作的干扰因素;

优先级冲突：相互争夺关注的项目和任务；

被忽视的工作：部分完成但暂时搁置的工作。

几乎在任何情况下，上述各种时间浪费都不能完美避免，但我们应当了解这些浪费并有意识地对其进行管理。在绘制价值流图的过程中，分析"增值时间"的关键在于两个与浪费有关的因素：我们的客户会心甘情愿地为这一活动买单吗？与之相对的另一因素：删除这一活动会损害对于客户、利益相关者或团队成员的价值吗？

Bolt Global 公司 | 绘制未来状态图

最初，莎伦并没有意识到她可能必须主动联络其他团队，方可解决自己团队所面临的问题。通过深入挖掘制约因素，她发现需要与卡尔合作，才能解决自己不可控制的依赖关系。当从卡尔的角度去理解贡献因素时，她就能够找出实现绩效提升的对策。

莎伦和卡尔通过合作精准识别出有待改进的领域，例如优化信息流与自动化交付。在莎伦与自己的团队成员分享依赖关系图的过程中，他们取得一项突破——发现了团队中有一位成员能够解决导致环境变化延迟的容量问题。这位团队成员能为卡尔的团队提供代码并发起拉取请求，而且还能培训一名后备人员以防止个体成为团队瓶颈。此外，他们也正在考虑组建一个培训社群来帮助满足其他团队的相同需求。

他们的团队提出了精简软件研发生命周期的愿景，即大幅缩减从最初提出概念到产品发布全程中的步骤数量。如今，各职能角色之间的交接更为顺畅，团队开始更加重视自动化和协作。莎伦和卡尔的团队都认为成员的参与度有所提高，行动方向更加一致，获得了更强的掌控感，更好地聚焦于真正能够驱动团队进步的工作。

此次绘图活动为更灵活敏捷、响应更迅速的工作流程奠定了基础，为团队提升发布频率做好了准备，并且与加快软件交付这一组织目标相契合。

如何绘制未来状态图？

发出邀请

结合绘制依赖关系图时获得的新洞见，重新召集参与绘制价值流图的团队原班人马，以及参与绘制依赖关系图的其他关键人员，共同开会制定战略，以实现提议的改变。

这次会议旨在指明依赖关系图绘制过程中精准确定的制约因素，围绕可供选择的工作流程方案制定战略，这些方案将能消除已明确的制约因素，并为理想的未来状态工作流程设定愿景。

空间安排与所需材料

使用数字化协作工具、白色干擦板或书写纸，抑或便笺条。工作场所的设计安排与价值流图绘制活动相同。

引导参与

确保人人平等参与。

尤其是确保受影响程度最大或负责某个制约因素的人员参与进来。

团队配置

安排一名主要记录员在共享记录板上绘制未来状态图。

其他参与者共同讨论对共享图示进行哪些添加、删除或修改。

步骤顺序与时间分配（60分钟）

1. 回顾前几次绘图的目标结果及结论

回顾此前的几张流程图，尤其是当前状态图与依赖关系图，特别标注出项目的总体目标及当前流程中的主要瓶颈因素（用时5分钟）。用当前状态图做好备份，并作为新的未来状态图使用（见图8-5）。

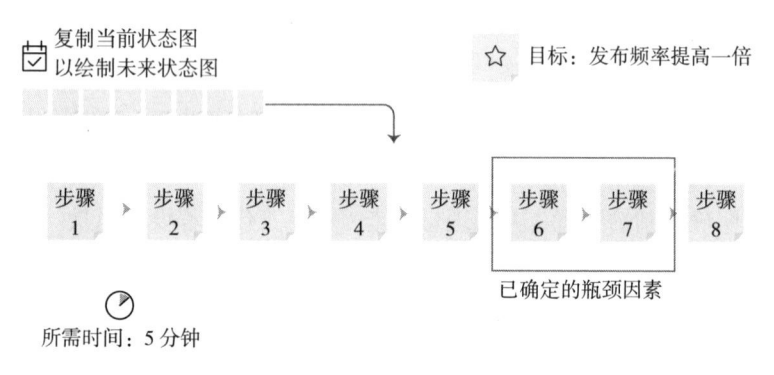

图8-5 突出标注瓶颈因素的当前状态图

2. 确定改进目标

我们不妨回顾一下精益生产管理中的八大浪费，以提醒自己识别各种形式的浪费。为便于参考，下文提供了简化版的八大浪费清单。

不良品。

过量生产。

等待。

未充分利用人才。

转移。

库存。

不必要的动作。

过度加工。

接下来,回顾一下依赖关系图,并将得出的结论融入未来状态图的设计。找出图中任何其他可能是"较容易实现的目标"的领域(那些随时能够实现改进的领域),并将这些领域标记为有待改进的领域("持续改善"),即通过小规模的持续改进努力,来减少拖延、提升质量等(20分钟)(见图8-6)。

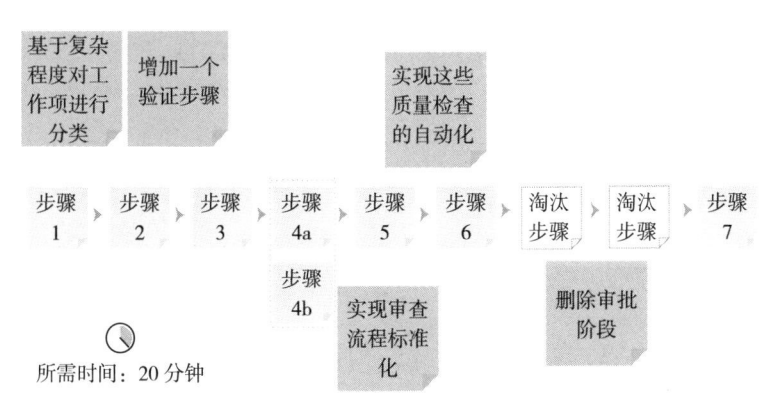

图8-6 以深颜色标识可改进领域的未来状态图

3. 重新设计流程

修改图中标识为瓶颈因素的部分,删去有可能节省的等待时间，尽可能用并行步骤取代序列步骤，预先处理部分工作以加快某一步骤的进度，等等（20分钟）（见图8-7）。

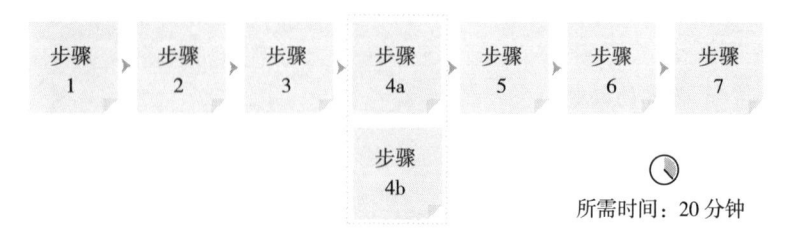

步骤1 ▸ 步骤2 ▸ 步骤3 ▸ 步骤4a ▸ 步骤5 ▸ 步骤6 ▸ 步骤7

步骤4b

所需时间：20分钟

图8-7　优化至"七序列步骤加一并行步骤"的未来状态图

4. 评估未来状态

预估（经过优化的）未来状态价值流的等待时间与周期时间，这样能够帮助团队设定期望的目标时间。把重点放在未来三至六个月能够实现的内容上（15分钟）（见图8-8）。

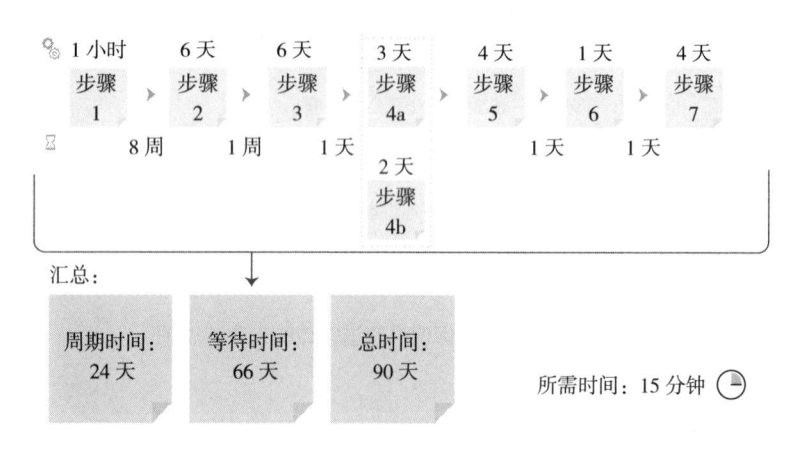

1小时　6天　6天　3天　4天　1天　4天

步骤1 ▸ 步骤2 ▸ 步骤3 ▸ 步骤4a ▸ 步骤5 ▸ 步骤6 ▸ 步骤7

8周　　1周　　1天　　　　　1天　　1天

2天
步骤4b

汇总：

周期时间：24天　等待时间：66天　总时间：90天

所需时间：15分钟

图8-8　标明周期时间的未来状态图

注意事项

在绘图会议结束前,提前计划好后续会议,以便开展进度评估,并规划接下来的一系列渐进式改善工作。

不要过分拘泥于讨论改善的细节。此次绘图是为了设定目标,细节部分可以留到绘制流程路线图(见第9章)确定了未来状态的时间表之后再具体敲定。

不要确定过多的改善内容(持续改善)。对于第一次绘制此类流程图而言,三项改善可能是个不错的开端。在建立信心后,团队就能实现更多的改善。

首次绘制未来状态图宜考虑较短的改善周期,例如四到六周,以确保你能跟进并检查后续工作的进展情况。

等待时间是流程改善的关键目标之一。由于工作类型的不同,可能难以大幅优化周期时间,但通过改善团队间交接和减少进行中的工作,总是能够缩减一些等待时间。

要想减少某一步骤的等待时间,可以考虑增加更多的人手或资源来提供助力,进行预先处理以简化必要的工作,或者只需提高团队对积压工作的处理意识。有时仅仅是增强对某一特定节点工作积压的改善意识,就足以保证团队更迅速地处理工作项目。

团队超负荷工作的一个普遍原因是进行中的工作过多,而解决这一问题的唯一方法就是严格限定新工作项进入价值流的时间节点。对进行中的工作设限会令人不快,因为没有人乐意直白地拒绝新工作。但是如果不做这样的限制,我们就会拖延所有任务,这其实是在变相地拒绝新工作。

戴维·安德森有一句关于对进行中的工作设限的至理名言:"暂缓开始,专注于完成。"[2] 这句话就强调了完成现有工作要比启动新工作更为重要。

未来状态图能够为你提供设定短期目标的机会，这与目标和关键成果或与公司的其他目标制定战略非常契合。你应当每隔几个月就对未来状态图进行迭代，并将其作为计划的价值流改善的目标之一。

重复与变化

在绘制未来状态图之前，团队可以先召开一场理想状态图绘制会议。理想状态图体现的是理论上价值交付最流畅、最快捷的途径，也反映了每一次绘制未来状态图所要达成的目标。理想状态图让团队有可能真正发挥想象力，致力于革新价值流。

正如此前提及的，理想状态图与未来状态图的绘制也能够促成跳跃式的改善。也就是说，团队不仅有机会实现渐进式的持续改善，还有机会在接受度、支持度或工作能力等条件允许的情况下，实现对价值流的再构想、再革新与再设计。团队拓扑与沃德利图均有助于使这种大规模的再创造成为可能。本书第3部分将进一步解释如何实现较大规模的组织变革。

案例研究 | 旅游科技领域价值流的利益相关者实现协同

一家国际旅游科技供应商通过合作绘制价值流图，收获了重要的"顿悟时刻"和宝贵的经验。该客户绘制的是合作伙伴集成流程图，希望以此提高吞吐量。它的目标是和各大旅游平台建立集成服务。但在前置时间长达八个月且合作伙伴多达五十个的前提下，这一目标很难实现。

这一绘图过程由全价值流的参与者共同完成。绘图活动揭示了由于信息流与交接的低效问题，有50%的价值流时间浪费在等待上。我们创建了未来状态图，并在付出最低限度的改进努力后将前置时间缩短到预期的三个月。不过，直接成效在首次绘图会议结束之时才显现出来——一位市场营销人员表示："这是我们有史以来第一次齐聚在同一屋檐下！"（市场营销部门处于价值流的最下游，经常面临意料之外的突发工作安排）（见表8-1）。

表8-1 旅游科技公司的绘图结果

基准流程	经过优化的流程
23个步骤	6个步骤（包括并行步骤）
12个利益相关者	2个利益相关者
12个团队成员	4个团队成员
8个月	3个月
11个会议阶段	以决策自动化、负责制、协作以及共享工作空间代替开会
9个通话或电子邮件步骤	每周自动与客户互动；关系维护通话与状态通话
9个嵌入式子流程	3个嵌入式子流程

绘图不仅仅增强了不同利益相关者之间的协同性，在促进绩效提升方面所起到的作用更是令人眼前一亮。在绘图过程中的某天下午，我们发现了一个改进合作伙伴集成流程的绝佳机会。过去二年间，综合考虑一切相关费用后，每年节省的成本为150 000美元。节省下来的机会成本意味着每年还可额外进行三次合作伙伴集成，等同于创造了价值720 000美元的机会。

结 论

未来状态图设定了改进目标，尤其有利于促成流程。从控制论的视角看，我们使用未来状态图作为向导和目标，从流程的当前状态开始改进，最终抵达理想的未来状态。就借助未来状态图引导流程优化而言，更大的挑战在于全过程必须进行渐进式的持续调整。下一章将介绍流程路线图，流程路线图能够系统化地为预期改善举措排列优先次序，最终实现理想的未来状态。

主要启示

- 未来状态图建立在此前几张图的基础上，旨在设想一个可实现的未来状态目标。
- 这一目标是基于控制论的高水平"改善套路"的第一步。
- 未来状态图的目标是确定当前状态图的主要热点问题或瓶颈因素，并突显了众多改进的机会（持续改善）。

注 释

1. DeGrandis, *Making Work Visible*, 2.
2. Romanukha, "Stop Starting, Start Finishing with Agile."

9
流程路线图

> "收集数据的最终目的是为行动或行动建议提供依据。"
>
> **W. 爱德华兹·戴明（W. Edwards Deming）**

我们在前几章中已经探讨了四类流程图：成果图、价值流图、依赖关系图和未来状态图，因而可以更加细致地了解流程路线图。企业通常会创建路线图，帮助内部和外部人员了解其进展计划。产品公司经常需要维护两种路线图：产品路线图（展示产品的改进计划）和技术路线图（展示技术基础设施的改进计划），见图9-1。

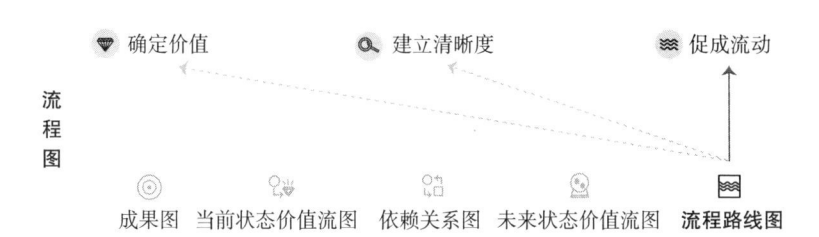

图9-1 流程路线图主要用于促成流程

流程路线图侧重于整个价值流的流程改进，它并不是用来描绘创造的内容，而是为创造的方式提供改进计划。创意和创新对于工作流程与产品来说同样重要。流程路线图就是一种说明如何改进工作流程的计划。

什么是流程路线图

传统路线图作为沟通和对齐工具，可有效地帮助团队和个人了解未来可能发生的事情，但并不涉及"如何"实现这一未来，而流程路线图恰好填补了这一空白。流程路线图规划了各项行动、试验和机制，以更好地服务于工作交付、功能实现，以及传统路线图的项目落地。

绘制流程路线图包括三个阶段，如图9-2所示：

确定改进机会。

确定各项活动的优先次序。

将各项活动依序列入路线图。

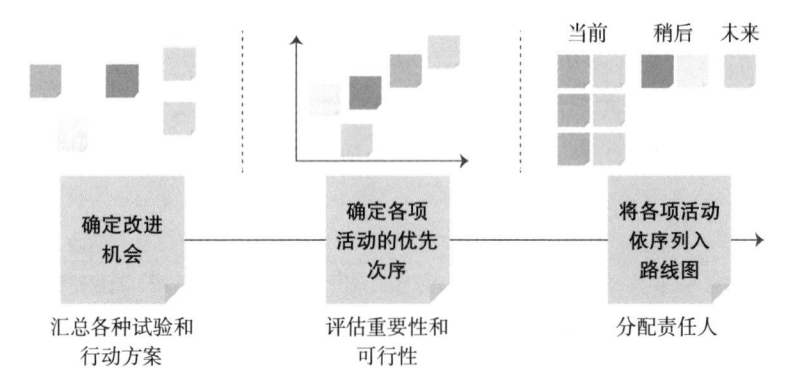

图9-2 绘制流程路线图的三个阶段

流程路线图的妙用

通过流程路线图，你可以依据行动的三要素——价值、清晰度和流程来达成目标。具体而言，流程路线图可带来以下四项益处：

将洞察转化为行动。流程路线图是之前所有流程图的汇总。前期的绘图工作明确了团队所要实现的价值，并清楚地说明了流程、主要制约因素以及未来的发展方向。流程路线图则将这些洞察转化为切实的下一步行动顺序。

按重要性和可行性确定各项行动的优先次序。按照重要性和可行性快速、直观地组织行动，可以让我们明确哪些是接下来最具潜力的行动，而哪些是完全可以推迟实施的行动。设定优先级能够让我们按顺序处理任务，而不是同时处理多项并行开展的工作。

重要性：考虑到目标结果的相对价值，通常以影响替代。[1]

可行性：实施该行动的难易程度和能力水平。

定量或定性地评估进展情况。设定具体且可衡量的进度指标，确保我们能够验证各项行动是否正在推进并且取得预期效果。

分配责任。分配责任可以明确沟通和责任，以及对每位团队成员的期望。

Bolt Global 公司 | 指引方向需要指南针和流程图

绘图是确定价值、建立清晰度和使流程改进可视化的绝佳机会，但是如果没有付诸行动，那么一切都毫无意义。正如我们在第1部分所讨论的，如果没有切实采取行动，那么改进和变革是极其困难的。莎伦曾在《价值流图》一书中看到这样一句警示："我们经常看到一些企业设计了精美的当前状态价值流图,却没有绘制未来状态价值流图;或是设计了精美的未来状态图,却没有制订实现未来状态的行动计划。"[2]如果莎伦不采取行动,那么她在绘图和收集洞见方面投入的时间回报会大打折扣,而且可能再也没有机会获取每位成员的见解了。

为此,莎伦首先需要将绘图过程中发现的洞察转化为行动。莎伦回顾了之前绘制的几张流程图,同时收集了一些笔记。针对阻碍团队提高交付频率的制约因素,这些笔记标注了所应采取的、最有效的应对措施。团队之前已经把环境配置和对基础设施团队的依赖性确定为制约因素。通过绘制依赖关系图,团队还识别出几个问题,团队如果解决了这些问题,就能显著提高价值流的成效。如表9–1所示,这些问题已被转化为旨在提升绩效的行动和试验。

表9–1 将问题转化为行动和试验,以改进 Bolt Global 的工作流程

问题	提升绩效的行动和试验
经常缺失必要信息	创建新请求的模板(未来将自动化)
手动处理电子邮件接收工单	提交请求表单至任务管理系统
可用环境容量不足	考虑可选替代方案(待定)
团队工作超负荷且受到限制	莎伦团队借调出一名成员,帮助卡尔团队减轻工作负荷

由于莎伦的团队无法同时完成所有工作,因此需要设定这些行动的优先次序。为了快速、简便地完成工作,莎伦将重点放在两个方面:重要性(体现相对价值)和可行性(体现行动的可实施性)。这样就自然地把不同优先级的行动区分开来。最重要且最可行的行动当然是立即着手的首要任务,其他改进行动则可以暂缓实施。

团队通过这项工作明确了各项行动的优先次序,于是得以进行历时

性的行动分配,最大程度地减少进行中的工作。他们还确保相互关联的依赖关系在同一时间得到处理,而序列性的依赖关系则按照先后顺序依次处理,从而消除了各项行动之间的依赖关系。

大多数路线图也就止步于此,但莎伦凭经验知道,有必要进一步提高清晰度。她参加过太多这样的回顾总结会:要么是有想法,却从未付诸行动;要么是有下一步计划,却没有明确目标;要么是有任务,却没有相应的负责人。

团队要在行动中加入进度衡量标准,以便评估行动的影响,此外,为每项行动分配负责人,可以明确由谁来负责推进行动。图9-3展示了Bolt Global团队制作完成的流程路线图,其中包含了以改进为导向的行动和支持细节。

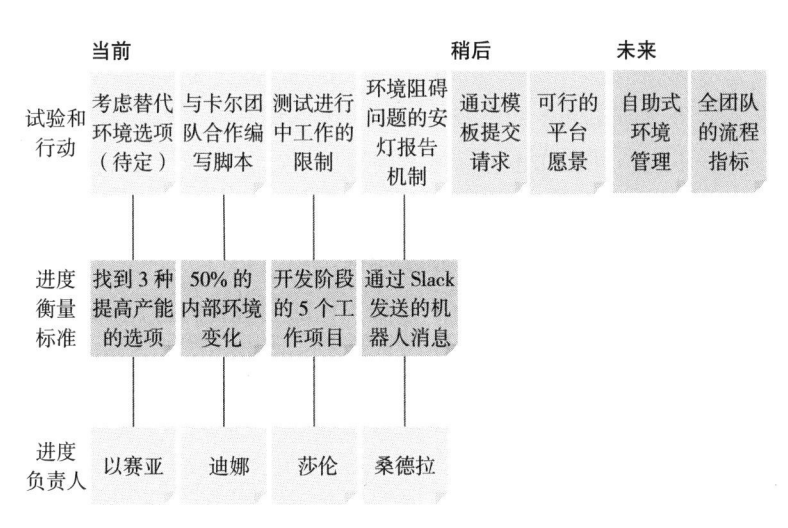

	当前				稍后		未来	
试验和行动	考虑替代环境选项(待定)	与卡尔团队合作编写脚本	测试进行中工作的限制	环境阻碍问题的安灯报告机制	通过模板提交请求	可行的平台愿景	自助式环境管理	全团队的流程指标
进度衡量标准	找到3种提高产能的选项	50%的内部环境变化	开发阶段的5个工作项目	通过Slack发送的机器人消息				
进度负责人	以赛亚	迪娜	莎伦	桑德拉				

注:完成后的流程路线图展示了三个阶段内的行动、进度衡量标准以及下一步的负责人员。

图9-3 莎伦的完整流程路线图

莎伦的团队绘制了流程路线图，并与卡尔及其他产品领导层同事分享，以实现更好的沟通和协作。信心与信任、一致性和参与度都得到了提升，交付周期也开始缩短。在接下来的几个月里，路线图一直是两个团队参考和借鉴的资料，以确保认识清晰，行动一致，并有效地向前推进工作。

如何创建流程路线图

在绘制出成果、价值流、依赖关系和未来状态的流程图后，你已经在如何实现工作流程转型并提高绩效方面获得了宝贵洞察。从洞察到行动，流程路线图是开启第一步工作的关键所在。

以下是分步骤的操作过程说明。你可以严格按照说明进行操作，也可以将其简化为更加快捷、不那么细致的步骤，或者按你喜欢的方式进一步深入研究。就像流程工程的其他环节一样，你可以自行斟酌后确定适当的细节程度和时间范围。但是切记：速度太快可能会遗漏某些内容，而过于深入探究细节可能会浪费时间——不过，好在你还可以再做调整！

发出邀请

团队可以邀请可能参与下一步工作的利益相关者，一起回顾目标成果，共同表达关于确定下一步行动的需求。你已经发现并明确了机遇，现在是时候付诸行动了。团队集体研讨出解决以下关键问题的途径：

为实现我们的目标成果，优先级最高的首要行动是什么？
我们将如何衡量进展情况？
将由谁来负责取得进展？

空间安排与所需材料

团队可以使用数字化协作工具、白色干擦板或书写纸,抑或便笺条。完成后的流程图将如图9-4所示,包含三个主要区域。左上方是未来状态图的副本,是第一阶段收集到的可改进工作项的主要来源。左下方区域用于第二阶段的工作优先级排序。右下方用于构建实际的流程路线图,即第三阶段将制定的下一步行动线性列表。

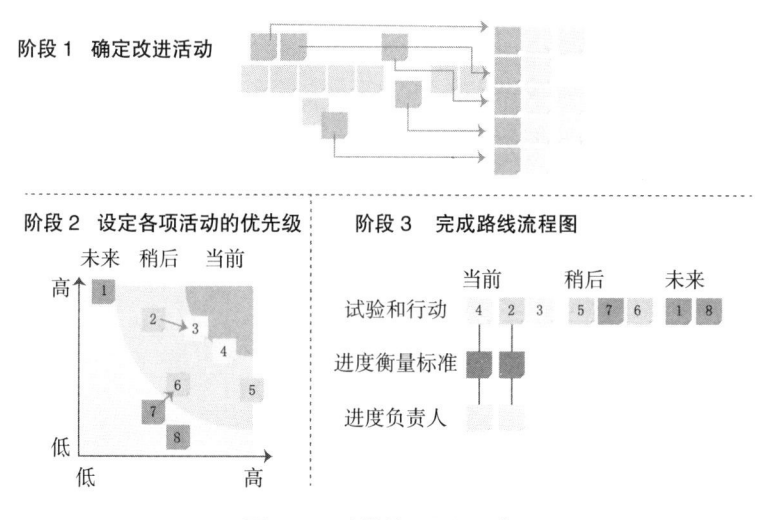

图9-4 路线流程图记录板

引导参与

团队中应有最多十名对前期绘图所揭示的洞察有深入了解的代表。

每个人根据自己对各种机遇和潜在对策的了解程度参与其中。

团队配置

由一名主要记录员在共享记录板上绘制流程路线图。

其他参与者共同讨论对共享图示进行哪些添加、删除或修改。

步骤顺序和时间分配

1. 确定改进活动

作为共享记录板上方区域的内容,在第一阶段,列出在绘制未来状态图时确定的目标改进领域(短期改进行动)。图9-5展示了未来状态图第三步创建的图表(参见第8章)。为了实现预期的未来状态,需要做出各种改变,这些改变标注在深颜色便笺条上。绘制价值流图和依赖关系图的过程中,可能还会发现其他需要改进的领域。所有这些待改进领域都可以纳入流程路线图。

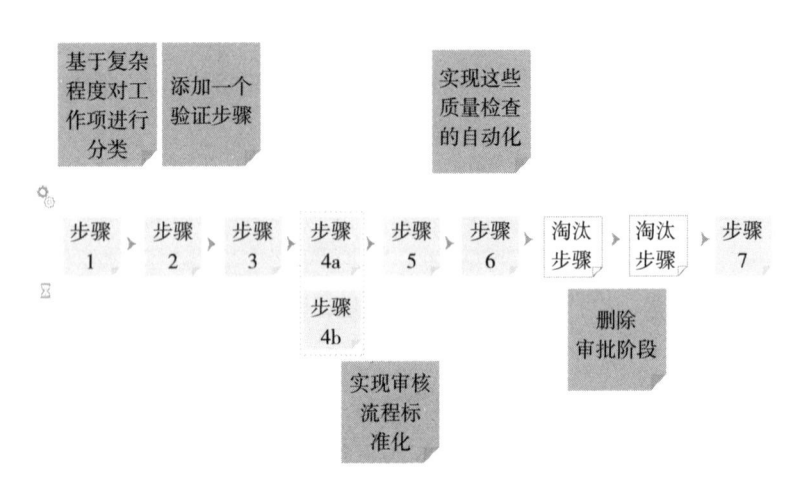

注:第8章完成的未来状态图是绘制流程路线图的基础。浅颜色便笺条描绘了预期的未来步骤,而深颜色便笺条则代表了为实现这一未来状态所需改变的领域。

图9-5 表明可改进领域的未来状态图

接下来，团队把改进建议分类，开始确定下一步工作，如图9-6所示。如果这些改进领域不够清晰或细化程度不足，导致无法采取行动，那么你还可以再做进一步细分。针对每个改进领域，确定实施改进所需采取的具体行动，并将这些行动列于相应改进领域的下方。

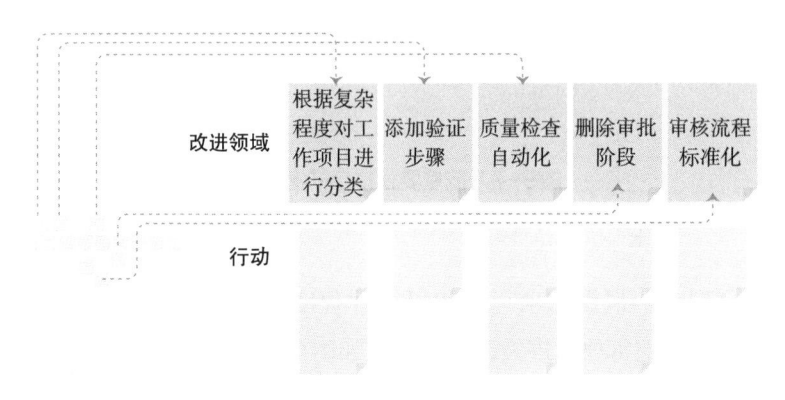

图9-6　将改进机会细化为各项具体行动

2. 确定各项活动的优先次序

如图9-4所示，记录板的第2部分是设定每项活动优先级的地方。以小组为单位，按照重要性对每项改进排列次序，在行动的右侧一栏写上相应的序列号（见图9-7）。根据对实现目标结果的重要程度，对每项可能做出的改进按重要性进行纵向排序。

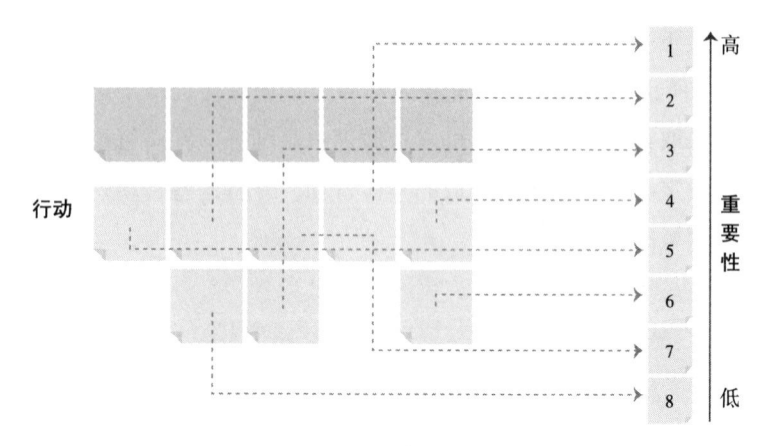

图9-7 按重要性排序的潜在改进

现在，根据每项行动的可行性程度，也就是完成的难易程度，建议把每项改进做横向排列，如图9-8所示。

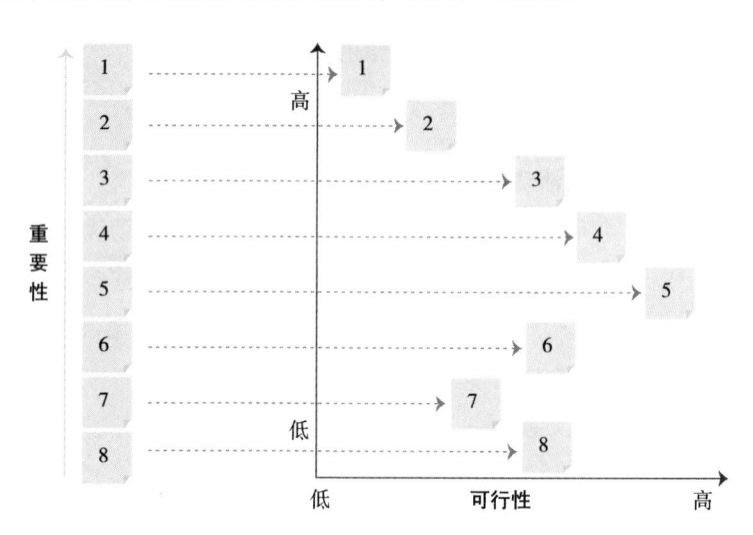

图9-8 按可行性程度进行横向排序

流程新范式
172

以下四项衡量标准可以帮助你确定可行性程度：

需要多人参与的活动比只需一个人参与的活动的可行性更低。
当前缺乏能力的活动比已具备能力的活动的可行性更低。
依赖其他团队的活动比仅依赖本团队的活动的可行性更低。
范围未知的活动比范围已知的活动的可行性更低。

接下来，说明项目之间的依赖关系，如图9-9所示。当一个项目的交付取决于另一个项目的交付时，我们就在图表上标出这种关系。例如，在图9-9中，项目3依赖于项目2，项目6依赖于项目7。

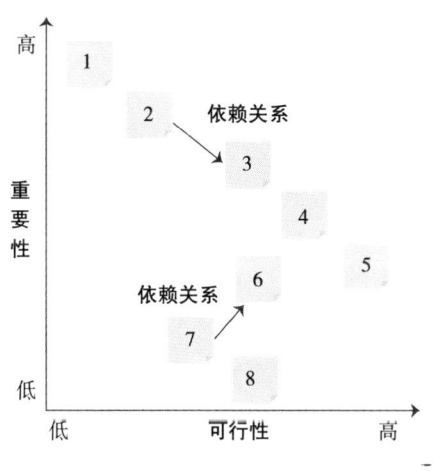

图9-9 标明各项活动之间的依赖关系

现在，根据改进建议（按重要性和可行性排列）与右上角的距离，将项目划分为当前、稍后和未来三个类别（见图9-10），并使用不同颜色来标示各个项目分属哪个类别。

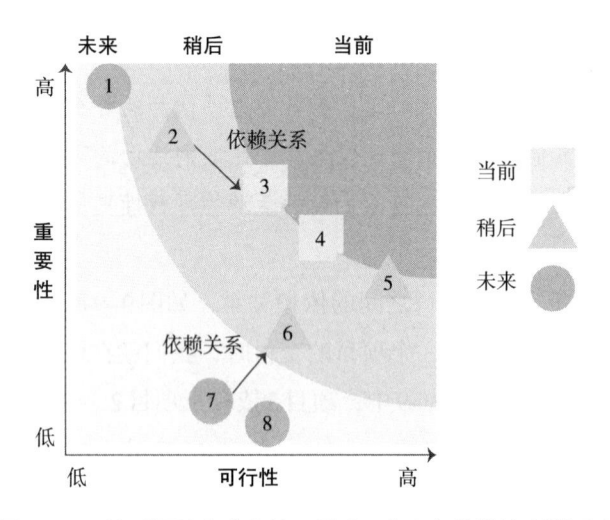

图9-10 按时间跨度（当前、稍后、未来）分类的改进活动

3. 将各项活动依序列入路线图

现在开始绘制实际的流程路线图，也就是记录板的第3部分，如图9-4所示。

复制上一步中的项目，并按照当前、稍后和未来的顺序排列，同时考虑各个项目之间的依赖关系，如图9-11所示。

例如，由于项目4的重要性和可行性都很高，且没有依赖关系，因此应优先做项目4。而虽然项目3的重要性和可行性也很高，但其依赖于项目2。因此，下一个优先项目是项目2，然后是项目3。

图9-11 按当前、稍后、未来的时间顺序排列的项目

接下来,确定"当前"项目的进度衡量标准。在这些项目下方添加另一张便笺条,标明一个或多个进度衡量标准,如图9-12所示。

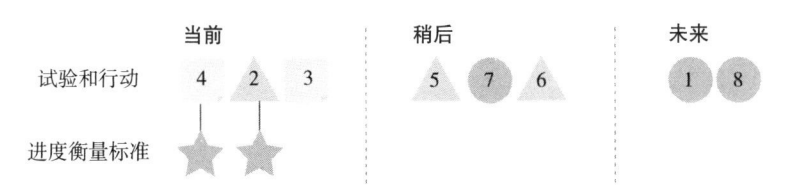

图9-12 确定进度衡量标准

进度衡量标准示例

选择合适的衡量标准来评估进度可能并非易事,不过有一个最简单的准则,就是扪心自问"如何知道自己取得了进展",这不仅对确保你以预期的速度朝着正确的方向前进至关重要,而且对于与同事、利益相关者和贡献者的有效沟通也极为重要。高德纳咨询公司(Gartnor)汇总过一些有用的衡量标准,如表9-2所示。

9 流程路线图

175

表9-2 涵盖技术、产品和业务方面关注点的高德纳流程衡量指标

技术	产品	业务
代码变更规模	前置时间	产品成本
代码交付速度	周期时间	产品价值
代码重构率	吞吐率	投入回报
代码审查变更率	进行中的工作	产品质量
代码质量	流程效率*	净推荐值
技术债务	工作项状况**	客户满意度

* 一个项目积极开展工作的前置时间百分比（总周期时间 ÷ 总前置时间）。
** 也称工作项分布[3]，既包括功能、缺陷、债务和风险，也包括试验或特定子类型，如返工。[1]

在价值流绩效方面需要考虑的其他一些有价值的衡量指标包括：

功能采纳率和使用率。
部署或发布频率。
变更失败率或逃逸缺陷。
平均恢复时间（MTTR）。
安灯呼叫机制（报告流程中的阻碍因素和问题）。
贡献者或利益相关者满意度。

此类指标并非唯一需要考虑的衡量标准。你也可以使用里程碑作为进度标记（例如，完成一项实验或调查，为某一依赖关系确定

---

[1] Source：Gartner，"Analyze Value Stream Metrics to Optimize DevOps Delivery," August 2020.

一个联络人，或实施一项变革促进更大规模的行动）。

衡量标准是基于控制论的控制系统的关键环节。衡量标准的选择是一项战略决策，衡量过多会浪费精力，过少又会让人无法看清全貌。衡量标准会影响行为，并且可能被人为操控或利用。团队需要根据目标成果来评估这些指标，防止出现只注重容易衡量的指标，而忽略长远或潜在的风险。

接下来，在进度衡量标准下方，根据团队成员的技能和能力为这些行动指定负责人。如图9-13所示，在"进度衡量标准"下面再添加一行便笺条，标注出负责人。

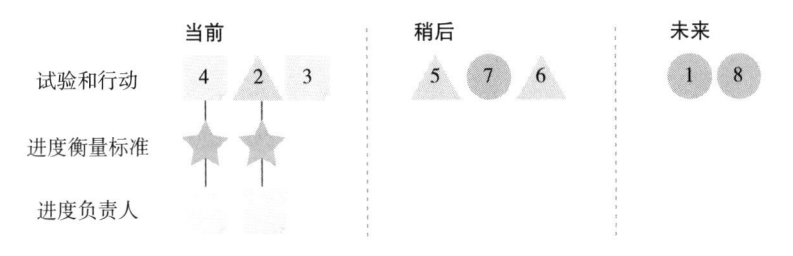

图9-13 添加负责人示例

注意事项

通常，团队应主要关注"当前"项目，但你的团队如果有能力，也可以将工作扩展到"稍后"和"未来"项目。但是团队必须认识到，计划的时间越长远，情况就越难以预测。

早期版本的流程路线图包含"进展方法"，但不包含负责人。这样做的目的是进一步明确"如何"实现持续改进，在此方面，V_2MOM等系统以及与迈克·伯罗斯（Mike Burrows）等思想领袖的对话都为我们提供了参考。迈克提出了"先衡量后方法"[4]的理念，这为绘图的初步设计提供了依据；不过在现阶段，方法并不那么重要，更重要的是由谁来领导这项工作。要让某个人来牵头，然后让他们自己来确定具体的实施细节。

重复与变化

你完全可以使用其他任何方法来绘制路线图或规划下一步。确定进度衡量标准并分配负责人对取得明显进展和明确责任非常重要，但重要的是采取行动，避免承担过量的任务。其他需要考虑的方面包括预期障碍和策略选择。

路线图中的项目可以根据目标和关键成果或其他大规模举措来组织安排或设定主题。以不同颜色把不同项目按"信息和数据可见度"或"提高的能力"等主题分类标识，有助于在你的工作与更高层面的举措之间建立联系。

在这一阶段，不妨开展回顾总结或后续调查，以获取经验教训并改进今后的工作，这可能是很有价值的做法。

约翰·卡特勒在他的博客文章中收集并分享了大量有价值的路线图规划和优先排序指南。他还收集汇总了大量实践经验，比如"确定优先级的超凡诀窍"[5]，为制定"当前、稍后、未来"的路线图提供了另一种循序渐进的方法。

案例研究 | 从洞察到行动：一家大型采购企业的转型

一家大型《财富》500强软件公司实施了一项流程工程计划，旨在提高采购缺陷解决流程的效率和价值产出。参与者包括交付、工程、项目管理、架构、产品管理和基础设施部门的负责人。过去几年,他们的愿景一直是提高开发人员的工作效率。

多年前,他们制定了一个路线图,试图通过技术变革和自动化来优化性能和效率。但这些措施并没有缩短流程时间,也没有提高客户或贡献者的满意度。价值流和依赖关系图显示,尽管之前所有的性能改进都集中在最靠近开发人员的自动化中间阶段,但在自动化工作的上下游(上游提供支持分析、调查和再造,下游则进行测试环境验证和全面发布回归测试)仍存在巨大的延迟和障碍。

这些环节的延迟长达数周,其中大部分活动产生的价值非常有限。整个流程针对两个关键问题的行动时间仅占5%。通过对问题的了解,团队明确了与关键问题相关的依赖关系,并确定了围绕两大主题的应对措施:信息和数据可见度、关键能力。团队意识到,他们缺乏关键信息来有效处理缺陷和管理缺陷流,也缺乏对所发现的洞察采取行动的关键能力。为了补足这些短板,团队开展了多项行动和试验,包括区分标准工作与非标准工作、与依赖团队建立对接关系,以及对测试环境状态和使用情况实施被动监控。

进度指标不是唯一的衡量标准。由于团队对这些目标缺乏可见度和明确的负责人,因此他们衡量进度主要通过朝着目标设定的里程碑的完成情况:

将应用内支持(自助服务)列入路线图的项目范围。
指定应用依赖关系的联络人。
对客户拓展和定制进行分类并界定范围。
记录问题最严重的五大客户用例。
列出"定制化程度最高"的客户名单。

确定基础设施状态可见度的范围。

上述每一项变革都直击要害,而且切实可行,为真正实现进展、取得目标成果奠定了基础。此外,它们还为未来的时间节点制订了清晰的行动计划,完成改进也比较容易,也为后续进一步改进提供了机会。图9-14显示了从挑战和想法到确定优先次序和绘制最终路线图的整个过程。

团队状态经历了巨变——从过去缺失方向感,对未能改善关键措施而感到沮丧,到如今形成清晰一致的认识,重点关注与最关键的热点问题直接相关的行动。

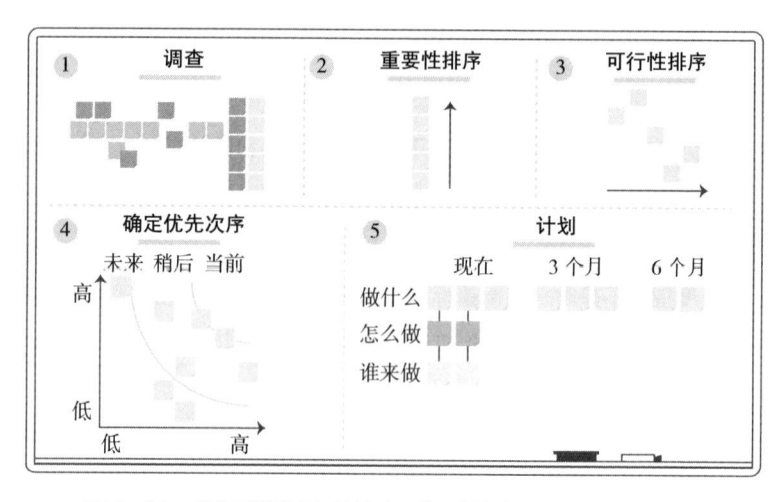

图9-14 从问题领域和关注点到行动的流程路线图创建过程

结　论

创建流程路线图可以为你维护的其他任何路线图提供支持,

如产品路线图和技术路线图等。流程路线图是一种提高团队能力的计划，通过改善流程，可以提高交付成效，从而更快、更高质量地完成所有工作。

该方法可以相对快速地确定优先级和估算工作量。与其他流程图一样，我们的目标不是制订一个完美详细的计划，而是让团队对全局形成清晰的认识，以便在采取下一步行动，乃至之后的所有行动时都充满信心并保持步调一致。

有了对各项行动的明确定义和优先级排序，就能更从容地制定出让大家充满信心的路线图，即便是一开始持怀疑态度的高层管理人员也会对路线图刮目相看。路线图还提供了共同愿景，每个人都可以根据这一愿景朝着正确的方向前进。

流程工程的关键是找到有效行动的最快捷途径。在所有可能的目标中，成果图将确定哪些目标的价值最大。在工作流程的各个部分，价值流图和依赖关系图可以明确哪些制约因素的影响最大。在所有可能的活动中，未来状态图和流程路线图会让团队关注哪些变化将改进流程。这是实现目标成果的有效方法，同时能防止团队迷失方向和分散注意力。

专注度固然重要，但在大型企业中，我们还需要扩大规模，并持续开展改进工作。在第3部分，我们将探讨如何利用控制论原理来扩大流程工程的影响，并利用其他技术来应对企业规模和复杂性的问题。

主要启示

- 将流程工程研讨会中获得的洞察绘制成图并进行优先级排序，以创建清晰、可操作的路线图，即流程路线图。
- 流程路线图与其他计划文件（如产品和技术路线图）相辅相成，重点在于改善流程，即如何完成工作。
- 流程路线图罗列了不同时间跨度内的行动、衡量标准和责任分配。
- 流程路线图作为清晰、直观的工具，可以与领导层、同事和其他贡献者共享。

注 释

1. Stickdorn et al., *This Is Service Design Doing*, 139.
2. Martin and Osterling, *Value Stream Mapping*, 27.
3. Kersten, *Project to Product*, 90.
4. Burrows, "#2MBM: Meaning before Metric, Measure before Method."
5. Cutler, "TBM 245."

第 3 部分
流程全局

FLOW
ENGINEERING

10
流程工程的原则

> "方法可能有成千上万种，而原则只有少数几条。把握原则的人，能够成功地选择自己的方法。"
>
> **哈林顿·埃默森**（Harrington Emerson）

绘制好从当前状态抵达目标状态的流程图后，本章将围绕如何开启这一进程，并促成较大规模、较长时期的流程运转提供指导。

纵观全书，我们一直在强调：要想采取有效行动，就要界定有价值的目标成果，明确取得进步的途径，然后坚定不移地努力改善流程。带领并引导团队完成流程工程的整个进程并不复杂，但仍然需要勇气和清晰的思路。

本章首先会分享一套原则，为你的流程工程工作提供指导和参考信息。由于在组织成员中灌输原则需要灵感、纪律及正念，第11章会就如何在改善流程的过程中领导团队提供建议；第12章会指出团队经常遇到的障碍，并分享避免这些障碍的方法；第13章会说明各项流程工程绘图实践如何聚沙成塔，最终成功实现价值流管理，换言之，说明各项绘图实践是如何基于上述原则，持续不断地优化绩效的；最后，第14章会介绍如何稳步提升你作为领导者的影响力,并将其扩展至团队以外更广泛的组织。

从当前状态出发,不断前进,直到抵达目标状态,这一进程需要整个团队采取有效行动。而要想大幅提升整个团队或组织的绩效,最可靠的方法就是秉持一套核心原则并且据此不断训练。

原则的力量

有效行动有赖于每位团队成员确定价值、建立清晰度、促成流程的能力。正如第2章所提及的,规模问题的解决方案存在于从规定性方法到生成性方法的连续体上,而流程工程则着眼于在这一连续体的两极之间取得平衡。

这两类方法源自看待一个组织的两种不同方式。规定性方法认为组织像一台机器,能够被设计和操控;生成性方法则认为组织由有生命力的成员组成,他们自身的价值观和对事物的理解必然决定着各自的行为。

这两种方法各有其必要性,具体来说,这是因为组织本身具有双重性:正如弗利特乔夫·卡普拉(Fritjof Capra)与皮尔·路易吉·路易西(Pier Luigi Luisi)在《生命的系统观》(*The Systems View of Life*)中所述,组织既是经过人工设计的系统,也是富有生命力的系统。[1]正是因为这种双重性,在查明组织遇到障碍的原因、探求推动组织成功的方法时,就会产生两种截然相同的视角。流程工程的目的在于确保过程转型不仅具有战略导向,而且要获得参与者内驱力的支持。持续推动和扩大转型的最有效方式之一就是教授参与者一套适用于多种情形且简单、可重复的原则。

在流程工程的背景下,原则极为重要,这是因为它能够在各个阶段给任何人提供指导。原则不仅面向成员个体，还适合引导大型群体采取有效行动。比起规定性方法或操作指南，原则的适应性都更强。原则是归纳性的概述，可方便地应用于多种模式。正如协作绘图是有效合作的强大助力，原则也是有效行动的强大助力。

根据控制论，原则相当于一种分布式、非线性、由内而外的系统。分布式是指原则能够深入每个成员的脑海，相比细致的操作指南，原则更容易从被动记忆中调取出来。非线性是指原则可不同程度地应用于各种环境，也可由许多个体同时应用于不同的情形。所谓由内而外的系统是指，原则允许个体成员在遵循共同准则、采用相同导航系统的条件下自主行动。

原则是决策过滤器

决策过滤器是一种广泛运用于各种方法论的工具，用来精简和优化决策程序，尤其在商业管理和项目管理领域。其核心观点是利用一套标准或"过滤条件"，先进行筛选，再做出正式决定。决策过滤器的结构如下："若要在X和Y之间进行选择，我们选择X而不是Y。"这样，决策过滤器就可将组织的价值观确立下来，在日常决策中发挥实际功效。

微软公司CEO萨提亚·纳德拉（Satya Nadella）遵循的原则就是一个例子，他认为"如果要在开发功能和提高生产力之间进行选择，开发人员应该始终选择后者。"[2]过滤器有利于确保决策与战略目标、资源约束条件以及其他重要因素保持一致。在流程工程的范畴内，有两个具体的例子值得关注：敏捷决策过滤器与精益决策过滤器。

敏捷决策过滤器：在敏捷方法论中，决策过滤器着眼于灵活性、客户满意度及迭代升级。《敏捷宣言》（The Agile Manifesto）提出了一些相当于决策过滤器的价值观点，在任何决策的十字路口都可以此作为指引。[3]评估决策时会考虑对敏捷原则的遵循程度，比如"面对变化能否灵活调整而非按部就班"以及"注重个体和互动而非流程和工具"之类的原则。这些过滤器帮助团队遵循敏捷价值观，确保项目管理中的决策能提供迭代更新、灵活适应的方法策略。

精益决策过滤器：在精益管理中，决策过滤器着眼于减少浪费、提高效率、为客户创造价值等原则。评估决策时会考虑简化多余步骤、提高程序效率、为终端用户创造更大价值的能力水平。比如，戴维·安德森指出："客户价值第一，优化流程次之，减少浪费最后。"[4]这些过滤条件指导团队和组织按照精益思想做出决策，专注于优化运营，实现客户价值最大化。

在上述两种情况下，决策过滤器都作为一个指导框架，帮助团队和组织按照其整体目标和方法做出抉择。过滤器就像是检查关卡，确保决策对项目或组织的目标产生积极作用。接下来，我们会介绍流程工程的五项原则。

指导流程工程的五项原则

本节分享的五项原则来源广泛，但我们根据詹姆斯·P. 沃麦克和丹尼尔·T. 琼斯在《精益思想》一书中首次提到的内容，把它们梳理总结为五项精益原则。[5]其中，我们借鉴了该领域其他一些知名人士的相关观点，包括玛丽·帕彭迪克和汤姆·帕彭迪克、W. 爱德华兹·戴明、艾利·M. 高德拉特、史蒂夫·斯皮尔

（Steve Spear）及彼得·圣吉（Peter Senge）。这些思想者的观点大多是独立形成的，尽管存在一些细微差别，但我们在此处还是倾向于综合阐述他们的观点。

你可能会发现还有很多其他值得借鉴的原则，但以下是一套每个团队成员都应熟悉的极简指导方案：确定价值、绘制价值流图、创造流程状态、拉动而非推动、追求完美（见图10-1）。

确定价值　绘制价值流图　创造流程状态　拉动而非推动　追求完美

图10-1　五项精益原则

1. 确定价值

本书第1部分已经介绍过价值的绝对重要性。尽管价值这一术语已是司空见惯，但《评估价值》（Measuring Value）一文是这样描述其复杂性的：

> 价值是主观且多变的……物理学家和工程师计算质量、距离及能量，经济学家和会计师则记录和评估价值，他们使用的是同样的数学方法。但是价值从根本上就不同于实物。价值衡量的是某事带给我们的积极感受、对我们需求的满足程度，因而具有主观性和暂时性。[6]

正因为价值主观且多变，所以必须明确地确定价值。价值总是被特定的个体在特定的时刻体验到，也就是因人因时而异。它是一种欣赏的积极感受。有价值的产品会带来轻松喜悦或成效满满的瞬间。忠实的客户会付费获取这种价值,这种交易就反映了一个瞬时性的决策:客户在这一刻决定让渡某种价值来换取更具价值的事物。收益数据正是对各种条件和结果的汇总体现。

用美元表示价值,是一种将事物所有可能的特征简化为单一维度的方式。这好比秤可以通过重量维度简化物体,但却不能说明称重物体的细节特质、历史状况和潜能。简言之,秤无法区分一个人和一堆叠放的米袋。价值不是事物的固有特性,所以衡量价值的标准不可避免地存在主观性和多变性。[7]

价值的主观性带来一个有趣的难题。产品的生产和消费涉及众多主体,各个主体相互依存。每个主体都需要体验到"净正值",相互依存的关系才能长期持续发展。这就是数学家所说的"约束优化"。和游戏理论相似,这意味着最优解并非绝对最大化任何一方的利益。若是某一方利益的优化造成另一方利益的损失,系统就会失衡,危及双方的长期关系。

但也恰恰因为价值的主观性,优化难题才能够得到解决。价值交付是一种合作行为,而非零和博弈。绘制成果图的首要目的是帮助所有参与成员清晰认识到具体改进机会的价值所在。通过列举目标成果和种种益处,团队有可能对更远大的目标形成共同理解。

一张简单的成果图除了能有序梳理出成果、效益、障碍和后续步骤这四栏内容,还包括一系列关切事项。图10-2展示了一张标准的成果图,并对每项成果和效益的作用进行了分析。

价值是一种涌现出来的特性,由某个特定的人在特定的瞬间体验到，通过工作流程和反馈得以实现。评估一项工作相对简单，而价值因具有主观性，只能通过收集亲历者的反馈来进行衡量。每个决策、每项行动和每笔投资都应参考价值的相关信息。团队可以设计反馈机制来实现价值。

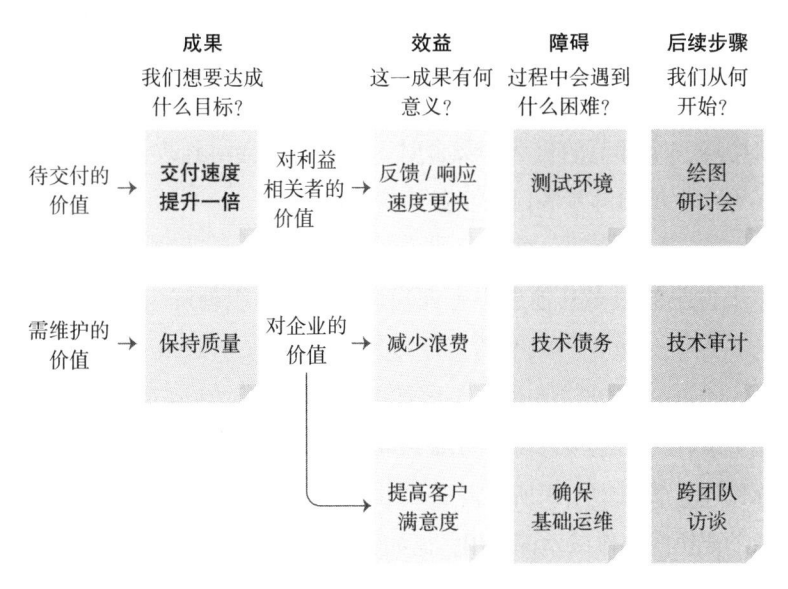

	成果 我们想要达成 什么目标？		效益 这一成果有何 意义？	障碍 过程中会遇到 什么困难？	后续步骤 我们从何 开始？
待交付的 价值	交付速度 提升一倍	对利益 相关者的 价值	反馈/响应 速度更快	测试环境	绘图 研讨会
需维护的 价值	保持质量	对企业的 价值	减少浪费	技术债务	技术审计
			提高客户 满意度	确保 基础运维	跨团队 访谈

图10-2 展示多种关切事项的简单成果图

2. 绘制价值流图

绘制价值流图是流程工程的核心。这是为什么呢？价值流是通过依序排列的各项贡献来创造效益的系统。由于这一系统的内部相互依存，其整体效能要优于各部分单独运作的效能总和。

当把注意力集中在一个难题上时，我们的大脑会自然地缩小关注范围，聚焦于这一问题。这会造成过分聚焦局部而忽略整体的情况，伊恩·麦吉尔克里斯特（Iain McGilchrist）曾在《大师和他的使者》(The Master and His Emissary)一书中对此有所提及。[8]量化和处理局部环节的改良也要容易得多,因为我们会发现,系统的各个局部有诸多缺陷。但是,除非改进措施专门针对系统的制约因素,否则就不可能真正提高产出。

每项活动都应该和价值流相契合。我们的内部工作模型需要不断调整,始终着眼于需要交付的价值。我们会有意或无意地尝试各种活动,但需要时刻管控那些无法带来效益的活动。当价值流中每一个环节的目标都契合时,流程自然会得到改善,因为那些不产生价值的步骤已被全数淘汰。

W.爱德华兹·戴明、彼得·圣吉、玛丽·帕彭迪克以及二十世纪的很多其他思想者都强调,要把组织理解为一个系统,这一点十分重要。戴明的"渊博知识体系"(System of Profound Knowledge)有四个主题,系统性思维就是其中之一。彼得·圣吉在其著作《第五项修炼》(The Fifth Discipline)中,把系统性思维称作建立学习型组织所必需的"第五项修炼"。构成系统的一系列活动要协同合作以发挥作用,比如实现业务目标。戴明的知识理论强调,管理者必须先理解自己所监管的系统,管理才能行之有效。

我们了解情况和解决问题时会做出假设,会套用特定的思维方式。西方理性主义使我们大部分人都习惯于线性思维。甚至我们用来表达信息的媒介也会扭曲我们的想法。如果团队主要使用幻灯片来表达信息,那么创作者和观众都很容易偏向接受非常简单、可借助图表逐一讲解的概念。如果团队主要使用电子表格,那么你会倾向于认为所有知识都可以整理成线性矩阵,都可以在线性系统中相加。而团队如果主要使用文本文档,那么你又会倾向于认为以文本形式表达的线性系统就足以描述清楚某种情况。

流程新范式

戴明指出，部门间的内部障碍会中断信息流及物料流，从而干扰系统运行。[9]他的研究表明，组织应该促进跨部门和跨团队的合作，这样才能改善整体流程。

绘制价值流图（像任何绘图活动一样）是一种可视化的交流方式（见图10-3）。前言部分提到，人类30%的大脑活动是在专门处理视觉信息。[10]同样，"丰田模式"的第7原则也强调利用可视化控制措施来发现隐藏的问题。[11]简单的可视化指标和概要总结仅用一页纸就得以呈现，但其效用却颇为显著。

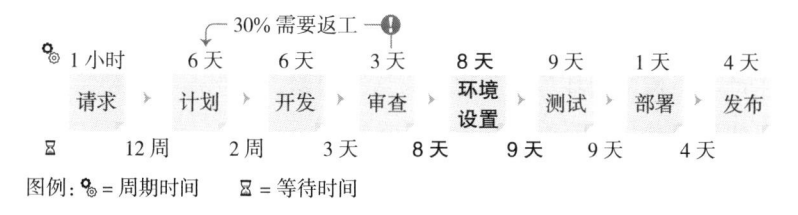

```
              ┌─30%需要返工─┐
   1小时    6天    6天    3天    8天    9天    1天    4天
   请求 → 计划 → 开发 → 审查 → 环境  → 测试 → 部署 → 发布
                                 设置
          12周    2周    3天    8天    9天    9天    4天
```

图例： = 周期时间　　 = 等待时间

图10-3　简单的流程工程价值流图

可见度带来可观测性，可观测性进而带来清晰度。可观测性是指通过衡量某一事物的外部特征推断其内部状态，而这依赖于可见度和背景信息。换言之，拥有推断事物内部状态的能力，正是形成清晰认识和构建适当解释模型的基础。

清晰度是我们能够施加影响并引起改变的最关键的资源。而我们能否做出准确响应，从而节省时间和精力，正取决于对最有效方法的清晰认识。所以，努力提高清晰度能够帮助我们避免浪费和防范风险。

3. 创造流程状态

"丰田模式"的第2、第3和第4条原则分别是创造流程状态、避免过量生产以及均衡分配工作量。[12]这三条原则彼此紧密相关。流程状态意味着运动的稳定性，也表明随着时间的推移，流出量与流入量相等。过量生产意味着把宝贵的时间、精力、资源投入生产无价值的事物，也就是所谓的浪费。避免这种浪费需要均衡分配工作量，也叫作平准化生产（heijunka）。均衡的工作量在时间及流程层面都能够实现一致性，再次表明流入率与流出率大致相当。这样一来，即使是在暂时性或局部性的生产阶段，也不会出现过量生产的情况。

连续的生产流程状态能够让问题暴露出来。在形成这种稳定的流程时如果组织遇到困难，就说明流程中存在导致停滞、过量生产、不均衡的环节。要想解决这些问题，组织需要使物料和信息快速流动，将流程和人员联系起来。

如图10-4所示的价值流图突出显示了每个生产阶段之间的等待时间。可以看出，等待时间大概占全部前置时间的80%（168天中占了131天）。各步骤之间漫长的等待过程与流动状态相悖。各阶段间之所以需要等待，往往是因为负责下一阶段的团队总是在忙于其他工作，不能迅速开始当前任务。

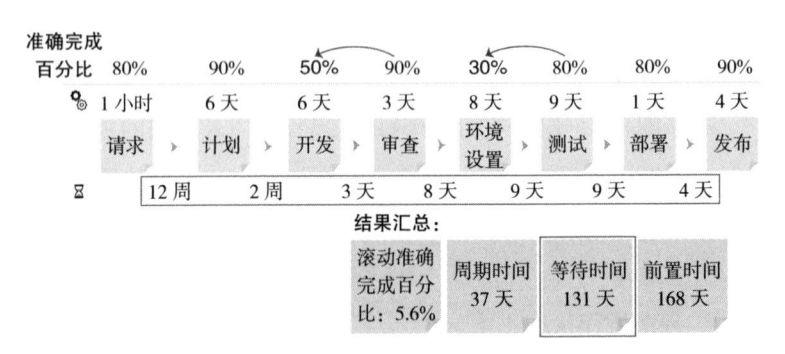

准确完成百分比	80%	90%	50%	90%	30%	80%	80%	90%
⏱	1小时	6天	6天	3天	8天	9天	1天	4天
	请求	计划	开发	审查	环境设置	测试	部署	发布
⌛	12周	2周	3天	8天	9天	9天	4天	

结果汇总：
- 滚动准确完成百分比：5.6%
- 周期时间 37天
- 等待时间 131天
- 前置时间 168天

图10-4　突出显示等待时间的价值流图

优化流程与优化资源利用相矛盾。《这就是精益》(*This is Lean*)一书把这种情况称为"效率悖论"。[13]最大限度地充分利用机器、人力或程序看似更高效,也叫作"资源效率",但只有把每项资源视作独立因素,所谓的资源效率才能成立。

这就引起我们再次思考,为什么系统性思维对于流程来说至关重要。罗素·艾可夫(Russell Ackoff)将这种相互依存的动态关系概括为:"系统从来不是其各部分的总和,而是各部分相互作用的产物。"[14]系统的各部分在运作时都会消耗价值,但整个系统需要协调一致地运作才能创造价值。因此,除非系统能够协调有序、运转良好,使产出的价值超过其消耗的价值,否则其运作就会面临亏损。

为了实现价值最大化,我们必须关注"流程效率"。资源效率关注的是单个贡献者,评估其工作时间占可用时间的百分比。相比之下,流程效率衡量的则是每项工作产品在理想情况下所需的生产时间(周期时间)在实际前置时间中占的比值。表面上看,这两种方法似乎都能最大限度地利用资源,但通过一直保持忙碌来优化资源效率,会导致前置时间和进行中的工作量大幅增加,从而阻碍价值的生产。[这背后的数学原理基于金斯曼近似法(Kingsman's Approximation)。]

我们习惯性地认为应该追求所有资源的利用率最大化。但是,系统不只是其各部分的总和。问题的根源在于工作的多变性。如果一个工作步骤所需的时间很少或完全没有变化(比如制造业中的纯操作性价值流),那么每种资源的利用率都可以接近100%。但如果工作所需的时间会发生显著变异(比如软件开发或设计领域中更偏向开发性的价值流),就需要留出一定的余量资源来应对这种变化。每个人如果都忙得不可开交，就很难有额外的时间或精力来应对新的挑战，而且总的等待时间往往会大幅增加。[15]将资源利用率提升到100%看似实现了个体生产力的最大化，代价却是无法应对任何变化。《这就是精益》一书使用效率矩阵（Efficiency Matrix）的概念对此进行了总结，如图10-5所示。

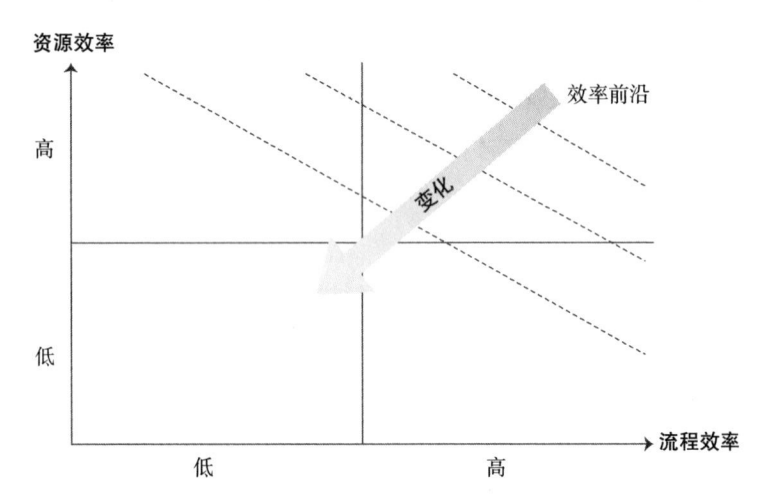

注：资源效率和流程效率之间的权衡关系形成"效率前沿"（Efficient Frontier）：潜在利用选项的范围，如右上角的虚线所示。工作的变化性越大，效率前沿就越向下推移。[①]

图10-5 效率矩阵

也就是说，变化会抑制效率。正因如此，早期尝试复制丰田生产系统成功经验的做法强调了减少变化的重要性，W. 爱德华兹·戴明在《转危为安》（*Out of the Crisis*）一书中对此有所阐

---

① Source: Modig and Åhlström, *This is Lean*, 105.

述。[16]例如，六西格玛管理方法旨在将变化和缺陷减少到六个标准偏差（σ-西格玛）以内，即每百万单位中仅有3.4个缺陷。[17]

资源效率和流程效率之间的关系也极少是线性的。只有当流程中每个阶段的变化数量都相同，并且都能在相同的时间内处理工作时，线性关系才会成立。在现实中，不仅工作产品存在显著变化，完成流程中不同阶段的工作所需的时间也存在显著变化。即使在可以系统性地减少变化的制造业流程中，生产流程的某一阶段也总会比其他阶段花费更长的时间。

艾利·高德拉特对管理学的主要贡献在于提出以下观点：在任何给定的时间点，流程总是受限于唯一制约因素。这就是著名的"制约理论"（Theory of Constraints，TOC），也是高德拉特的知名著作《目标》（*The Goal*）一书的主题。"制约理论"认为，只有当制约因素得到改善时，组织才能提高系统的总产出。[18]这种制约因素可能来自文化、流程、环境或技术层面。如果没有恰当的观察方式，就不一定能发现制约因素。要想提高效能，就必须针对制约因素进行优化。

根据高德拉特的观点，解决制约因素需要采取五个重点步骤。这五个步骤是对改进流程的"制约改善"过程的提炼，具体如下：[19]

界定制约因素。
利用制约因素。
一切服从于制约因素。
提升制约因素。
重复这一过程，避免产生惯性。

10　流程工程的原则

绘制价值流图能让我们将工作流程可视化为一个横向发展的过程。通过审视端到端的整个流程,我们可以发现限制整体绩效的主要制约因素。影响最大的制约因素总是出现在工作流程中的某一点上(见图10-6)。要想解决这个问题,我们可以通过绘制依赖关系图,进一步观察受限活动内部(或其上游)的情况。我们可能还需要扩大范围,对造成制约因素的外部依赖关系进行处理。把作为主要制约因素限制着整体横向流程的这一纵向切片都妥善解决,正是提高绩效的关键所在。

	6天	3天	8天	4天	1天	4天
	开发	审查	环境设置	测试	部署	发布
	3天	8天	9天	1天	4天	

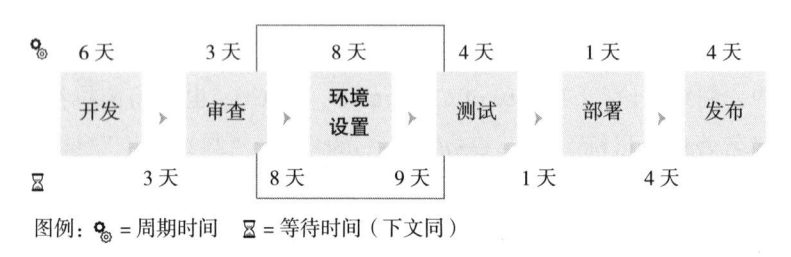

图例:⚙ = 周期时间   ⌛ = 等待时间(下文同)

图10-6 制约理论步骤一:界定制约因素

接下来,我们要尽可能多地利用制约因素的价值,例如提高某项资源的利用率(见图10-7)。

利用率80%	利用率80%	利用率95%	利用率80%	利用率80%	利用率80%
6天	3天	8天	4天	1天	4天
开发	审查	环境设置	测试	部署	开发
3天	8天	9天	1天	4天	

图10-7 制约理论步骤二:利用制约因素

流程新范式

第三步是让其他一切事项都服从制约因素。这可能涉及统筹安排，减少该步骤前后的等待时间，以避免工作积压，也可能涉及确保上游的质量和可靠性。资源利用率可调高或调低，以便为突破制约因素提供最佳支持（见图10-8）。

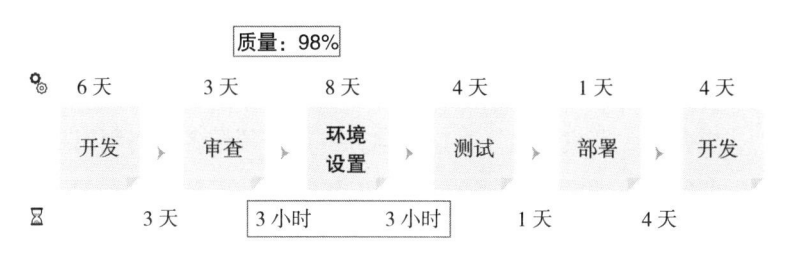

图10-8 制约理论步骤三：一切服从制约因素

制约理论的第四个重点步骤是提升制约因素。在围绕制约因素进行组织安排后，团队如果还需要提高产出，那么唯一的选择就是提高制约因素本身的产能，例如增加额外的并行资源（见图10-9）。

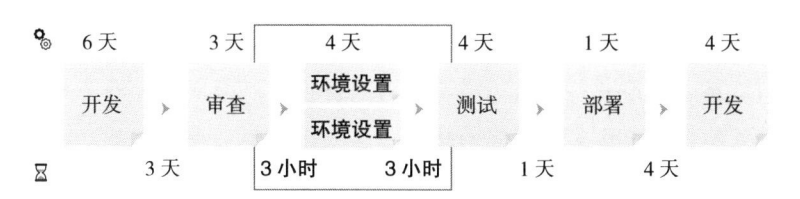

图10-9 制约理论步骤四：提升制约因素

4. 拉动而非推动

避免生产过剩利用的是拉动系统而不是推动系统。这意味着只在客户有需要时按他们需要的数量来提供他们需要的产品，不多也不少。

一个简单的线性流程就足以管理日复一日稳定生产的最简单的流水线。然而，即使只有一个变量，它也足以破坏这一流程的稳定性，而客户的需求总是多变的。这就是拉动系统如此强大的原因——拉动系统使整个生产系统与客户需求同步，避免了过量生产。

史蒂夫·斯皮尔在《高速度优势：市场领导者如何利用卓越的运营能力击败竞争对手》(*The High-Velocity Edge: How Market Leaders Leverage Operational Excellence to Beat the Competition*) 一书中提出了一套"理想"的原则，总结了拉动系统在许多方面的重大价值。正如他所说：

这一理想状态意味着生产和交付应做到：
毫无瑕疵——绝对不损害客户满意度。
按需生产——只满足实际需求。
一次一件——为有需要的人提供他们恰好能用的产品，而不是让他们为日后需求提前储备而致负担过重。
迅速供给——及时为有需要的人提供其所需之物，而不是迫使其等待，但在无法做到的情况下，也可以备下少量成品，以保持供应及时的形象。
零浪费——绝对不把时间、精力、创意等浪费在无价值之处。
保证安全——确保没有人受到身心伤害或职业威胁。
保密——确保材料、服务或信息只提供给有需要的人，而不会泄露给他人。[20]

上述理想状态说明，拉动系统对价值、清晰度和流程有着重大影响。推动系统往往基于对未来可能产生的需求的猜测，而拉动系统仅由既定需求（价值）驱动。"推动"意味着我们的工作需求不明确，这导致一种假设——即使没有需求，也应该进行生产；"拉动"则在需求和交付之间建立起了直接联系。创建一个基于拉动的工作系统并非易事，但每迈出一步都会带来价值的提升、清晰度的提高和流程的改善。

拉动系统在组织中的表现形式多种多样，下面我们来看看这一系统适用于个体贡献者和依赖型团队的三种方式：

作为个体贡献者，我如果能够拉取工作、信息或功能（按需访问），就可以按需完成工作，避免在任何规定时间内出现工作延迟或超负荷的情况。与其一次性接手一批待处理的工作（这些工作本来可能由他人完成，也可能在我着手处理之前的等待过程中失去时效性），不如在我力所能及时一次只拉取一项任务。与其让一个测试环境闲置着，等待使用，不如在按需分配的动态共享资源池中，动态启用或预留所需的产能。如果能通过自助服务（如共享文档）或信息展示板（如仪表盘）从其他团队拉取信息和功能，我就不必打断其他团队的工作。我可以直接拉取所需资源，避免打断别人的工作或分散别人的注意力。

会议常被用来传播对接收者有价值的信息，但许多会议往往包含大量低价值信息（噪声），高价值信息（信号）却很少。规模化运营的企业普遍存在参会积极性低和会上分心的现象，这意味着即便出席了会议,与会者也不在状态。如果成功获取信号,那么即使存在噪声也无妨。所以相比之下,企业宁愿在传递信息时产生浪费,也好过面临信息传递失败的风险。基于拉动的等效方式就是在共享系统中发布信息,让接收者按需拉取。

对于共享服务团队等依赖型团队来说,除非把每一次拉取(每一次援助请求)都放进缓冲队列,不然它都会造成一次工作中断。缓冲队列会造成延迟,从而影响按时交付。通过实施优先级排序和分流(将不同类型的请求分配至不同的处理路径并予以不同优先级),企业会更容易降低排队成本(延迟),并利用其带来的好处(缓冲)。通过运用自助服务功能,甚至像团队API(一种定义团队信息、能力和职责的规范,我们将在本章稍后讨论)这样简单的功能,企业可以避免造成中断或延迟,同时可以让依赖型团队在有需要时就能够获得所需资源。

拉动系统的本质是极简化、按需参与和以价值为中心,因此它效率高、效果好,不仅能最大限度地提升价值、清晰度和流程,还能提高可见度和可测量性。我们如果能够测量从需求出现到需求得到满足之间的时间,就能理解并提高行动、学习和适应的速度。我们越是依赖"推动"这种行动模式,就越会在流程中引入风险、浪费、延迟、假设和负担。而"拉动"模式则可以做到"刚好及时、刚好足够"以及参与人员"刚好合适"。

如图10-10所示,拉动系统能够非常有效地缩减批量规模。这可以降低系统中的库存量(包括进行中的工作),还能使系统变得更加灵活、反应更快,从而增强流程状态,减少产品在流程中停留的时间。此外,缩小批量还能降低有害的认知负荷。例如，如果大批量的变更造成生产故障，那么我们难以分辨出具体是哪一项变更引发了故障。而小批量部署可以降低这种风险，并精确定位故障源。

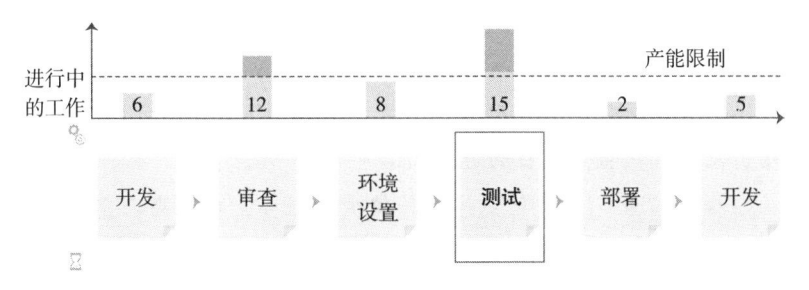

图10-10　进行中的工作过多意味着缺失拉动系统

我们在第8章关于绘制未来状态图的"注意事项"中提到了限制进行中的工作。限制进行中的工作是管理制约因素的一个典型例子，与人们的直觉相反，限制进行中的工作其实能让你完成更多工作，原因如下：

改善沟通与协作：限制进行中的工作意味着团队的注意力不太会被分散至不同的项目，从而提高工作凝聚力和协作性。

更容易识别瓶颈：由于并行任务数量减少，工作流程中的瓶颈变得更加显而易见，也更容易被解决。

更容易确定优先次序：限制进行中的工作迫使团队优先处理最关键的任务，使实际工作与关键的项目目标保持一致。

制订更有效的计划：限制进行中的工作能提高工作流程的可预测性，从而更好地进行规划和预测。

鼓舞团队士气：通过限制进行中的工作，工作量更易于管理,这有助于防止过度工作,从而提高团队士气。

提高灵活性和响应能力:限制进行中的工作能够减少先前工作造成的束缚,使团队快速适应需求的变化。

减少情境切换:一次只关注数量较少的任务,可以减少在各种情境之间的切换,从而提高效率。

提高完成速度:限制进行中的工作有利于加快任务的完成速度,从而加快整个项目的进度。

提高质量:一次只关注数量较少的任务,可提高产出质量,减少错误。

提高专注度和生产率:专注于少数任务,可降低有害认知负荷和注意力分散的风险。

单件流是限制进行中的工作的极致状态,即在工作流程的所有给定阶段,都只开发或运作一个工作项。尽管实施起来极具挑战性,并且通常不太可行,但单件流为价值流中的工作提供了无可比拟的简洁性、清晰度和专注度。当个体贡献者不再同时处理多项任务时,他们的有害认知负荷及分心现象都会减少,而且因情境切换而造成的浪费也会减少。在单件流的流程或阶段中,团队成员通常会"集体行动",共同处理某个工作项。这不仅可以让信息流最大限度地在整个团队内实时流通,还有助于新成员避免不知所措,快速加入不太熟悉的工作。单件流还具有极高的可测量性。如果系统内部在任何给定时间都没有大批量的工作流动,那么每个工作项都能得到更清晰的测量,流程中的制约因素在日常工作中也会变得更加明显。反之,你如果能够轻易地切换到另一项任务,而将当前任务面临的障碍或延迟问题抛之脑后,就会很容易忽略某个制约因素。

5. 追求完美

在精益生产中,追求完美的方法是不断消除浪费。浪费的产生直接或间接地源于无法以更高效的方式理解或交付价值。因此,学习对于消除浪费至关重要。

正如艾米·埃德蒙森(Amy Edmondson)、罗恩·韦斯特鲁姆(Ron Westrum)、谷歌的"亚里士多德"项目等所强调的那样,促进学习的隐含前提是形成一种心理安全感。戴明倡导的主要观点之一就是消除组织中的恐惧感,并赋予员工权力。[21] 戴明深知,恐惧在组织中会产生负面效果。鼓励员工公开沟通,让他们不必担心因为上报问题而被报复,这对于识别和解决阻碍流程的因素至关重要。

采用科学的方法来学习最为可靠。简单来说,科学的方法意味着首先要对我们试图理解的系统建立相关心理模型,再利用这种模型提出相关假设,然后进行测试来推翻或验证假设。

最可靠的测试通常只改变一个变量。也就是说,我们要从稳定的起点出发,做出单一的改变。由此显而易见的是,科学的思维依赖标准化。标准化创造了稳定性,而这种稳定性反过来又能让我们注意到并理解测试中可能暴露出的种种差异。

采用科学方法的第二个要点是愿意接受错误。对与错的感觉是完全相同的,不同之处在于察觉到自己错了。因此,正如凯瑟琳·舒尔茨(Kathryn Schulz)在《失误》(Being Wrong)一书中提到的那样,学习是对心灵的纠错。[22] 也就是说,这个过程会让人感到不舒服。因此,学习需要耐心、谦逊,并且刻意让自己处于能察觉自身错误的情境中。

我们现有的大多数心理模型都是隐性的，我们内心深处也渴望它们都是正确的。但是我们的"确认偏误"（confirmation bias）会将信息组织成这些心理模型，通过忽略那些我们所不理解的信息来简化这个世界。学习则意味着放弃这些已经存在的模型。

这正是精益生产中广为流行的"走出去亲自看"（genchi genbutsu，日语直译为"现地现物"）这一理念背后的意图。我们需要到实际工作的地方，这样既能获得可靠的信息，又能检验我们的假设。

组织中不应该只有少数成员才具备这种科学思维，每个人每一天都应该系统性地运用科学思维。"停止生产线"（jidoka，日语直译为"自动化"）是指，在问题出现时立即停下来并在现场解决问题。这说明整个组织都在不断追求质量。

结　论

绘制和创建流程路线图为你提供了一个改善流程的坚实起点，以及如何把握已发现机会的具体干预措施，但从此刻开始，你的行动和决策需要以清晰的思路为指导。本章提出和引用的原则不仅可以帮助你有效地规划后续工作，还可以在你绘图和分析绩效时，帮助你优化绘图做法、发掘新的见解。

在下一章中，我们将进一步介绍具体的领导和控制机制，让你易行正确之事，难犯差池之错。

主要启示

- 原则为决策提供了可扩展、可调整并且适用的指导，帮助我们在流程工程的实践内外采取有效行动。
- 原则为流程工程提供支持，指导我们妥善利用绘图过程中获得的信息。
- 精益生产的几个阶段——确定价值、绘制价值流图、促成流程、推行拉动系统、追求完美——为关键原则的应用提供了一个有价值的框架。
- 团队成员共同理解和应用流程工程的各项原则，使价值、清晰度和流程都得以实现。

注 释

1. Capra and Luisi, *The Systems View of Life*, 316.
2. As quoted in Kim, The Unicorn Project, 3.
3. Beck et al. "Manifesto for Agile Software Development."
4. Cottmeyer, "LK2009 Anderson, Scotland, and Hathaway."
5. Womack and Jones, *Lean Thinking*, 29–90.
6. Ring et al. "Measuring Value."
7. Ring et al. "Measuring Value."
8. McGilchrist, *The Master and His Emissary*, 47.
9. Deming, *Out of the Crisis*, 22.
10. Sheth and Young, "Two Visual Pathways in Primates."
11. Liker and Convis, *The Toyota Way*, 149.
12. Liker and Convis, *The Toyota Way*, vi.
13. Modig and Ahlstrom, *This is Lean*, 9.
14. Ackoff, *The Democratic Corporation*, 23.
15. Magennis, "How Does Utilization Impact Lead-Time of Work?" This site provides an excellent calculator to illustrate the mathematics of high utilization.

16. Deming, *Out of the Crisis*, Chapter 2.
17. Wikipedia, "Six sigma."
18. Goldratt, *The Goal*, Chapter 17.
19. Goldratt, *The Haystack Syndrome*.
20. Spear, *The High-Velocity Edge*, 183.
21. Deming, *Out of the Crisis*, Chapter 8.
22. Schulz, *Being Wrong*, 5.

11

统筹流程工程

> "对于有效领导力的最终考验在于是否真正实现了那些满足人们持续需求的预期改变。"
>
> **詹姆斯·麦格雷戈·伯恩斯（James Macgregor Burns）**

流程工程的原则为参与流程改善的所有成员提供了重要引导。但我们如果想让这些原则真正发挥作用，就必须持续不断地落实这些原则。持续落实原则需要纪律性和正念，相应地也就需要持续投入大量精力，而这些努力又依赖于对取得优异成果充满信心，这份信心又依赖于灵感与愿景。

改变团队的价值观、理解认知与行为做法属于一种文化变革。成功实现文化变革的首要驱动因素正是所谓的变革型领导力。这意味着需要围绕团队的能力范围提出一个启发性愿景，以激励并规诫团队沿着正确的方向前进，稳定且持续地提醒团队铭记原则，并反复指引团队专注于所追求的结果。本章我们会介绍如何统筹流程工程。

控制论与领导力

本书第2部分所介绍的五张流程图旨在确定价值、提高清晰度并促成流程，从而帮助团队采取有效行动。为了在扩大规模的条件下理解有效行动，我们需要再次审视控制论的概念。

你如果在组织中积极倡导变革，就要负责安全地实现变革。为了使变革安全落地，你必须控制风险。而要想控制风险，你需要有能力在出现问题时快速、高效应变，以防微杜渐，避免小问题干扰整个计划。

正如约翰·C. 马克斯维尔（John C. Maxwell）在其著作《领导力21法则》（*The 21 Irrefutable Laws of Leadership*）中提出的，领导力仅仅意味着影响力。[1]从定义来看，领导者依托被领导者而存在。人们以领导者为榜样，从领导者身上获得启示，并听从领导者的言论。因此，领导者对自己的言行举止与内心想法的控制会间接影响所带领的团队。我们称之为"由内而外的领导"。

领导者的作用在于承担风险与责任，在巨大的不确定性中引导他人朝着有利的方向安全前进。流程工程涉及一种特别的领导力：带领团队循序渐进地提高个人与集体能力。团队如果越来越多地发掘潜能，而非仅仅运用已知能力，那么可能会面临巨大的不确定性，需要从每个参与者身上汲取经验。而要想判断工作是否按计划推进，我们必须建立起反馈循环。

设计反馈循环

在控制论的视角下，领导力的实现需要反馈循环，以此作为控制系统来发挥作用。控制系统，即让某个系统控制其他系统，或安全地与其他系统进行交互。反馈循环对于任何系统而言都是一个重要部分。在控制系统中，负反馈循环能将系统控制在安全范围内，正反馈循环则有助于催生可取的行为。

图11-1所示的简明价值流图呈现了一个多元反馈循环与行动的范例，以便我们更好地理解工作流程。宏观反馈循环依据客户偏好进行界定，而每一个工作阶段以及不同工作阶段之间的微观反馈循环则由团队的内部标准界定。

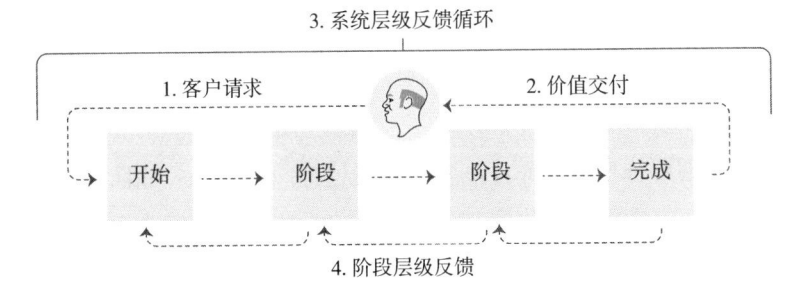

注：从客户请求到价值交付的循环构成系统层级的正反馈循环，这一循环能够推动团队成长，促使团队汲取经验，调整表现。内部反馈循环是典型的负反馈循环，这一循环有利于团队实现更加精细化的控制与经验总结。

图11-1 一张描绘多元反馈循环的价值流图

组织的目标是理解并响应客户偏好，因此需要获取客户情绪（宏观反馈循环），这是实现重复销售与维护可持续客户关系的一个先行指标。不同工作阶段之间的反馈循环提供了在流程内进行质量控制的方法，可避免交付给客户的产品存在缺陷。

反馈循环必须围绕待解决问题准确调适，"对症下药"。对错误的信号做出反应会导致高昂的成本产生，而做出错误的应对则可能浪费资源。此外，低价值反馈过多也可能成为陷阱，你必须确保目标明确且具有价值。同时，你需要那些能引导业务活动流向预期成果的信息。反馈循环必须随着目标成果的变化而变化。

每一个目标都对应着不同的关键成果，以及反馈进展情况的具体衡量指标。

反馈循环能够帮助我们确保系统受控。试想一下，如果你的身体或你开的汽车难以控制或不可控制，这种情况是多么可怕、危险，多么令人感到难堪和沮丧！我们所做的每一件事都离不开控制，控制的缺失会带来许多危险。控制并非机械的精确与重复。以舞者为例，舞者通过控制使舞蹈富有创意，而一群舞者通过协作控制，能够呈现整齐划一、更加生动的舞蹈。

本书所分享的协作绘图实践正是这样一种方式：团队通过构建清晰度来实现对工作流程的控制。确立集体的价值观、形成清晰的集体认识、实现集体流程——这些简单的做法都与生物自然地控制其所处环境的方式一致，即通过理解和参与来实现控制。

执行流程路线图

彼得·德鲁克有句名言："战略是商品，执行是艺术。"[2]

绘制流程路线图，或者确定任何其他实现目标的前进路线，都是良好的开端。然而现实生活瞬息万变，优先事项也在不断变化，实际工作时长往往比预期的更久，我们还会因为受到干扰而分散注意力。很多重要计划在启动之后都未能完成。以下是一些有助于我们确保流程推进的势头不会减弱的方法。

节奏（rhythm）：团队需要按照每天、每周、每月、每季度及每年的节奏，回顾过去的进展（或陷入停滞的状况），并进行评估。定期制订计划并回顾进展能够形成一个反馈循环。这一循环是人的反馈循环：过去的我们提醒现在的我们需要在当下采取行动，现在的我们又会提醒未来的我们确保处于正确的轨道。这种做法对于一部分人而言早已是根深蒂固的习惯，但对于另一部分人而言却是完全不可接受的。不过，习惯是可以培养的，这一习惯就是在团队或组织层面建立起运行节奏的基本前提。

简单性（simplicity）：大部分改善举措失败的主要原因在于同时开展的事项过多。对于"面面俱到"的执念意味着我们要承担"一无所成"的风险。我们应当：一次只做好一件事。建立信心，再做下一件事。也正因如此，本书建议你在绘制流程路线图时只专注于一个改善目标，如果这一点对于你和你的团队而言容易实现，那就再好不过了。然后你们再开始着手其他事项，但务必循序渐进。

谦逊（humility）：团队学习的存在意味着我们并非通晓一切，因为无所不知的人无需学习。保持谦逊能够帮助你持续接收新信息，了解各种风险与机遇。

放大成功（amplify successes）：在团队内部分享或与其他团队分享进展和成功。流程改善往往十分缓慢且容易受挫，但共享最新信息能够让其他人更深刻地意识到，小的改善也是值得分享和庆祝的。此外，我们在学习过程中也应分享失败的经验教训。有些人和团队出于防御心态会表现得过度乐观，拥有承认真实状态的自信才是矫正这种误区的良药。

重新开始（begin again）：持续取得进展的关键就是在行动受挫后有能力重新开始。改善工作会不时陷入停滞，这是在所难免的。而要想重整旗鼓，你需要有鲜明坚定的决心。

平衡规定性方法与生成性方法

正如第2章提到的，业务流程管理有很多通用模板，这些模板分布在规定性方法与生成性方法的区间范围内。一些常见模板如图11-2所示，本书强调的最基本的方法就是价值流管理，并通过流程工程的绘图实践来启动和支持价值流管理。

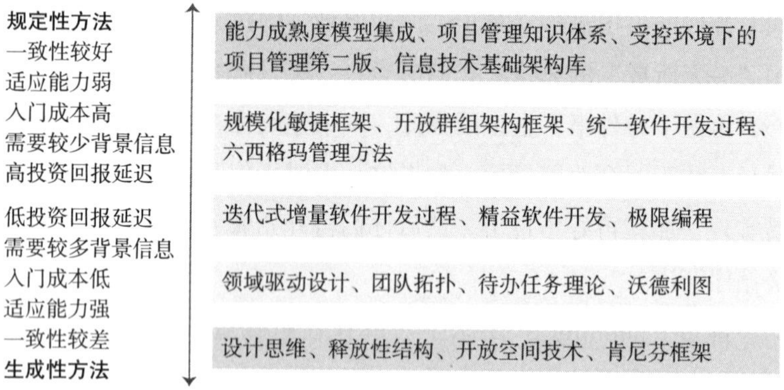

规定性方法	
一致性较好 适应能力弱 入门成本高 需要较少背景信息 高投资回报延迟	能力成熟度模型集成、项目管理知识体系、受控环境下的项目管理第二版、信息技术基础架构库
	规模化敏捷框架、开放群组架构框架、统一软件开发过程、六西格玛管理方法
低投资回报延迟 需要较多背景信息 入门成本低 适应能力强 一致性较差	迭代式增量软件开发过程、精益软件开发、极限编程
	领域驱动设计、团队拓扑、待办任务理论、沃德利图
生成性方法	设计思维、释放性结构、开放空间技术、肯尼芬框架

图11-2　业务框架是管理的模板

流程工程旨在平衡规定性方法和生成性方法。流程图的绘制顺序以及图中各个步骤的顺序体现了流程工程的规定性，提供了一个引导团队追寻目标、持续优化的框架。这种顺序应清晰明了，可重复操作，且保持相对一致，尽管不同情况下的最终结果总是不一样的，并且会因为不同组织和时间节点而有所差别。绘图实践过程中的非正式互动则体现了流程工程的生成性。我们无法事先预测他人在绘图实践过程中可能展开的对话与提出的见解。各项提示和练习是为了获取反馈，而反馈本身会反映参与者的亲身体验。

这也是为什么本书强调，绘制过程比绘图结果更重要。绘图是动态交互的现场活动，受到参与者的影响，也影响着参与者。

绘制完成的流程图是动态交互过程的衍生物，在绘图结束后仍然能够作为开启话题的有效工具，激发更深入的思考。但是，除非我们定期参考利用，否则这些流程图本身没有任何实际作用。

约束性制约因素与赋能性制约因素

书至此处，我们采用"制约因素"这一术语来描述在价值流中制约流程状态的瓶颈因素（正如上一章介绍的"制约理论"所述）。然而，制约因素并不总会造成负面影响，它在创建工作系统以实现最优流程状态方面也可能提供极大助力。

肯尼芬框架的提出者戴夫·斯诺登（Dave Snowden）使得制约因素二分法广为人知：约束性制约因素（governing constraints）与赋能性制约因素（enabling constraints）。[3] 约束性制约因素会制约或控制某些事物，而赋能性制约因素则会激发或创造可能性。

对于约束性制约因素与赋能性制约因素的划分并不体现制约因素自身的特征，而是反映了制约因素发挥作用的方式。同一个制约因素可能同时具有约束性与赋能性。例如，船帆会受到绳索的限制，绳索的约束可以防止船帆过度偏离理想位置，但同时绳索能够确保船帆在特定方向上获取风力，进而推动船只前行。

约束性制约因素制约或引导着特定类型的思维方式或行为模式，在一些可以事先确定解决方案的复杂领域最为适用。在价值流中限制流程状态的制约因素属于约束性制约因素，如图11-3所示。这种制约因素制约了下游工作的流程状态或质量，导致绩效下滑。因此，打破流程中的制约因素是我们快速改善绩效的首要工作。价值流中可能同时存在多种会产生负面影响的因素，但是总有一个制约因素产生的负面影响最大。

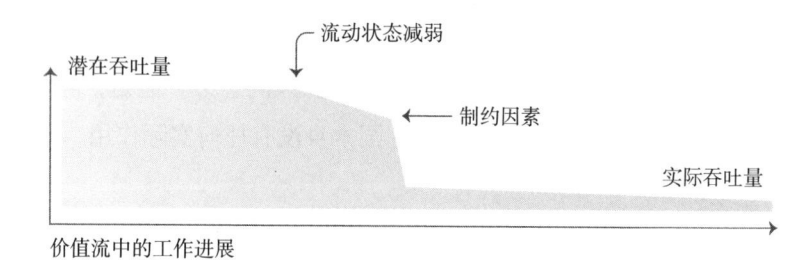

注：该图反映了制约因素如何对价值流中的工作流程状态产生明确且可测量的影响。

图11-3 价值流中的制约因素

赋能性制约因素是指那些能实现或促进某种特定行为的因素，在不断涌现新解决方案的复杂领域最为适用。生成性方法常见于创新和创意领域，更多地关乎探索与发现，能够促进实验、适应与学习活动。赋能性制约因素专为各种行动赋能。相比于约束性制约因素，赋能性制约因素并不会限制可能性，反而能够创造一个充分激发创意与创新的框架。

规定性管理系统强调的是通过批准或禁止某些活动来创造约束性制约因素。规定性方法涉及制定能限制任务开展方式的具体规则、指南及程序。约束性制约因素与这些规定性规则类似，也属于控制和引导行为的限令，旨在确保践行各项标准，实现安全性、合法性以及其他一些必要条件。约束性制约因素通常是为了让出错变得更难。

生成性管理系统则聚焦赋能性制约因素，具体做法有征求贡献者对特定问题的意见："我们应该重点关注什么领域？"问题本身就会限制讨论的范围，同时这种限制能激发参与者提出见解。赋能性制约因素可能包括一些充当讨论起始点或基础的基本准则、原则或价值标准,但也为个体参与者留有充足空间——可以探索各种不同的路径和解决方案。采取赋能性制约往往是为了让做对事情变得更容易。

由此可见,赋能性制约因素与约束性制约因素分别会改变某些行为实现的难易程度。为了就流程工程来说明这一点的意义,表11-1展示了这两种制约因素的几个具体例子。

表11-1 赋能性制约因素与约束性制约因素的具体示例

赋能性制约因素	约束性制约因素
流程图或画布	服务等级协议
目标和关键成果法或 V2MOM 框架	行业规范
技术平台	组织结构与层级体系
操作指南	限制进行中的工作
原则	安全政策

戴夫·芒戈(Dave Mangot)在《私募股权的开发运维一体化模式》(*DevOps Patterns for Private Equity*)一书中阐明了赋能性制约因素的作用:"如果想赋能团队,使之快速且安全地采取行动,而非对团队下达严苛的工作指令,那么我们可以让正确的做法变得更为简单。"[4]帮助团队成员有效且高效地达成目标有时也被称为"铺平道路"。

围绕如何确定某种制约因素最为适用的领域,克里斯·马茨(Chris Matts)提供了进一步指导:"只要不存在不确定性,约束性制约因素就是最佳解决方案。若是在这种情况下采用赋能性制约因素,那么最理想的结局都是低效的,最糟的结局则会带来不稳定性与破坏性。"[5]就流程工程而言,在稳定且一致的价值流中,约束性制约因素比赋能性制约因素更有助于优化和改进流程；而在混乱或不够完善的价值流中，赋能性制约因素则有助于激励正确的行为，同时不会过于烦琐或严苛。这意味着我们可以利用此类制约因素来提高一致性（通过限制具体行为），或激发创新（通过鼓励特定行为）。在鼓励特定行为时，我们应避免过早优化（管理过于严格）的问题，同时应避免缺乏指导或指引的情况（工作漫无目的）。

训练与指导

彼得·圣吉在1990年出版的《第五项修炼》中推广了学习型组织的概念。根据他的定义，学习型组织是指：

> ……组织将学习作为必备要素。在组织中，成员不断提高能力以实现目标，并形成新的思维方式，集体的抱负可以自由发展，人人都能持续学习如何作为组织中的一员并提高能力。[6]

世界瞬息万变，灵活的思维是一项极其重要的适应性技能。流程工程能够在个体与集体层面改变我们的感受、思维与行为方式，从而克服在提升价值、增强清晰度、改善流程方面遇到的挑战，让工作更有意义，也更好管理。

圣吉解释，要想建立学习型组织，必须先完成"五项修炼"：设定共同愿景、具备系统思考、改善心智模式、实现自我超越以及开展团队学习。[7]本书已介绍过其中三项修炼：设定共同愿景是绘制成果图的主要目标；具备系统思考是绘制价值流图和依赖关系图的核心；这些绘图实践都是人们在工作中改善心智模式的一种表达和同步。接下来，我们将围绕圣吉的另外两项修炼——实现自我超越和开展团队学习分享一些简短的意见。

自我超越

"不知道做什么"和"知道做什么但不想做"这两种情况是我们面临的常见挑战。对于第一项挑战，我们需要增强清晰度：认真观察、思考、讨论以及提高创造力。对于第二项挑战，我们则需要让内在价值经验（我们的感受），服从我们意识中认为有价值的事物，即修炼。

修炼如同心灵的举重。举重本质上是运用身体力量抵消重力，而修炼就是用具有意识意图的心灵力量抵消注意力分散和冲动性反应的干扰。持续修炼的结果就是把某种行为模式内化为自然的习惯，这样执行起来就更不费力了。詹姆斯·克利尔（James Clear）在《掌控习惯》（*Atomic Habits*）一书中曾对养成个人习惯的方法进行了非常全面的总结，丹尼尔·科伊尔（Daniel Coyle）在《一万小时天才理论》（*The Talent Code*）一书中也围绕如何培养人才提出了许多精彩的见解。这两本书都有一个核心观点：长期持续地累积小幅改善是关键所在。

培训可通过反馈意见来帮助团队内化修炼。培训师会就目标行为预设一种心理模式，他们会观察团队，警示成员不要犯错，提供指导，并表扬工作进展。这种做法实际上是一种长期持续、日积月累、关乎价值、清晰度和流程的练习，长远来看甚至是决定成败的关键。本书第2部分介绍了一些创造性的绘图练习，有助于团队为取得工作进展构建宏大的愿景。但是，恰如海上航行需要勇气和决心一般，落实流程路线图也需要耐心和持续努力。

培训师或领导者不应害怕自己或他人的不适感,这是其应具备的一项主要品质。执行计划不可避免会遇到困惑、挫折和干扰,但无论如何都要不懈努力。这不是一项轻松的任务,但很有价值。

团队学习与潜力

前文我们把领导力形容为勇敢地踏入未知领域,其中一个关键的未知因素就是潜力。要想在保持自信的同时激发他人潜力,就要拥有坚定乐观的心态,以及洞悉可能性的远见。这种乐观心态往往表现为一种自证预言。20世纪60年代,罗伯特·罗森塔尔(Robert Rosenthal)首次提出,如果引导教师相信自己的学生即将实现智识上的巨大提升,那么这些教师将推动期望成真。他说:"期望能够以上千种无形的方式影响教师与学生之间每时每刻的互动。教师对于那些他们期望会成功的学生,会给予更多答疑的时间,提供更多的具体反馈以及更多的认可。他们总是更多地与这些学生接触,更加频繁地向他们点头示意和微笑。"[8]

比起儿童,成年人更不容易改变,但是同样的原则也适用于训练成年人。当相信团队的潜力时,我们就会激发出这份潜力。这也意味着,在制定和维持高标准的同时,我们要积极热情地提供针对性的支持和帮助,以培养学习者所需要的习惯。

成果图和未来状态图都强调了团队的潜在状态,把关注点放在可能实现的目标上。但这两种流程图都暗含了一个前提:有一个有能力落地执行的团队。当团队设定好了有价值的目标结果,并预想了未来的绩效状况后,这种愿景也会改变他们的自我认同。在达成目标的过程中，他们对自身的期望也会提高。

团队学习要求全员就所处运作环境达成共识，并通过诸如流程工程的五张流程图之类的可视化方式呈现和巩固这种集体理解。由此，团队学习就能巩固个人学习：每个成员的理解都有助于增进团队其他成员的理解，我们周围的行为标准会使行为期望变得更加明确。

通过共同绘制五张流程图，整个团队有机会齐心协力改进流程。比如，当团队成员通过绘制依赖关系图以查明某一瓶颈的成因时，他们会构建完整的心智背景（价值观和清晰度）以突破该阶段的流程瓶颈。成员如果发自内心地积极改善某一流程，就自然会采取措施。

对于希望改善流程的团队而言，没有什么可以替代对团队的培训与指导，比如第10章所解释的那些原则。在《丰田模式（领导力篇）》（*The Toyota Way to Lean Leadership*）中，杰弗瑞·莱克（Jeffrey Liker）和加里·康维斯（Gary Convis）指出："丰田公司的员工经常会说，最能衡量一个领导者成功与否的标准就是这个领导者培训出的人所取得的成就。"[9] 现代企业的规模化发展带来了巨大挑战，我们需要把培训、沟通和自动化相结合，以应对挑战。

填补领导力缺口

我们必须清楚了解领导者在组织中有效控制风险所需具备的品质。2021年的《EDA高管发展趋势报告》（*EDA Trends in Executive Development Report*）调查了来自1 030家大中型企业的领导者，明确了实现有效领导力所必需的关键竞争力。[10]

领导者不仅要了解自己所在的部门或团队，还要了解整个公司。

在每个层面都能进行批判性思考。

交流更多，透明度更高。

有能力带领员工完成持续不断的变革。

鼓励员工进行批判性思考。

真正致力于职场平等与包容。

该报告也指出了下一代领导者的一些能力缺口。

有能力吸引、培养和保持实现业务目标所必需的人才质量。

有能力构建令人信服的愿景，并吸引他人参与其中。

有能力激励他人。

有能力交付结果，或以结果为导向。

有能力在超负荷的领导力环境下随时应对压力与需求。

流程工程为解决团队内部及跨团队的领导力需求提供了一种极简且能够灵活变通的方式。绘制成果图有助于构建并分享令人信服的愿景，进而激励员工采取行动。绘制流程图与评估绩效都有助于员工理解整个工作体系，推动其对制约因素进行批判性思考，并基于实证经验做出改善。而流程路线图能将各种洞见付诸行动，取得可衡量的结果。作为集大成者，流程工程广纳英才，吸引他们参与，为他们赋能，促成更有效的沟通、合作及行动。

结 论

实行大规模的组织变革必须先变革文化。流程工程中的各种流程图就是文化变革的一种实践，能够帮助团队树立共同目标，达成共识，并协同采取行动。

统筹开展流程工程需要具备变革型领导力：设定鼓舞人心的清晰愿景，展示真诚可信的榜样行为，提供因人而异的个性化指导，留给团队一定的独立实践和实验空间。

流程工程旨在平衡规定性方法与生成性方法，但也需要预测并运用适当对策以解决挑战，相关内容将在下一章深入探讨。我们应当充分利用作为流程工程支柱的基础原则，设置符合自己需求的赋能性制约因素与约束性制约因素，这样就能降低采用正确方法的难度，最大限度地提高成功概率。

主要启示

- 统筹领导工作流程需要设计反馈循环，确保团队不偏离正轨。
- 流程工程可以帮助团队采纳一种基于自身洞察所产生的战略焦点，旨在平衡规定性方法与生成性方法。
- 巧妙运用各种制约因素，让出错变得更难，让做对事情变得更容易。

注 释

1. Maxwell, *The 21 Irrefutable Laws of Leadership*, 11.
2. Quote is commonly attributed to Peter Drucker.
3. Cynefin.io, "Constraints."
4. Mangot, "Make the Right Way the Easy Way."
5. Matts, "Constraints that Enable."

6. Panagiotopoulos, Zogopoulos, and Karanikola, "The Learning Organization

According to Senge."

7. Senge, *The Fifth Discipline*, 12

8. Spiegel, "Teachers' Expectation Can Influence How Students Perform."

9. Liker and Convis, *The Toyota Way to Lean Leadership*, 41.

10. Hagemann et al., *Trends in Executive Development*.

12
规避误区

> "控制时钟，而不是遵守时钟。
> 协作而不是强制。
> 承诺而不是服从。
> 完成而不是持续。
> 改进而不是证明。
> 建立关系而不是按角色行事。"
>
> **《领导力就是语言》**（*Leadership Is Language*）中的原则

运用流程工程改进工作流程，存在许多状况和挑战。本章将介绍一些典型案例和降低负面影响的对策。以下是我们遇到过的五大障碍：

> 忽视叙事。
> 激励措施不一致、互相矛盾。
> 绘制的流程图不完整。
> 追求不必要的精确性。
> 与现有运营模式冲突。

忽视叙事

每一项重大变革都可能不被看好。人们往往更倾向于接受自己熟悉的坏情况，而不愿面对结果未知的新变化。变革需要努力、时间、能力、灵活性和忍耐力。要想克服这些方面的困难，你需要思考改进措施正在以怎样的方式传递什么信息。因为人们在得知即将发生变革后（或者更糟，变革已经开展），总是担心最差的情况会出现，或者设想自己可能遭受哪些不利影响。

组织通常会急于采取变革行动，比如直接借助某种工具或自动化方案。但团队成员如果不理解变革的目的，就可能以为组织要对他们进行监督或事无巨细的管理。

下列行为看似是关键行动者会采取的快速启动方案，但事实上容易导致变革失败：

启动改革前未经实验或试行，没有验证假设或进行小规模尝试。

没有为失败、学习和调整留下空间。

没有考虑或了解当前状态就直接朝着目标前进。

不做计划，直接行动。

认为"不支持即反对"，在行动派与谨慎派之间制造分歧。

不沟通、不表彰、不分享成果，因而逐渐削弱变革动力。

流程工程的一大优点在于，通过共同参与绘图，利益相关者和参与者从初始阶段就参与其中，分享观点，对话沟通。这可以减轻持负面态度者的担忧，甚至在更理想的情况下可以让他们加入进来，一起规划更多积极的行动。不要让他们去想象变革注定失败的种种缘由，而要邀请他们提供帮助，共同促使变革走向成功（或者至少事先明确变革的障碍所在）。

如图12-1所示，成果构思和成果图绘制会议有助于团队理解现状与机遇。基于成果构思阶段的结论，你可以在接下来的绘图过程中更高效地引导对话交流。

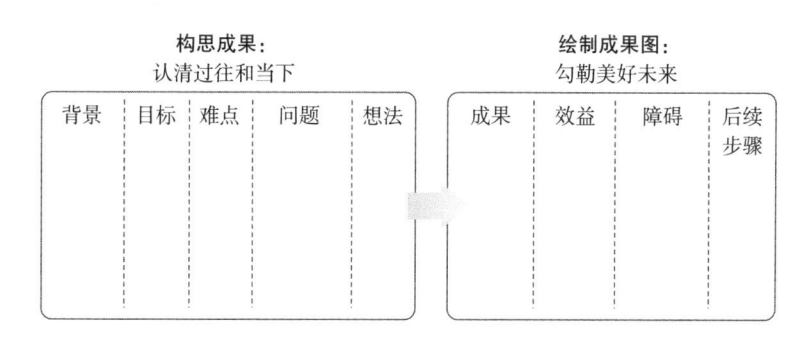

构思成果：认清过往和当下	绘制成果图：勾勒美好未来
背景　目标　难点　问题　想法	成果　效益　障碍　后续步骤

图12-1　构思成果和绘制成果图有助于构建富有成效的叙事

例如，如果有些人提到了曾经失败的变革，那么你可以说明或引导参与者关注本次变革的不同之处。你必须向参与者传递明确的信息：无论好坏，过去的事情已无法改变，但正是过去的一切带来了当下的机遇；所有人必须目标一致，共同前行，除此之外，别无他路。因此，在衡量流程时，关注点应始终放在宏观系统上而非微观个体上（第13章会对此展开详细讨论）。

在沟通改进措施时，你要确保你的表述与组织当前使用的话语体系、叙事逻辑一致。这时你构建叙事的话语可能需要契合规模化敏捷框架、目标和关键成果以及"宏伟、艰难和大胆的目标"（BHAG），或者最新的"员工大会"信息公告（"Town Hall" messaging，一种面向全体员工的消息传达方式）等各种不同的背景。沟通的关键是从他人的角度出发，采用对方熟悉的而不是自己熟悉的方式方法。这意味着不要在初始阶段提及流程工程的概念，甚至在整个过程中完全不要提及，你可能还需要调整关于流程工程的说法，以便更好地在组织中开展交流。[例如通用电气公司参考了埃里克·莱斯（Eric Ries）的"精益创业"（Lean Startup）理念，在此基础上提出了"快速工作法"（GE FastWorks）。[1]]理解所处环境，主动迎合受众。当你取得胜利与成果时，叙事内容会不断发展，逐渐囊括本书提及的其他观点。

"我们已了解自身最大的制约因素"

有时你面临的首要挑战在于，团队对需要解决的问题已经拥有一套叙事。而作为变革推动者，你可能会在提高可见度、改进衡量方式或提升绩效等方面遇到这一挑战的多种变体，它们具体表现为"我们只需要负责执行即可"或"我们只需要有合适的人就行"等简单归因的固有叙事。这一挑战背后折射出团队对流程、结果与行动缺失的担忧。

即使上述担忧都真实存在，但急于采取行动意味着假设所有人都已共享背景信息，都明确了共同的目标，或者更糟的假设是其他人的认可或支持无关紧要。这种假设十分危险。即便所有人都已认识到制约因素，团队在着手解决问题之前也往往还有很多需要学习的地方。比如，是否了解制约因素的范围？是什么造成了制约因素？解决制约因素的关键障碍在于何处？领导层、同事、参与者的意见是否统一？是否已有衡量基准可用于前后对比？

如果你能够自信地回答上述问题，那么绘图可能不是一个必要环节。但你如果回答不上来,就没有必要在过度分析上徘徊不前。你应当迅速开启绘图工作(至少先展开讨论),验证假设,得出限定条件。之所以要在开启工作流程之前就确立价值与清晰度,原因在于缺乏价值与清晰度引导的行动会造成浪费,可能还不如完全不采取行动。

激励措施不一致、互相矛盾

流程工程是为了解决流程中的问题,因此你时常需要置身于工作之外来审视全局,而这一点与组织中"保持全速前进"的普遍现状相矛盾。即便工作进展速度并不快,但仅仅是停下手头工作、稍加思考的模式可能都难以运作。

你如果认真观察,就能发现很多常见的矛盾:

短期目标与长期目标的矛盾:管理层也许关注的是短期财务目标,所以做出的决策不利于长期的技术创新或可持续发展。

数量与质量的矛盾:相对于销售质量而言,销售团队可能更热衷于追求数量,这导致交付团队承受过多的压力,不得不在销售周期内履行不合理的承诺。

衡量个人绩效:通过牺牲团队合作的方式来激励个人绩效增长,会影响项目的总体成果。

增长与稳定的矛盾:忽视技术的稳定性和可扩展性,急于追求快速增长或者抢占市场,长远来看会妨碍可行性。

客户满意度和降低成本的矛盾:优先落实降低成本的措施可能会影响客户体验或服务质量。

"我们以为的最佳"与"实际驱动我们前进的因素"的矛盾:

即便改进或变革确实有所裨益，但如果激励措施正在驱动当前的行为，那么改进或变革也可能是有害的，甚至具有破坏性。

如图12-2所示，通过构思成果和绘制成果图，我们可以缩小不同环节上激励措施之间的差距，从而围绕总体性目标成果建立起共识——这种共识对每个参与者而言都具有价值。

图12-2 构思成果和绘制成果图有助于团队达成更富有价值的目标共识，在局部激励措施之间建立起联系

利用率激励措施

正如前文提及的那样，当资源利用率最大化时，效率悖论往往会导致绩效大打折扣。但即便如此，我们也常把利用率作为生产力的衡量指标。忙碌并不一定意味着高效，当然也不等同于有效。繁忙通常是因为进行中的工作太多，优先事项模糊，依赖关系过多，以及此前讨论过的诸多其他情况，也可能是由根深蒂固的组织习惯或企业文化习惯导致的。那些过分注重活动（或产出）的组织往往鼓励上班早到、加班晚退、超额完成工作量、频繁开会等行为。

如果你发现自己所处的环境总是鼓励限制工作流程或破坏改

进工作的行为，那么请把注意力集中到你自己能够影响和控制的范围内。把握机会，尽你所能将各项改进措施与高层次目标联系起来，例如降低成本、提高净推荐值、提高客户留存率等。你要展示能够较快实现的成果，积极赞扬他人所采取的行动。你要提出启发性问题，比如"你怎样看待X(短期目标)对Y(长期目标)的推进作用"。你要向他人分享你的个人目标，也为他人的目标提供支持，这样就能够和你的潜在支持者建立关系。

即便因受制于"中层僵局"而无力推动变革，你其实还可以采取某些有效行动来促成流程。之所以会出现"中层僵局"，是因为各种不确定性、干扰因素以及实现改善和构建清晰度所需要的投入，常常会与维持现有状态的惯性发生矛盾。

我们总是因为维持当前状态（或未对当前绩效造成负面影响）而受到奖励，而非因为我们做出了变革。所以当致力于推进变革时，你应该寻找那些能够强化现状的激励措施。比起你的同事或领导等个体，这些激励措施才是更重要的制约因素。对于改进流程的工作来说，最具挑战性的障碍之一是如何协调现有激励措施与目标成果之间的矛盾。你如果发现目标成果与之前构思的结果相冲突，就应该与其他参与绘图的成员沟通协作，解决这一问题后再继续推进工作。

绘制的流程图不完整

如果你对个人控制范围之外的上游决策缺乏足够的了解，或者你的工作没有对下游环节产生显而易见的影响，那么你的改进工作可能实际上只是在自己可见可控的范围内进行微观优化，如图12-3所示。这种情况可能会造成浪费，还会增加下游团队的压力。过分关注局部通常会阻碍全局性的推进。

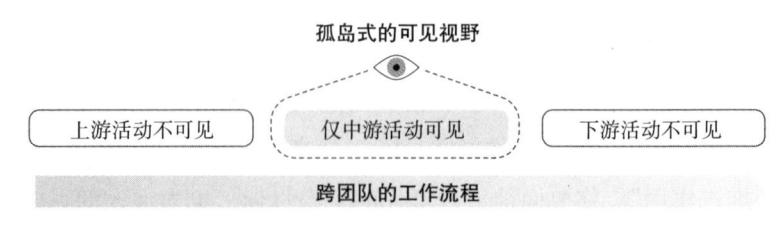

孤岛式的可见视野

| 上游活动不可见 | 仅中游活动可见 | 下游活动不可见 |

跨团队的工作流程

图12-3 可见视野受限导致仅聚焦于局部

流程工程中的各种流程图能够帮助你开展富有成效的对话，使你原先所不了解的上下游活动变得更加直观，也更容易测量。请把未完成的流程图交给能够帮你填补缺口的团队。构建清晰度并确立测量标准后，你将规避局限于微观优化的风险，做出真正实现全流程改进的决策与变革。

追求不必要的精确性

追求精确性是刚开始评估价值流绩效时一个常见的误区。如果你的目标是缩减价值流中的等待时间，那么采取全局性方式至关重要，千万不要落入完美主义的陷阱或过度专注于细枝末节。

首先，检查从初始到交付的整个过程。仅仅关注某一个阶段而忽视了上游环节的延迟情况，可能会误导结果。人们经常因为追求完美而未能做出由数据驱动的决策，甚至会打消改进流程的尝试。例如，缩短开发人员的反馈循环是值得推崇的，但先解决干扰因素及进行中的工作等也十分重要；通过压榨开发人员的精力来换取生产力的提升是不可持续的做法。同样，在DevOps循环中，如果过分强调细节而忽略了上游阶段浪费的大量时间，就只会徒增浪费。

投入大量时间和资源来创建很少使用的精细指标或仪表盘，其实是另一种形式的浪费（见图12-4）。这些工具应该用来辅助做出频繁且重要的决策，而不是只用于每年一次的审核。要想真正做到数据驱动，就必须在决策过程中持续运用数据，而不是偶尔在一些孤立的情况下才这样做。

	1小时	6天	3天	8天	9天	可忽略不计 11分钟
	请求	规划	开发	环境设置	测试	部署
	12周 ↑ 制约因素	2周	3天	8天	1天	

注：若制约因素已经造成长达数周的拖延，几小时的差异就显得无关紧要了。

图12-4　包含无关下游精确数据的价值流图

要想有效提升客户净推荐值或其他一些关键绩效指标，关键在于查明并评估这些指标背后的驱动因素。而要做到这一点，只需要恰到好处的精确性（足以帮助你做出有把握的知情决策即可），你的关注点应该首先放在那些能够立即转化为行动的洞察上。如果没有能力有效运用高度精确的评估方式，那么这种过度的精确性反而会成为累赘。总而言之，在价值流的优化过程中，全面、务实、以目的为导向的方法要比过分细致或狭隘的方法更加行之有效。

试想一下，你花费了八个月的时间完成最终指标仪表盘的搭建与调试排错，但每年却只在绩效评估时才使用一次。这就如同先用千分尺精确测量，然后用钝斧头切割一样。如果你经常在闲来无事时关注天气预报，而某天出门前却没有查询天气情况，那么你的行事风格算是数据驱动型吗？

你如果从目标出发逆向思考，就更容易明确必要的措施：你是否希望提高客户净推荐值？可以提高净推荐值的因素有哪些？我们如何确知这些因素？提高净推荐值的过程中存在哪些障碍？

你可以采取那些能够提供明确的信号，让你有充足的信心做出决策的方式来衡量工作进展。待到那些容易促成的改进已经完成，而且你已经熟练掌握了由数据驱动的决策方法后，再去考虑细节问题也不迟。

就测量价值流绩效而言，除非你已经做好准备，有能力运用精确数据，否则追求精确性很可能徒劳无功。如果你真的能按照千分尺的精确度挥动斧头，那么你可以追求精确性。

吉野功（Isao Yoshino）在《领导学习，学习领导》（*Leading to Learn, Learning to Lead*）一书中对此做了总结："在设定目标时，实用远比精确性重要。在初始阶段，精确性往往并不重要——你需要先明确前进方向，然后在过程中不断学习并提高精确性。否则，周复一周地做无用功，更是得不偿失。"[2]

与现有运营模式冲突

从他人的角度出发，意味着在做出变革之前要先理解并认可他人的当前状态。这不仅仅是一种尊重他人的表现。理解当前运营模式的惯性往往是推进变革的首要挑战，以下建议能帮助你在复杂的大规模环境中统筹流程工程。

首先需要牢记，如果背景、框架和价值对任何一个参与者而言不够明确，就必然会产生阻力。应当确保所有人拥有共同叙事，并突出强调变革行动的目的，即致力于解决流程中的浪费与摩擦，而非针对个别人的具体贡献。

其次，如果组织规模较大，那么问题也会相应地比较复杂。为了可视化地呈现各种问题，尽管绘图过程可能困难重重，但任何有组织的努力尝试都好过无所作为。你可以随时核实问题呈现的合理准确性，并征求反馈意见，进行调整。请牢记一点，精确性不一定有价值，也不一定有必要。你可能无法实现精确匹配的时间安排，然而正在开展的活动类型或许才是最有价值的信息。

再次，你拥有一系列可用对策，也有可以合作的精明的利益相关者。并行开展多项任务可能是个好办法，但也可能并不适用。在此情况下，信息流能够带来最大的改善。有时最需要解决的浪费往往就是那些最令人烦恼的浪费。

另外，改进工作并不仅仅是引导师的责任。既然某个人没有造成问题，那么他不需要为解决问题而承担责任。有时你在当下所能期望的最优改进就是拓宽视野，提高认知。所以，保持开放的心态，听取参与者的意见，充分发掘他们的创造力与聪明才智，为他们贡献各自的见解与专长创造良好的环境，解决方案的出现自然会水到渠成。

最后，除非你处在生成性文化环境中，参与者惯于以建设性方式探讨增值与非增值活动，否则你应该专注于不太敏感、较为客观的信息，随着时间的推移再逐步采用更为精细的测量标准。

案例研究 | 一家金融服务企业的敏捷发布列车改进项目

规模化敏捷框架是有序实现大规模软件开发方面应用最为广泛的模式之一。规模化敏捷框架的项目群增量（PIs）代表了一种（8~12周内的）规模化交付，涉及大量规划工作以及依赖关系的协调工作。标准的项目群增量计划可能需要花费整整两天的时间，对于很多组织而言甚至需要花费一到两周的时间，因为这项工作往往隐藏在由许多利益相关者参与开展的碎片化的并行活动中。

要在如此大规模的情况下创建秩序，很容易因为众多参与团队的种种细节和固有问题而忽略了端到端的流程。如此长的周期和如此大规模的团队给绘图带来了挑战，导致改进工作更为复杂。有时绘图工作似乎会引发一连串的麻烦，但根据我们的经验，即便是最混乱不堪的当前状态，其中也会隐藏着某种更为理想的未来状态，只不过暂时不易察觉罢了。

试想一下，一家全球最大的金融机构正在大举实施规模化敏捷框架，面临着诸多延迟与摩擦，可见其视野不足，缺乏明确的改进机会。而史蒂夫的介入，正是为了将这家金融机构的核心敏捷发布列车（ART，类似于规模化敏捷框架中的价值流）中的前置时间缩短至原来的一半。然而，让所有人都支持这一改进工作绝非易事，因为大多数利益相关者只会关注和衡量价值流中与自身相关的环节，且往往是基于最佳设想方案下的时间安排。

可是问题在于，现实情况极少像最佳设想方案一样，所以没有多少可改进的空间。过于乐观的设想往往意味着在所处的文化环境下，现实评估总会受到某种惩罚，出现所谓的"西瓜效应"——测量结果表面看是绿色的（已经达标），但从内里看却是红色的（存在问题）。这种效应并不单单是实施规模化敏捷框架的结果。任何可见视野受限、缺乏一致性的大规模项目都会遇到诸多挑战。尽管存在障碍，但是仍有快速改进绩效、缩短前置时间的重大机遇。

此次绘图实践将是该金融机构第一次从全局视角观察敏捷发布列车项目的整个端到端工作流程（见图12-5）。因为规模较大，获取具有代表性的数据极为困难。没有人能够记得不同阶段之间花费的时间以及其他具体细节。如果前置时间超过一年，那么有关具体细节的记忆更容易模糊不清。

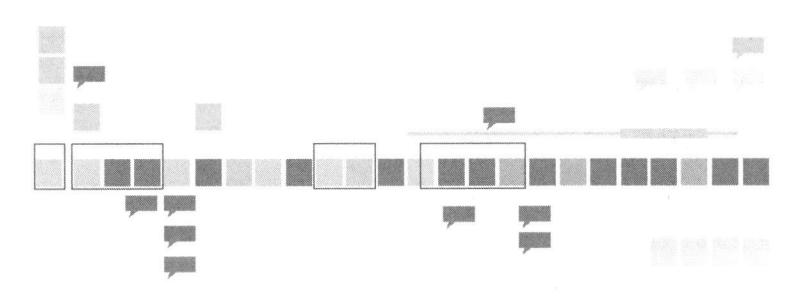

图12-5 完整呈现敏捷发布列车项目的当前状态图

绘图过程依赖于参与者对活动不同阶段与时间节点的大致记忆，但这能够促使他们围绕价值流中的时间分配展开卓有成效的积极讨论。在罗恩·韦斯特鲁姆所描述的病态环境或官僚环境中，对于增值时间与非增值时间的管理会成为敏感话题。[3] 为了揭示时间的实际分配情况，同时避免"非好即坏"的错误二分法，我们不妨按照表12-1中的方式来划分时间类别。这一分类方法为时间节点不明确的流程图补充了简单的背景信息，以便明确我们识别出的目标制约因素。

表12-1 可视化活动的分类图例

活动类别	定义	前置时间占比	标注颜色
非增值活动	不会给成果附加利益相关者的价值	58%	粉色
测试	验证工作（非增值活动）	14%	紫色
增值活动	从利益相关者的角度出发创造或提高价值	18%	蓝色
协调活动	规划、组织、制定时间安排，不包括3~6个月的前期规划阶段（非增值活动）	10%	绿色

在绘制价值流图时可结合本书第2部分提到的"5R原则"：时效性、有效性、连续性、代表性以及经过验证。我们要重点关注具有代表性的流程：活动通常是什么样的？就本案例中该金融机构的情况而言，敏捷发布列车项目中超过90%的工作都涉及对主框架的变动。尽管如此，该组织的改进措施却仅针对流程中的开发环节以及主框架之外的变动。

开发环节内部的微观优化的确显示出良好的效益，但整个价值流的实际前置时间却变得越来越长。所有这些背景信息都是在绘图过程中显现出来的；绘图工作揭示了这些隐藏的动态关系，方便我们直接对其进行处理。一些问题的答案也随之浮出水面：为什么虽然已有测量标准，但绩效却没有得到改善？为什么随着时间的推移，工作似乎越发繁重费力且进展缓慢？

上述现实问题非常棘手，然而这是真正实现绩效提升的唯一途径。绘图过程中以及绘图工作引发的讨论过程中，必然存在大量摩擦、不确定性以及不适感，可若不是通过努力绘图和尝试改善的工作，这些因素也不会被发掘出来，更不会得到讨论。绘图实践提供了适当的时间和空间，营造了良好的氛围，促使参与者共同讨论浪费问题、集体责任，以及如何测量组织绩效。

即便对于更大范围工作系统的影响微乎其微,但绘制未来状态价值流图提供了一种可能实现的愿景。如图12-6所示,未来状态图没有变更现有流程,只是聚焦于价值交付的关键途径,便呈现出可能实现的成果。尽管价值流内部的活动未作大幅改动,但这张流程图本身彻底经过了重新设计,以便满足达成绩效目标的要求,并且这一设计能够直接应用,不会对参与绘图工作的个体造成干扰。

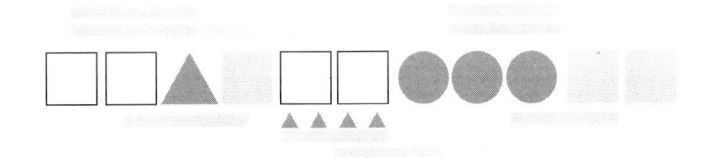

● = 主要为非增值活动　　□ = 主要为增值活动　　▲ = 协调活动　　● = 测试

注:在这一未来状态图中,非关键活动与非增值活动同步进行,且不会妨碍工作流程。

图12-6　呈现非关键活动与非增值活动的未来状态图

表12-2揭示了当前状态与未来状态的关键差别,不过只暗示了提高投资回报率的可能性。绘制价值流图并展开讨论有助于我们拓宽视野,明确哪些阶段只需要简单改变就能实现显著改进,从而迅速降低成本,缩短前置时间,提高客户与员工的满意度,更快地获取反馈并及时进行调整。

表12-2　当前状态与未来状态的流程绩效对比

当前状态	未来状态
改进机会尚未明确	单一的目标制约因素
对极限情况进行优化	对正常情况进行优化
每次发布耗费200万美元	每次发布耗费100万美元
前置时间为64周	前置时间为32周（未调整任何阶段）
非增值阶段阻碍工作进展	非增值阶段同步进行
增值活动占前置时间的17%	增值活动占前置时间的53%

即便是大范围实施的高度复杂的规模化敏捷框架项目，价值流图也是一种很好的补充方法，能够大幅扩展可见视野，优化合作，提高绩效，且不会带来干扰，无须投入大量时间与金钱。

结　论

流程工程可能看起来很简单，但实际操作绝非易事。本章指出了绘图实践中的一些误区，并提出相关建议，但如何统筹变革则是一个更大的挑战。你会遇到一些复杂情况，而这些情况看似不可能用简单的活动流程加以概述。你不仅要应对某种既有叙事，或同时面临多种叙事，还要构建自己的叙事。你会遇到各种不一致、互相矛盾的激励措施，它们可能会破坏改进工作，使其偏离正轨。你将被迫在信息不充分的情况下绘制不完整的系统流程图，还必须为了实现目标成果做出权衡取舍。绘制成果图能够促使团队预估包括上述各种情况在内的潜在障碍。但真正遇到这些困难时，乍看似乎无法逾越。所以你务必时刻提醒自己与团队：实现突破将带来好处。同时，你们应始终关注首要目标。

主要启示

- 努力理解既有叙事，并构建一种有效叙事来推动工作。有效的领导力需要强大的叙事能力。
- 识别出不一致或互相矛盾的激励措施，然后加以调和解决。寻找所有人都能一致遵循的"北极星"。
- 确定有效范围既是一门艺术，也是一门科学。充分利用本书分享的各项原则和指导来确定能够揭示关键制约因素的有效范围。
- 在初始阶段，精确性可能是一种障碍。确定你的目标，只专注于采取有效行动所必需的因素。
- 正如现有的叙事和激励措施，当前的运营模式也需要得到考量并妥善处理。始终记得从参与者（和系统全局）的角度出发思考问题。

注 释

1. "The Biggest Startup."
2. Anderson, *Learning to Lead, Leading to Learn*, 171.
3. Forsgren, Humble, and Kim, *Accelerate*, Chapter 3.

13

价值流管理

"客户在采用价值流管理后,一个有趣的结果是,他们意识到各行其是令整个组织效率低下,而通过绘制组织内部的价值流路径,他们发现自己其实已经在以产品团队的方式运作。"

克里斯·孔多(Chris Condo)

——弗雷斯特研究公司(Forrester)首席分析师

什么是价值流管理

彼得·海因斯(Peter Hines)于1998年将价值流管理定义为"一种新的战略运营方法,用于核心的跨职能或全公司流程,通过捕获和分析数据、规划和实施有效变革,打造真正的精益企业"[1]。价值流管理现已被视作监测价值流绩效的工具,但它仍然是一种主要的管理做法,必须付诸实践。价值流管理围绕两大活动展开:优化为客户提供价值的工作流程;衡量所交付的成果,以便改进决策。

如果将组织视为一个由价值流组成的网络(第14章将就此进一步讨论),那么价值流管理包括对该网络的设计、运营和优化,不过通常每一次管理活动只关注某一条价值流。由于价值流管理是一个持续优化的过程,因此刚开始实行价值流管理方法时，我们不妨先从项目思维转向产品思维。

从项目思维到产品思维的转变

长期以来，项目管理模式一直是管理大型技术项目的主流做法。但问题在于，这种模式采用有限的解决方案去应对无限的机会。项目一旦完成交付，基本上就会被遗忘，并转入一个极少获得投入和关注的维护状态（见图13-1）。

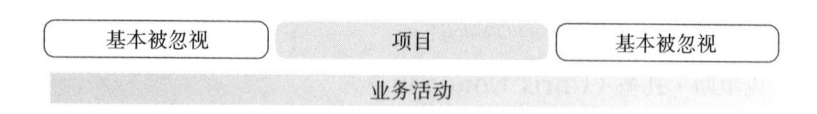

| 基本被忽视 | 项目 | 基本被忽视 |

业务活动

图13-1　只注重项目导致忽视了长期影响

技术、软件和全球网络的发展带来了无数机遇，为能够大规模扩展并持续改进的长期系统创造了重要价值，推动人们更多关注那些长期持续、不间断的工作流程。

价值流模型认为，大多数业务需求和机会都有着较长的生命周期，即一种持续的价值流，其需求无法通过开展相对孤立的一次性或周期性工作来得到满足。图13-2展示了在某一既定的价值流中，我们有可能通过稳定且持续的迭代交付实现持续改进。

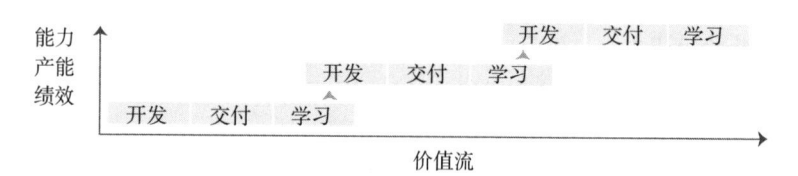

图13-2　每一周期的持续改进都建立在上一周期的基础上

你如果在通过价值流交付产品的背景下考虑团队问题，就可以有效削减规模化带来的三种成本：注意力分散、方向感缺失、参与度降低。保持团队成员稳定和对持续改进的投资，可以避免参与度降低；以明确、持续的客户价值关系为导向，可以避免方向感缺失；而长期、可持续的工作成果创造了一种不间断的工作状态，可以避免注意力分散。从项目思维转向产品思维，就是从参与度降低、方向感缺失、注意力分散的状态转向流动的状态。

案例研究 | 从项目思维到产品思维的快速改进

2020年，一家机构希望扩大工作流程规模，并提高可预测性和一致性。其最终目标是开发自己的专业产品，创建可持续的价值流，以取代原先不稳定的项目导向型工作流程。

该机构希望在不增加员工人数或过度消耗员工精力的情况下实现规模化。短期内，该机构希望提高重复活动的利润率，我们分析认为这些活动主要来自现有客户的回流业务。长期来看，该机构希望将其服务产品化，以最大限度地提高利润率、稳定性和扩展能力。我们发现，该机构面临的主要挑战是缺乏一致性、战略性和清晰度（见图13-3）。

整个流程从当前状态下的33天（其中2/3的时间都消耗在交接和拖延上）缩短到了目标状态的7天，且几乎没有延迟。这一改进是通过提高流程可见度（利用看板管理）、实行最低限度自动化（经由Slack通知）和使用估算操作手册实现的。此外，团队将这次改进活动定性为"同理心探索"，因为团队全员借此机会了解了陌生角色所承担的工作和提供的价值，以及上下游贡献者之间的关系，这是开展改进工作的意外收获。

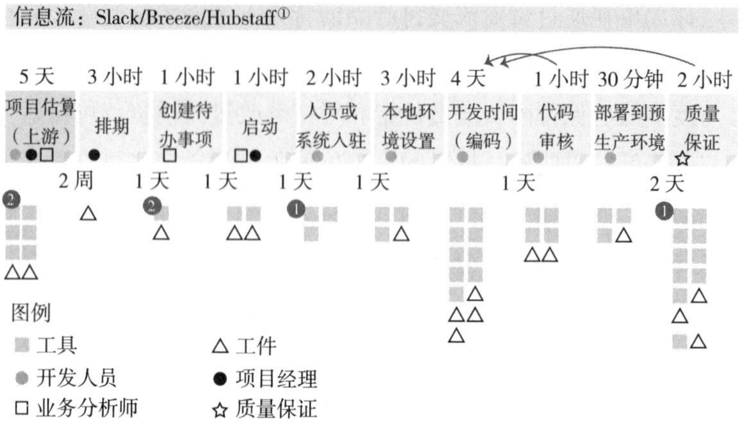

信息流：Slack/Breeze/Hubstaff[①]

5天	3小时	1小时	1小时	2小时	3小时	4天	1小时	30分钟	2小时
项目估算（上游）	排期	创建待办事项	启动	人员或系统入驻	本地环境设置	开发时间（编码）	代码审核	部署到预生产环境	质量保证

2周　　1天　1天　　1天　　1天　　　1天　　　　　2天

图例
- ■ 工具　　　△ 工件
- ● 开发人员　● 项目经理
- □ 业务分析师　☆ 质量保证

图13-3　当前状态图：步骤、时间、角色、工具、工件

流程工程帮助这家机构迅速开启了从项目思维到产品思维的转变。通过绘图得到的简单改进措施，无须多少投入就能产生显著的积极影响。

从项目思维到产品思维的转变，是一个实现流动状态的过程。在提高绩效、持续交付价值和实现可持续运营的需求的推动下，产品导向模式日渐兴起。然而，这种产品运营模式并非没有成本（见图13-4）。

要想实现持续的产品交付，把握这方面的机遇，就要投资管理基础设施，以及采取各项能够长期、大规模地支持工作流程的做法。要做到少量多批、持续迭代和反馈、适应性以及可持续

[①] Slack是一款团队沟通与协作工具；Breeze是一款项目管理工具；Hubstaff是一款时间跟踪和生产力监控工具。——译者注

性，组织就要掌握信息、视野开阔、认知清晰，以便进行有效管理。价值流管理的具体实践和工具应用满足了这种要求。价值流管理以服务管理、应用生命周期管理和精益管理等学科为基础，重点关注完整的价值流，以及各价值流之间的相互作用和依赖关系。价值流管理需要对工作开展持续的绩效监控、趋势分析和大规模观测，从而取得更好的产品成果。价值流管理是我们扩展和维持流程工程的关键内容。

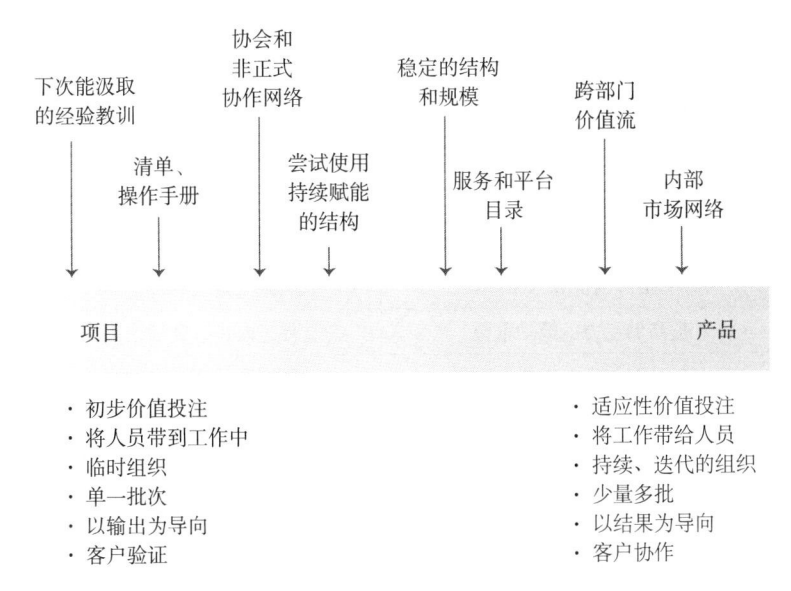

项目
- 初步价值投注
- 将人员带到工作中
- 临时组织
- 单一批次
- 以输出为导向
- 客户验证

产品
- 适应性价值投注
- 将工作带给人员
- 持续、迭代的组织
- 少量多批
- 以结果为导向
- 客户协作

下次能汲取的经验教训 → 清单、操作手册
协会和非正式协作网络 → 尝试使用持续赋能的结构
稳定的结构和规模 → 服务和平台目录
跨部门价值流 → 内部市场网络

图13-4　项目或产品导向光谱图

价值流绘图与价值流管理的区别

价值流绘图只是价值流管理整体实践中的一种方法。绘制价值流图有助于我们了解单个时间点上存在的单个价值流的流动状

态,然后据此设计未来状态;而价值流管理是一种持续的活动:跟踪价值流在一段时间内的表现,揭示历史规律,不断提供趋势分析和发挥预测功能。表13-1从多个维度对二者进行了对比。

表 13-1 价值流绘图和价值流管理对比

价值流绘图	价值流管理
迭代性和周期性实践	持续性实践
易于开始	难以开始
以人为中心,侧重讲故事和叙事	以工具和数据为中心,自动化洞察
以视角和定性为重点	以视角和定量为重点
可视化协作	视野开阔、持续监测
在墙上贴便笺(也可以采取线上形式)	集成化、仪表板和数据
创建、重建业务案例	持续的渐进式优化
突出显示浪费和假设	自动实现持续合规
定义当前和未来	记录过去和现在
提高创造力、鼓励重塑	促进改进、鼓励迭代
动态呈现未来机会	模拟和预测未来机会
赋能性制约因素	约束性制约因素

为何不直接着手开展价值流管理

本书的大部分篇幅都在讨论价值、清晰度和流程,因为如果不了解这些因素,那么提升绩效的努力可能很快就会以失败告终。参与者对绩效衡量已经非常熟悉,因此,采用新的名称或工具来进行绩效衡量往往会受到质疑。艾利·M.高德拉特曾提出关于推动变革的重要见解,他强调性地指出:"只要告诉我你的衡量标准,我就会告诉你我将如何表现。"[2]

请看以下几位曾参与价值流管理推行活动的工程师的感言：

高级工程师1 价值流管理这个东西感觉像是敏捷2.0。我接触的内容都模糊不清，没有太多具体细节。我到现在仍然不清楚要往这个系统里输入哪些实际数据（除了工单状态），也不明白这些数据究竟会用来做什么。我想看到实实在在的例子，而不是一些关于"价值"的笼统说法。

高级工程师2 从理论上讲，根据工单状态生成指标听起来不错，但我觉得这最终没有什么意义。他们想按照分析组装流水线的方式来分析软件开发过程，我相信有些东西是可以借鉴的，但总的来说，我认为并不能把管理流水线的方法直接应用到知识型工作中。一旦要求我们必须达到某些指标水平，在这种压力下，我们就会开始"做手脚"优化这些指标，而实际上继续做自己原来的工作。我们团队召开的第一次价值流管理会议，感觉就像一次普通的回顾会，只是多了一些形式、花哨的说法和流行话语。甚至大约90%的被提出来的改进项目，都是我们在以前的回顾会上提到过的，只不过从未有机会优先处理。也许下一次开会时会有更多实质性内容。

一些正式研究，如贝伦德·范德科尔克（Berend van der Kolk）和韦斯利·考夫曼（Wesley Kaufmann）发表的《绩效指标会损害绩效吗？》（Can Performance Metrics Harm Performance?）一文，还指出一些其他风险。他们着重强调了两种常见的效应：

首先，专业人员试图通过关注广义上的绩效量化来减少认知失调。受访的专业人员将注意力集中在任务中容易衡量的部分，从而改变自己的行为，以适应"结果驱动型"组织的环境。[3]

这种行为被称为"路灯效应"，其源于一个寓言。一名警察遇到一个醉汉，这个醉汉正在路灯下寻找他丢失的钥匙，但钥匙实际上丢在公园里了。警察问他为什么要在这里找，醉汉回答说："因为这里有光。"我们往往倾向于在容易找到东西的地方进行寻找，而不是在真正可能找到的地方。

范德科尔克描述的第二种效应如下：

一些专业人员选择对那些不易衡量的活动给予较少关注。例如，研究显示，由于引入了绩效测量机制，一些专业人员便不再与同事"对接"，这表明"合作精神"这一重要的组织实践正在受到侵蚀。换句话说，我们开始忽视那些不容易被衡量的东西。[4]

唐·赖纳特森在《产品开发流程的原则》中提出的首要原则之一便强调了绩效衡量的常见错误，以及导致此类反应的根本原因——"非活动原则：观察工作产品，而不是工作者"[5]。我们很容易将延迟归咎于价值流中的参与者，但更准确的做法应是关注整个系统，观察工作产品在其中的流动。而这需要完全的可见度和准确的信息流，这也是"见树亦见林"的唯一方法。

案例研究 | Parchment 公司的衡量标准：从个人指标到团队指标

许多组织仍在努力实现绩效衡量方式的必要演变，而且显然是"摸着石头过河"，第一次从失败中汲取经验教训。系统性思维已经让人们意识到，用部分测量整体是不可行的，但是这种做法似乎还存在于每个组织中。

Parchment 公司副总裁兼应用工程主管菲尔·克拉克（Phil Clark）在 2023 年的一次演讲中，分享了该公司从个人衡量标准转向全面衡量标准这一具有普遍性的历程。[6]

菲尔自 2012 年该公司开始转型时便已在公司任职，他也经历了 2015 年产品导向型的跨职能团队转型，亲眼见证了公司转向全面衡量标准的演变过程。回顾自己的经历，他提到了几个关键时刻，这分别体现为图 13-5 中描述的三个阶段。

菲尔在个人指标方面的经历对你来说可能并不陌生：

他记得 2000 年初一位高管曾说："优秀的工程师应该在 6 个月内写出 5 250 行代码。"

他的个人利用率目标被设定为 85%，于是他经常在每周的工时记录上做手脚，以便让数据看起来不错。

他偶然发现在团队的工程师排名中，自己在 20 人中位列第 4。

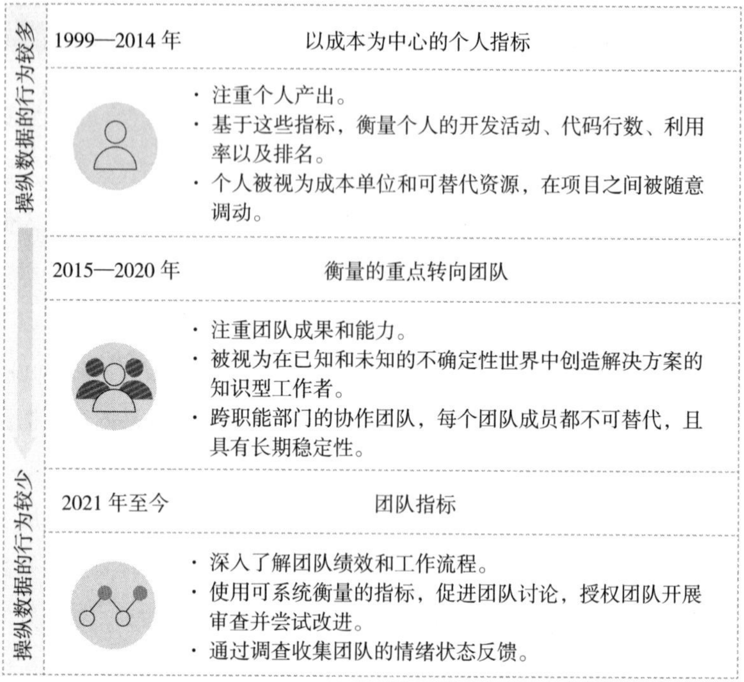

	1999—2014 年	以成本为中心的个人指标
操纵数据的行为较多		· 注重个人产出。 · 基于这些指标，衡量个人的开发活动、代码行数、利用率以及排名。 · 个人被视为成本单位和可替代资源，在项目之间被随意调动。
	2015—2020 年	衡量的重点转向团队
		· 注重团队成果和能力。 · 被视为在已知和未知的不确定性世界中创造解决方案的知识型工作者。 · 跨职能部门的协作团队，每个团队成员都不可替代，且具有长期稳定性。
	2021 年至今	团队指标
操纵数据的行为较少		· 深入了解团队绩效和工作流程。 · 使用可系统衡量的指标，促进团队讨论，授权团队开展审查并尝试改进。 · 通过调查收集团队的情绪状态反馈。

注：菲尔经历的指标演变过程涵盖了他在 Parchment 公司工作的 11 年。Parchment 公司的这一转型历时 24 年，从个人衡量标准演变为将团队和系统指标相结合、兼顾团队情绪状态的衡量标准。

图13-5　菲尔在Parchment公司经历的衡量标准演变过程

菲尔的历程正是一个学习和实施演变的过程，你可能也很熟悉这个过程：

2018 年：阅读《凤凰项目》《目标》《将工作可视化》。
　　　　开始由 Scrum 型团队转向看板型团队
2019 年：阅读《加速》《从项目到产品》《产品开发流程的原则》。

2020年：阅读《高效能团队模式》《高质量交付》；研究学习价值流管理。引入价值流管理平台。

2021年：绘制价值流图，开始关注价值流管理联盟。
推出内部开发的指标仪表盘。

在此过程中，理论、实践和工具（按此顺序）的结合为菲尔顺利采用更有效的绩效衡量标准打下了坚实的基础，同时作为一种有效资源，帮助他与那些受困于传统机械思维模式的领导者更好地进行沟通。他学会了"用他们的语言来告诉他们原因"。仅仅拥有一种自认为更好的绩效衡量方式还不够，必须让寻求答案的领导者也支持这种方式。如表13-2所示，Parchment公司的衡量标准最终从聚焦个人转变为聚焦集体。

表13-2　Parchment公司的衡量标准转变历程

个体监督	集体流程
代码行数	成果大于产出
利用率	团队指标
基于个体产出进行比较	从项目思维到产品思维
	价值流管理
	系统指标：流动状态、DORA指标
	情绪状态指标：SPACE（战略地位与行动评价矩阵）、DX（数字化转型）等

菲尔采用的衡量方式倡导关注难点和对话，以在团队层面提升绩效。菲尔聚焦价值流而非个体贡献者，从而建立起一套衡量体系，这不仅能避免聚焦个体所带来的负面影响，还能将绩效置于团队、流程以及成果的背景下综合考量。

通过绘图实现价值流管理

本书第1部分介绍过解决规模问题的三种方法的缺陷，这些不足之处也存在于价值流管理：一致性不足、可见度不足、启动准备不足。

一致性不足：价值流管理平台通常需要投入数十万美元进行有效试行，而全面落实甚至还要花费数百万美元。对于仅仅听说过价值流，或者怀疑价值流只不过是一种最新趋势的组织而言，这种巨额投入很难被接受。为了有效确定投资价值、展示对各个利益相关者的益处、识别需要解决的阻碍并制订清晰的实施计划，我们可以利用流程工程来提出有力、清晰且相关的论据，在价值流管理投资与绩效目标和业务目标之间建立起联系。让利益相关者参与绘图或向他们分享清晰易懂的流程图，能够更容易地让决策者就这一难以拒绝的机遇达成共识。

可见度不足：流程图不等于实际场景，数据也无法展示全貌。我们首先进行绘图，建立一个共同的心理模型，之后了解试行流程是什么样的，又是如何运作的。这样就更容易监测和理解数据中缺失的部分。数据通常是分散的或不完整的，需要结合背景来弥补这些缺陷。绘图能提供关于团队内外众多利益相关者的、丰富的背景信息。

启动准备不足：若能从小处着手，充分展现价值，并运用正面成果促进增长，那么实施价值流管理会更加容易，风险也会更小。我们应选择一个理想的候选价值流（这需要从流程工程分析中获取背景信息）来实施价值流管理。我们需要有数据可用，也就是说可能需要与依赖的团队沟通、合作。数据还必须是高质量的，这意味着我们将分析试行流程准确完成的百分比以及整个活动流程中的数据状态，并从中受益。

减少不确定因素，以应对启动准备不足

在组织中，有3个关键因素会导致启动准备不足：

延迟："决定做某事"和"看见结果"之间往往有明显的延迟，成员会因此焦虑，很多人会就当前状态不停地询问："我们还没完成吗？"这会导致注意力分散。

可见度不足：令延迟问题雪上加霜的是，工作进展也不易被看见。

不确定性因素：当你刚开始做某事时，你的自信心和清晰度通常显著低于工作快完成时的水平。

为了解决延迟、可见度不足和缺乏自信的问题，团队往往会投入大量精力来仔细规划和制作幻灯片、撰写文档、召开会议、设计模型等。这些工作未必属于浪费，但可能非常耗时，且很少涉及团队合作，因而会导致清晰度不足和目标不一致。这种规划悖论——规划能减少不确定性，但会导致交付延迟——会阻碍工作实施，"恰到好处"的规划既是一门艺术，也是一门科学。

流程工程的快速绘图做法能减少不确定性因素，能在完全落实价值流管理之前尽早交付成果，而不是因等待价值流管理完全落实而导致工作一再延迟、成本增加。

请思考图13-6中两个团队面临的不确定性因素。

团队A的绩效提升历程

不确定性因素
绩效

正面回顾　实施指标与　指标与可视化　正面回顾
或审查　　可视化　　获得信任　　或审查

团队B的绩效提升历程

不确定性因素
绩效

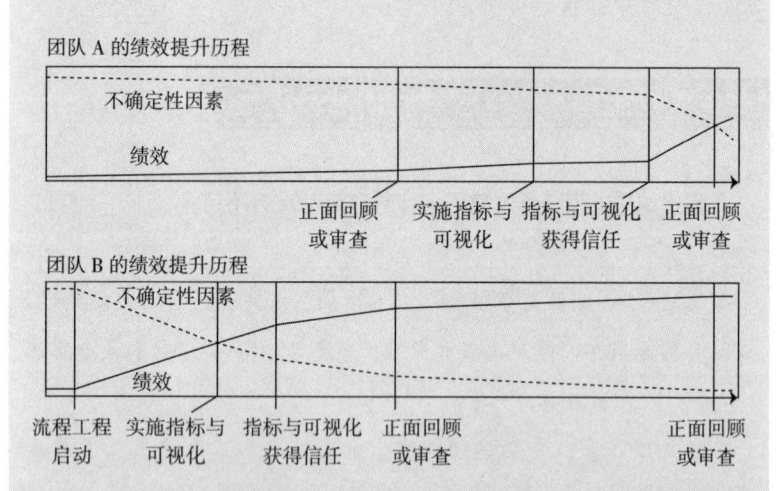

流程工程　实施指标与　指标与可视化　正面回顾　　　　　正面回顾
启动　　　可视化　　获得信任　　或审查　　　　　或审查

图13-6　等待可用数据和高质量数据意味着长期存在较多不确定性因素，成果的交付也会推迟

团队A的价值流管理实施过程非常典型。[7]其可能在培训、认证、规划及文档等方面有大量投入，可是这些投入对不确定性因素的影响微乎其微，实际上还很容易加剧不确定性。很多认证和大规模框架其实是复杂的综合知识体系的一部分，随着已知或未知因素不断累积，它们可能很快会变得令人生畏。团队在看到组织中出现价值流管理的任何雏形之前，必须先克服数据可用性（孤岛式工具和数据所有权）和数据质量（不完整、不准确、有缺陷、未标记、不相关、误导性数据）这两个方面的阻碍。他们可能会先从某个小组开始，将干扰因素和成本降到最低（以及避免人多误事），不过这意味着之后必须让其他人也跟上进度，很可能是在需要全速推进工作的时候。数据即使经过整合且直接可用，也可能不被信任，而且团队成员对个人评估的担忧很可能无法通过沟通计划得到缓解。(事先制订过沟通计划吧？)结果，整个实施过程中都存在很多不确定性因素，成果寥寥。最终，团队A的启动周期耗费数月。

团队B从流程工程入手启动工作。所以，他们从一开始就经过深思熟虑，明确了有价值的目标成果并进行共享。由于时间要求极少，来自多个领域的贡献者都能参与进来。团队很容易挑选出理想的候选价值流，快速收集绩效基准数据，然后通过可迅速实现的小幅改进提升绩效。他们能绘制出有关数据可用性和质量问题的依赖关系图，并将其分享给那些受影响的参与团队。他们能利用在数小时绘图过程中收集的见解，起草一份流程路线图，清晰地列出实施步骤，让每个人都形成相同的理解。这样，不确定性因素和延迟现象较少，可见度和成果交付率较高。最终，团队B的启动周期仅需几天。

为了降低盲目实施价值流管理带来的风险，你可以从小范围的简单事务入手，选择最相关、最有价值的领域，以及相关数据、获取渠道和具体实践都方便可用的领域，通过流程工程以较低成本启动价值流管理的实施。绘图有助于你理解这一实施过程的价值，候选价值流的范围和特征以及数据所在（还有数据质量），也有助于你在流程路径图的指导下规划实施步骤。

结 论

价值流管理提供了一种持续改进价值流绩效的方法。一个常见错误是，还没有完成必要的准备工作就试图直接启动价值流管理，比如团队先就成果达成共识，绘制完整的端到端价值流图等。通过管理价值流来有效推动流程的能力，取决于是否利用绘图过程确定价值和建立清晰度。

建立起目前这种程度的严谨流程很了不起，但仍需不断努力。不进则退，停止不前并不能保持现状。在价值流管理中取得成功，能帮助你树立信心，把类似的方法分享推广至整个组织。由此，我们将进入下一章的主题"扩展流程工程"。

主要启示

- 价值流管理涵盖绘图、可观测性、工具运用、数据，以及最重要的人员。
- 价值流管理超越了以往的组织结构图，引导我们关注流程的协调和运作。
- 价值流管理包括运营、合作、激励、资金等方面。
- 价值流管理涉及个人贡献者、价值流和价值流网络。
- 价值流管理工具生态系统正不断壮大，可以为大规模价值流管理能力提供关键支持。

注 释

1. Hines, "Value Stream Management."
2. Goldratt, *The Haystack Syndrome*, 26.
3. van der Kolk and Kaufmann, "Performance Measurement, Cognitive Dissonance and Coping Strategies."
4. van der Kolk, "Can Performance Metrics Harm Performance?"
5. Reinertsen, *The Principles of Product Development Flow*, 33.
6. Clark, "Inspect."
7. Inspired by Cutler, "TBM 7/52: Two Bets."

14
流程工程规模化

"最终,建立新系统并不是为了找到'答案',而是为了建立一个由彼此信任和参与度高的人所组成的网络,他们对现有系统拥有共识,并致力于创建新的系统。"

彼得·圣吉
——《第五项修炼》作者

组织规模扩大往往会带来员工参与度降低、方向感缺失、注意力分散的问题,而流程工程恰巧可以帮助解决这些问题。但是,要想实现效果最大化,就必须在整个组织架构中实施流程工程,并且不能针对各个价值流逐一采取措施,这既不可行也不具有性价比。我们曾与由数万名贡献者所组成的大型组织企业合作,其数目庞大的产品组合分布在各个地区、部门和业务领域。即使绘制每个价值流只需几个小时,全部绘制完成的任务依然十分艰巨。幸运的是,你无须绘制完毕所有价值流,就能给整个系统带来巨大的改变。

正如图14-1所示,依赖关系往往十分常见,通过解决单个价值流中的依赖关系问题,就能解决整个组织的依赖关系问题。当了解到依赖关系在其他方面(例如变更咨询委员会、安全测试等）的应用情况后，你就可以预见这些改进措施会在更大范围内产生影响。

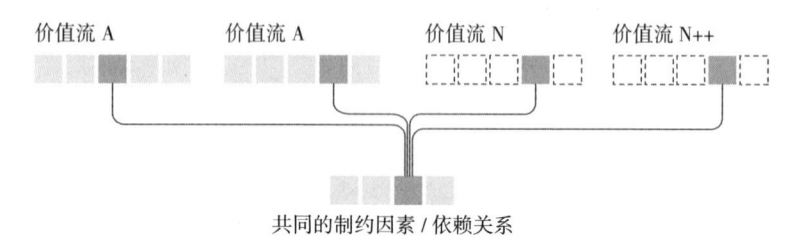

共同的制约因素 / 依赖关系

注：许多价值流都拥有共同的制约因素。一旦确定了共同的制约因素，就可以改进所有具有依赖关系的价值流。

图14-1 拥有共同制约因素的价值流

这显然对绘图和改进工作的投入回报率有巨大影响。通常情况下，几个小时的绘制工作就能揭示一个星期的延迟或浪费问题，而这些问题可以得以轻松解决，还能推广到十多个团队。这意味着投入回报率可能高达几个数量级。

在其他情况下，依赖关系可能只表现在团队内部，或是看似与共享团队或流程（工具、能力、信息流、数据质量）无关。不过，通过预估或者通过绘图呈现其他类似团队或工作流程，就可以发现其中的共性问题。例如，每个团队都需要将一个系统的数据拷贝到另一个系统，而构思出一个集成方案就可以解决所有团队的问题。如果组织不能全面了解各个团队的情况，那么一些问题可能会在无人察觉的情况下对全局造成影响，或者因为在局部产生的影响看似微不足道而始终得不到解决。

为了最终能够解决发现的局部制约因素、浪费及矛盾等，并转化成更大范围内的积极影响，我们可以采取一些不局限于单个流程，而是进行全局机会评估的简单且快速的方法：

共享绘图：你可以与其他团队共享已绘制的流程图，以分享进展和学习成果，并且从他们的角度来验证自己的理解是否合理，或者请他们帮忙查漏补缺。这样做还能激发他们的兴趣，他们可能会绘制自己团队的流程图，或者直接参与到你的工作当中。

询问调查：在Slack等聊天平台发起调查问卷、投票，甚至是一系列讨论帖，有助于快速、非实时地从持有不同观点的人群中收集信息，从而对问题或情况形成更广泛的理解。你可以就流程工程中发现的任何问题提问，例如"你当前的目标成果是什么？""什么因素对你的前置时间影响最大？"或者"对你影响最大的依赖关系是什么？"。在汇总各种答案后，你可以明确哪些是重点关注领域，哪些需要进一步深入探讨。

实践社区：我们将在本章后续部分讨论实践社区的作用和运作。

展示企业全景的价值流网络

詹姆斯·马丁在《大转变》一书中阐述了"企业是由价值流组成的集合"。[1]当今的任何企业看起来都更像是或协作关系或松散或紧密的团队集合。正是这种协作关系缔造了一个互联互通的网络，随着网络的正规化和趋于稳定，就会出现稳定的价值流。

当从项目思维转向产品思维，企业就会更加专注于持续的改进措施，以实现长远的客户价值交付，而不是通过颠覆性的组织调整来完成单项任务的交付。米克·科斯滕（Mik Kersten）在

《从项目到产品》一书中介绍了这种转变，并在衡量和改进流程的背景下引入了价值流网络的概念。[2] 流程工程的最终目标是提升整个价值流网络中的流程效率。

确定组织中的价值流

一旦开始绘制价值流图，就需要在组织的大背景下系统地梳理各个价值流，并建立起整体性的全面认识。我们发现，最好从两个维度来分析价值流的行为和特征：

从开发到运营
从核心到辅助

了解这些维度之后，我们就可以有条理地思考和讨论不同价值流的目的与属性，以及如何随时间的推移来设计和调适这些价值流。

1. 开发型价值流与运营型价值流

价值流通常被分为开发型和运营型，这取决于它是专注于交付一致的产品，还是每次都开发新的产品。但这种二元分类忽略了一系列更灵活也更有效的识别价值流的方法。

有许多理由可以说明为何将价值流刻板地划分为开发型或运营型具有弊端，其中以下三个方面非常重要：

第一，这种二分法只适用于非此即彼的情况，但价值流总是同时包含着众多关注点和责任。它们既要改进又要保持稳定，既要运营又要开发，既要执行又要创新。问题的关键在于它们在多大程度上满足了这些相互冲突的需求。

第二，这种二分法会造成"自己人与其他人"之间的对立关系，使得各个价值流默认处于矛盾状态，迫使大家为了弥补这种分类的不合理性而付出额外的努力。DevOps的出现正是为了解决软件开发过程中开发团队与运维团队之间无益的分离运作。如果在价值流方面重蹈覆辙，就将会再次引发十多年来DevOps所努力解决的问题。团队如果将开发和运营工作分开处理，就会面临真正具有挑战性的问题：开发型价值流和运营型价值流有什么共同点？它们如何利用彼此的优势？它们如何能够达成共识并互相配合？它们应该在怎样的共同基础上沟通协作？

第三，这种二分法导致团队难以兼顾提升绩效的全部必备要素。你不可能仅仅关注开发或仅仅关注运营，但这种二分法却意味着必须这样做，或者至少要求你做出某种形式的妥协。这种妥协会引发决策失误，因为分开运作所固有的缺点必然需要你去不断进行调和。对某些人来说这或许很容易，但以DevOps为例，我们很少看到这种调和能真正成功。实际情况是，开发与运营的关注点和投入处于截然相反的两极。如果按照自己的一套指标和衡量标准来衡量进展情况的话，个体成员、单个团队或多个团队组成的集体均可更专注于创新，即开发工作，同时仍能保持一定的稳定性和效率。他们不需要在两者之间二选一，而是优先考虑其中一项。这会逐渐对管理方式和适应能力产生影响。关注点的选择成为决策时的信息过滤器，用以确定价值、建立清晰度并促成流程。

请设想一个运营型价值流，例如这是一个由多个团队组成的集体，负责管理基础设施并为内部利益相关者的价值流和贡献者提供服务。你可以参见图14-2中所绘制的价值流B。该价值流当前关注的是效率和可预测性，并通过反映这一关注点的各项指标来监测绩效，如运营成本、故障恢复时间、平均故障间隔时间等。如果某些外部因素干扰了价值流的这种关注点或优先重点，那么领导者和贡献者可以根据具体情况在图示范围内做出调整。

假如操作型人工智能达到了一定的能力水平，能够改善目标指标，那么团队可能会暂时更多地投入开发活动，以评估、采纳和落实这种新的能力。

但从另一个角度看，假如有一个产品开发的价值流，如图14-2中的价值流A。该团队正面临一些批评，主要是成本高、可预测性低以及不良率上升。他们主要关注成效和客户满意度，但由于缺乏足够的运营能力和专注度，团队的可持续性开始受到损害。在这种情况下，他们可以改变关注点，更加重视运营指标、提升运营能力并加大相关投入（见表14-1）。

价值流 A　　　　　　　活动/衡量/关注的重点范围　　　　　　　价值流 B

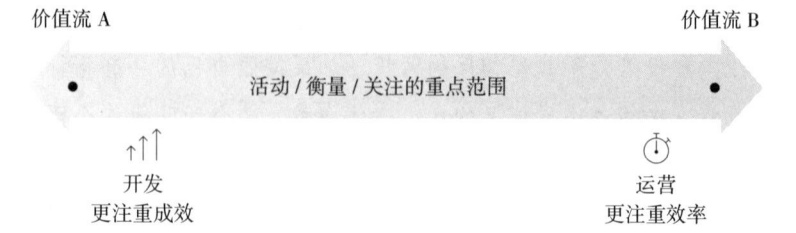

开发　　　　　　　　　　　　　　　　　　　　　　　运营
更注重成效　　　　　　　　　　　　　　　　　　　　更注重效率

图14-2　流程投入范围

随着需求或机遇的变化，我们可以灵活地寻找和调整价值流在上述投入范围内的位置，这就为我们提供了另一种评估当前状态和确定未来状态的方法。

表14-1 开发和运营重点的影响

赋能	开发	运营
关注点	成效	效率
	设计	执行
	创新	稳定性
	新颖度	维护
	价值创造	价值最大化
特点	变化	一致性
	不确定性	确定性
	调查	衡量
	试验	优化
制约因素的作用	启动	管理

2. 核心价值流与辅助价值流

正如我们将价值流置于以运营和开发为两极的重点范围那样，我们也可以从核心考虑事项和辅助考虑事项这两个角度来思考价值流的定位，这样更有助于我们在讨论价值流和价值流行为对流程的影响时达成共识，并在价值流设计和绩效改进方面辅助我们进行决策。

核心价值流与组织的战略和商业模式紧密相关，而辅助价值流则确保核心价值流能够获得高效运作所需的资源、能力和信息。核心价值流指的是任何直接为企业创造收入或价值的工作流程。核心价值流能直接为外部客户创造价值，此类价值流的末端通常是体验价值或购买产品的客户或用户。每个企业至少有一个核心价值流，也可能有多个通常以某种形式相互关联的价值流。核心价值流是企业生存的根本。

核心价值流可借助辅助价值流，因为辅助价值流为核心价值流提供各种服务和功能。辅助价值流通过促进或提高核心价值流的绩效，为核心价值流创造价值。也就是说，辅助价值流是让企业维持运营的方式。一种相辅相成的理想模式是，核心价值流可以按需"拉动"调用辅助价值流的资源和能力，而辅助价值流则以自助服务的形式为核心价值流提供价值。

核心价值流可由多个辅助价值流提供支持，辅助价值流又可以得到更多其他辅助价值流的支持。此外，辅助价值流可以同时支持多个核心价值流。例如，同一个辅助价值流可以为两个不同的产品团队提供自动测试和构建能力。

每个价值流至少有一个界定明确的客户（可以是内部客户，也可以是外部客户），同时可作为其他价值流的客户，使用它们提供的产品或服务。图14-3展示了核心价值流如何依赖辅助价值流提供的基础设施平台，以及该平台团队如何依赖由另一个价值流提供的构建管道来实现持续集成与交付的流程。当这些价值流建立起自助服务的能力时，依赖这些能力的价值流就可以在不中断其工作流程的情况下按需使用这些能力。

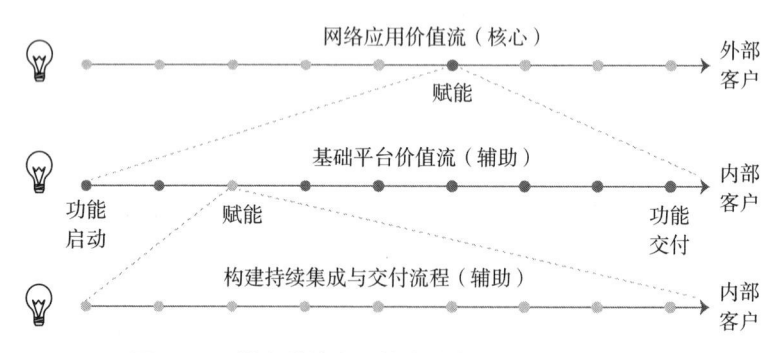

图14-3 核心价值流和辅助价值流的相互依存关系

亚马逊之类的公司就是这样构建松耦合服务（loosely coupled services）的，此类服务无须紧密集成，既可以单独使用，也可以互相替换，为组织的其他服务和产品（如Amazon.com或基于这一网站的其他客户应用程序）提供助力。平台团队为产品团队提供各种服务，产品团队会使用其中设计团队提供的设计系统，并利用可访问的自助服务法律系统来获取审批。通过这种方式，全组织构建起一个没有强依赖关系的、高速运转的敏捷协作网络。

亚马逊网络服务（AWS）正是从辅助价值流演变为核心价值流的典型例子。经过2002年的初步试行，亚马逊于2003年评估了亚马逊网络服务的基础设施能力，认为这可以作为一种可行的商业服务，并于2004年正式推出亚马逊网络服务，提供一整套面向公众的核心服务。[3] 当时亚马逊网络服务的能力范围仍然局限于对Amazon.com网站的辅助功能，后来演变成亚马逊网络服务的核心功能，现在也是支撑客户基础设施能力的辅助功能。

对核心价值流与辅助价值流进行分类（如开发型或运营型）有助于评估在营销、品牌建设、定价和成本管理等方面的相对投入。但在不合适的环境中，这样分类可能带来负面影响。如果核心价值流被赋予了较高的权威性地位，而辅助价值流处于次要位置，就会产生负面的下游效应，因为贡献者会意识到这种分层往往会导致团队之间产生冲突或不满。在连贯一致的价值流网络中，不应该存在诸如一等价值流和二等价值流之类的区分。

所以，上述分类法的价值在于帮助我们全面了解组织内的各个价值流，从而改善交流和决策。由于数字价值流在没有适当模型加以展示的情况下是不可见的，因此我们必须具备一套有效的术语，以便有效地讨论和思考这些价值流。对流程工程更关键的是，我们需要具备提升价值流成效的能力，因此采用一种支持并促进变革的模型至关重要。

接下来，我们将说明如何通过开发型或运营型以及核心或辅助这两个维度，视觉化地呈现各个价值流，绘制出一个互联互通的价值流网络。这样，你就可以直观地看到组织内存在哪些相互联通的价值流，更好地认识各种依赖关系和全组织工作流程，并就此展开有效沟通。

绘制价值流网络图

如图14-4所示，我们可以绘制一张简单的价值流网络图，无须展现每个价值流的具体细节。图14-4显示了不同组织之间的相互依赖关系，有助于识别出结构性的改进机会或低效行为。在价值流网络图中，价值流以图中一个个相互连接的节点表示，我们由此可以清楚地看到各价值流在何处如何发生联系，也能看到法务、人力资源、采购等支持性服务在其中如何发挥作用。绘制价值流网络图提供了一个清晰、可视化的工具，对组织高层次的交流和规划工作非常有帮助。

就绘制价值流网络图而言，我们可利用从开发到运营以及从核心到辅助这两个维度，以便创建范围较大的价值流网络图。以这种方式绘制价值流与沃德利图类似，通常用于展示价值链上的各项能力。[4] 不过，我们的关注点并不在于组织消费和生产了什么，而在于组织是如何通过价值流实现消费或生产的。为了展现流程的动态变化，价值流网络图中的每个节点都代表一个价值流，这些价值流可以在两个维度之间自由移动，其关注点并不是各项能力如何逐渐商品化。图中反映了价值流之间的相互联系，呈现出组织的全貌。这种大范围的价值流网络图不仅可以帮助我们直观地看到不同价值流之间的依赖关系，还可以帮助我们定义、规划和讨论较大规模的战略。

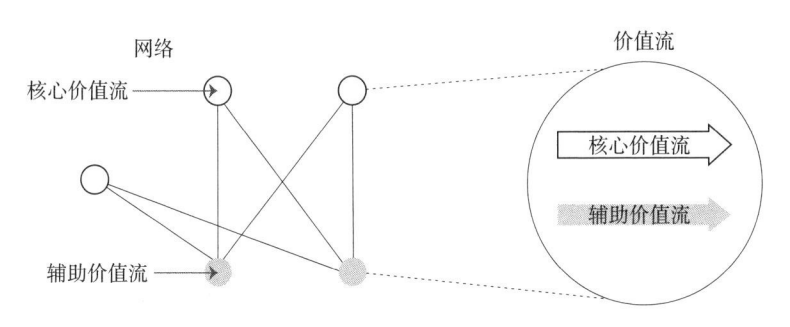

注：价值流网络可以在宏观层面反映各个相互关联的价值流。

图14-4　价值流网络图

要创建价值流网络，你首先应确定网络图中所要包含的价值流或服务。我们建议从小处着手，而不是试图绘制整个企业的所有价值流。如果你打算逐步绘制流程工程的所有图表，那么专注于网络的某一相关部分绘图，会比囊括整个企业更容易一些。如图14-5所示，将价值流作为一个个节点分布在纵轴上，纵轴顶部表示核心价值流（直接为外部客户创造价值的价值流，也就是客户选择你的原因），纵轴底部表示辅助价值流（为组织内部提供支持的价值流，也就是确保组织持续取得成功的因素）。

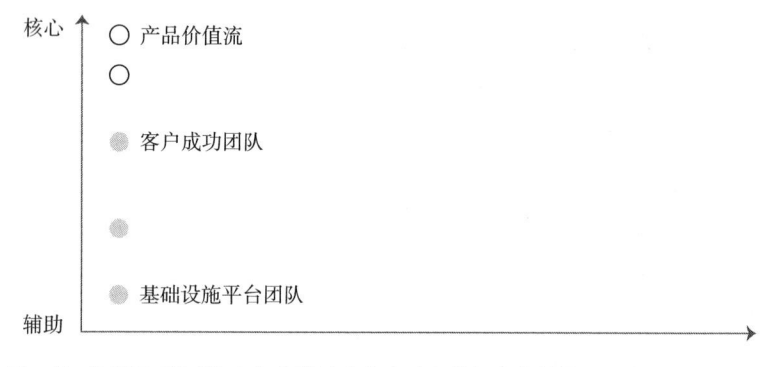

```
核心
 ↑
 │    ○ 产品价值流
 │    ○
 │    ● 客户成功团队
 │
 │    ●
 │
 │    ● 基础设施平台团队
辅助─┴──────────────────→
```

注：从"辅助"到"核心"的纵轴变化表示与外部客户的接近程度。

图14-5 价值流网络图纵轴

接下来，根据价值流在"开发到运营"范围中的位置，将它们水平排列，如图14-6所示。该维度反映了价值流中不可避免的变化和绩效关注点。不断重复执行相同活动的价值流属于运营型，应通过尽量减少变动来提高效率。而那些涉及创造性构思新想法的价值流属于开发型，必然会有较大的变动。开发型价值流应注重成效而非效率。

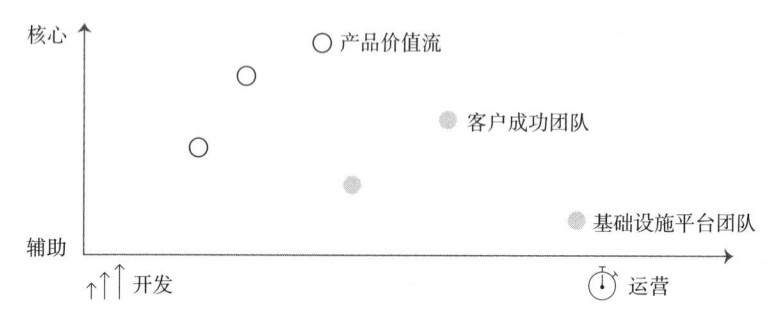

```
核心
 ↑
 │              ○ 产品价值流
 │          ○
 │                      ● 客户成功团队
 │    ○
 │            ●
 │                              ● 基础设施平台团队
辅助─┴──────────────────────────→
     ↑↑ 开发                    ⏱ 运营
```

注：从"开发"到"运营"的横轴变化表示价值流的绩效关注点。

图14-6 价值流网络图横轴

然后，将这些节点连接起来，展示出价值流的主要依赖关系。为了让图更易于理解，只需显示主要的依赖关系即可，如图14-7所示。

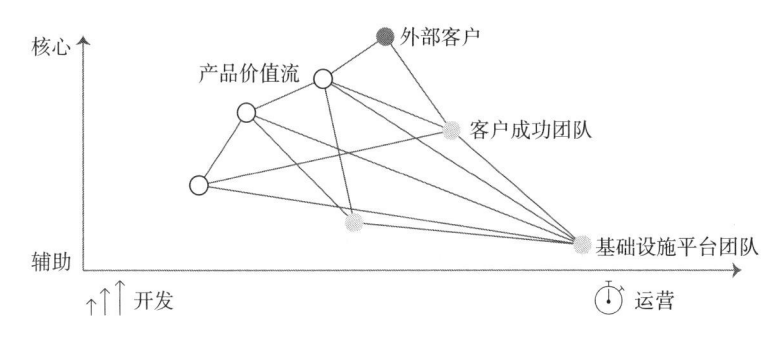

图14-7 各节点之间的连接表示价值流之间的依赖关系

图14-8和图14-9显示了组织内的部分价值流网络，从某一角度说明了这些价值流之间的关联。这些图有助于组织围绕变革对其活动和成果的影响方式来制定战略。例如，图14-8展现了组织如何调整关注点和投入，进一步优化其内部开发平台。该组织进行调整的动机可直接在价值流图上清晰地标注出来，例如为了降低成本和减少变化，或为了减少干扰事件和提高稳定性等。

价值流网络图能够帮助你直观呈现和讨论开发或运营投入方面的变革计划及其影响。图14-9展示了某客户成功平台的一项看似普通的功能，如何通过引入人工智能技术来实现变革。

如图14-9所示，具有实验性质的新技术需要组织转向价值流管理的左侧，也就是在行为上更偏重于开发模式。借助价值流网络图，你就可以讨论这一转变可能需要怎样的新衡量标准或新方法，以推动、支持和维持这种转变。

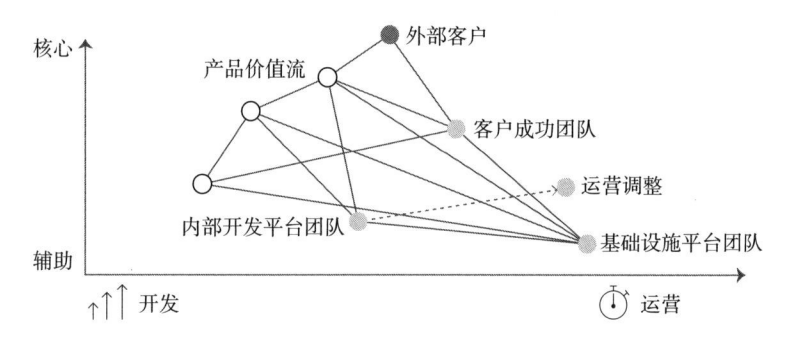

注：价值流可调整绩效关注点，以满足具体需求或条件，如提高稳定性或降低成本。

图14-8 针对内部开发平台调整的价值流网络图示例

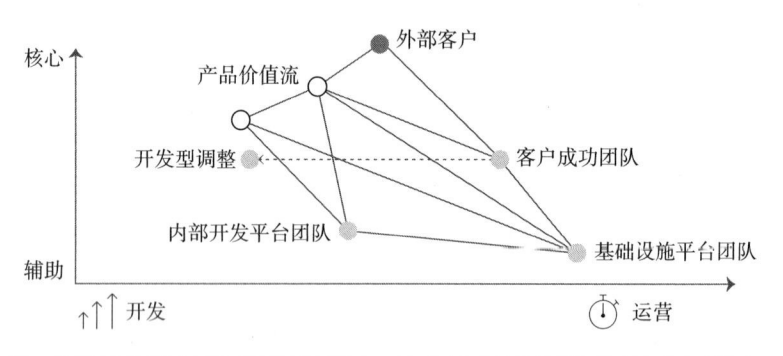

注：价值流可以转向更注重创新或新能力，继而对价值流的衡量与管理方式产生影响。

图14-9 针对开发型调整的价值流网络图示例

价值流网络图是反映组织全貌的图表，呈现出组织内各个价值流之间的关联和依赖关系。与传统的组织结构图相比，这种网络图关注的是整个组织的工作如何完成和获得支持，而不是按层级显示领导层的角色和职责。它展现的是与内部和外部客户相关的活动。

回想一下本书第1部分提到的复选框项目，价值流网络可以帮助你界定并理清该项目所涉及的各种必要互动关系。再回想一下Bolt Global公司莎伦的案例，网络视图也可以帮助她阐明在更大范围内改善整个组织流程的机会。你如果在设计组织流程的过程中能掌握各种绘图技能，就可以在宏观视角和微观视角之间自由切换，发现价值所在。

学习社区

Dojos

正如《Dojos入门》（Getting Started with Dojos）一文所解释的："Dojos是一个旨在提供沉浸式学习体验的空间，全栈团队可以在这里共同学习。"[5]罗斯·克兰顿（Ross Clanton）总结了Dojos对团队绩效提升的作用："Dojos的目的在于学习，我们把学习放在首位。这意味着必须先放慢脚步，才能快速取得进展。在这六周内，我们不会急于求成，而是通过这一过程，让大家变得更加熟练和高效。"[6]根据需求和预期的投入回报率，参与者可以灵活调整Dojos的学习强度，但从工作中抽身出来学习新技能，会使其在未来获得丰厚的回报。在Dojos中开展的流程相关学习活动可能涉及处理虚拟的端到端案例，或在企业内部投入实际应用。这为参与者提供了多样的学习机会：掌握引导和组织能力，采用更为复杂的绘图技术，改进数据收集与整合工作，应用应对措施，以及设计符合所在组织文化的定制化流程工程方式。

实践社区

除了价值流,另一种可以在整个组织内发挥作用的网络便是实践社区。实践社区由志同道合的群体组成,旨在分享学习经验和想法以及共同应对挑战。在Spotify于2012年发表的文章《大规模敏捷@Spotify》(Scaling Agile @ Spotify)中,这类团体被称为公会(Guilds)。[7]实践社区的规模可以从两个人的非正式会议开始,逐渐发展成一个定期举行会议并拥有正式化交付成果(如标准、操作手册和文档)的大型团体。

在刚开始探索流程工程时,你不妨利用组织外部的实践社区来提出问题、听取经验报告,并与志同道合者建立联系。流程联盟(Flow Collective)就是这样一个致力于改善组织整体流程的实践社区,你可以借助该社群的资源来启动流程工程工作。

案例研究 | 流程联盟

流程联盟是一个公共社区,成立于新冠疫情防控期间。在社交受限的情况下,流程联盟作为一个在线交流平台,可以让朋友们继续讨论与流程相关的话题,以及其他感兴趣的内容,就像他们平时在聚餐或喝酒时会进行的讨论一样。

这个平台的运行方式非常简单:成员可以使用Slack随时交流想法和分享信息,每周举行Zoom会议实现实时沟通,并将Mural白板用作一个轻量化、结构灵活的讨论平台。流程联盟强调在以下5个关键方面激发创造力和学习力:

跳脱原有环境的限制:流程联盟为成员提供了一个独立于传统工作

环境的空间，在这里无须受限于工作场所的规范和要求。这样的环境鼓励自由创新，成员可以无拘无束地分享想法，不用担心他人的评价，也无须遵循特定的职场行为准则。

分享与倾听：流程联盟的成员每周都会展开开放、活跃的对话，在这些讨论中分享不同的想法和观点。这种开放式对话汇集了来自不同领域的经验和观点，能够激发出新的见解和灵感。

经验丰富的同行的支持：流程联盟由拥有丰富知识和经验的成员组成，营造了一个优质的学习和成长环境。在这里，经验丰富的同行之间相互交流和分享想法，不仅建立起强烈的社区认同感，还为成员提供了相互支持、鼓励的平台。

公开学习：公开学习是流程联盟的核心理念之一，鼓励成员在社区中分享他们尚未成熟的想法，通过这种开放的探索和交流，获取反馈并不断完善自己的思路。这种公开学习与分享的过程可以促进持续的改良和创新。

汇集学习成果作为共享资源：流程联盟的讨论与互动所产生的知识和见解不仅是个人的收获，还会被汇集和共享，为所有成员提供参考。这种共享的学习资源库不只为每个人提供了宝贵的参考，还逐渐提升了集体的整体认识和理解力，并形成一套通过群体协作构建的知识体系。

像流程联盟这样的社区培养了一种开放沟通、持续学习和创新协作的文化。它通过提供一个远离传统工作场所结构和动态的空间，让成员们可以在这里分享经验、学习知识，并与志同道合的伙伴一起加深对流程的理解。你也可以模仿流程联盟的模式，在自己的组织内部或外部打造自己的社区。如果你读到了这里，那么我们现在正式邀请你加入流程联盟，在FlowCollective.org上与其他人一起学习、分享和成长。

流程赋能团队

为了在企业内推动、支持和扩展流程工程实践，我们鼓励采用马修·斯凯尔顿（Matthew Skelton）和曼纽尔·派斯（Manuel Pais）在《高效能团队模式》(Team Topologies)一书中提出的赋能团队模式："赋能团队本质上具有高度协作的特性，他们致力于了解遵循流程的团队所存在的问题和不足，以便提供有效的指导。"[8]

通过与遵循流程的团队（和平台团队）配合并提供支持，流程赋能团队能够帮助这些团队重新对齐工作流程、聚焦目标、揭示制约因素，并消除障碍，从而保持工作流程的顺畅运行（见图14-10）。尽管这些活动非常有价值，但是团队往往因为忙碌的工作而难以抽出时间来改善工作流程。

史蒂芬·柯维曾用"把锯子磨利"的比喻来说明花时间改进工作的重要性："虽然这些改进需要花费一些时间，但从长远来看却能为我们节省大量的时间。我们绝不能因为忙于锯木头而忘了花时间磨锯子，也不能因为忙于开车而忘记去加油。"[9]

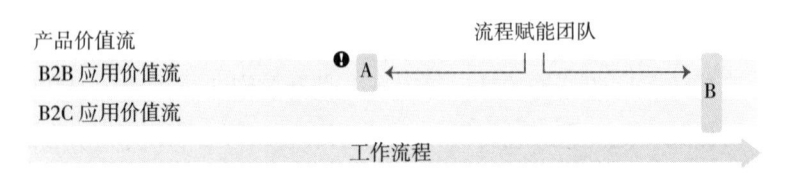

注：流程赋能团队与价值流团队合作，帮助他们学习、绘图并解决流程问题。这种支持可分为两种方式：被动支持（A）与主动支持（B）。

图14-10 流程赋能团队与产品价值流的互动关系

当流程赋能团队在与组织中的多个团队合作时，不同的团队、场景和问题会帮助流程赋能团队逐渐积累技能和洞察力。他们还可以下功夫利用同行网络进行学习，进一步提升对组织内外常见问题以及所共同面临的挑战的敏感度和理解力。

流程赋能团队可以被动或主动地与各个价值流和对齐价值流的团队合作。以下事件可能引发被动干预：团队成员流失、团队重组、出现新需求或者关键指标出现偏差等。在这种情况下，流程赋能团队的目标是根据需要来稳定团队状态或提升其绩效。流程赋能团队也可以积极主动地与团队合作，定期开展基准测试，分享组织其他部门的洞察，传递新知识和新技术，或者培训团队成员，培养他们的流程工程能力。流程赋能团队可以通过多种方式协助全组织的各个团队改进绩效：

流程工程团队可以通过完整或部分项目的形式，组织绘图研讨会，并负责培训和指导改进工作。这是与其他团队互动的主要方式之一。

经过一段时间的合作，各团队可以开发和测试新的方法与实践，包括新的绘图技术或对策。这些成果可纳入为其他团队提供的产品和能力组合。

流程工程团队可以发布模板及其他资源，如文档、培训材料、案例研究、视频等，帮助别的团队在其内部或在与其他团队合作时落实流程工程活动。

对于流程工程团队，组织并不需要从一开始就专门组建此类团队。刚开始时，可能只是个人定期投入时间和精力来提升工作绩效，慢慢会逐步发展成一种强大且持久的能力，随着影响力的进一步扩大，最终在整个组织中得以推广和应用。

依赖关系管理

我们在当前流程中遇到的许多问题都与依赖关系有关，而这些依赖关系的影响非常显著。特洛伊·马根尼斯（Troy Magennis）在数据、预测和衡量领域颇有建树，他计算出如果一个团队有5个依赖关系（例如其他团队、审批环节等），那么成功按时交付的概率仅为1/32。他还指出："每减少一个依赖关系，按时交付的成功率就会增加一倍。"[10]

流程工程试行（解决初期阶段问题）

每个人都希望有所改进，但改进需要投入，为这种投入找出合理的理由并不容易，尤其是当涉及变革的时候。由内而外的领导方式意味着，所采取的方法必须符合人们当前的实际情况，并与他们希望达到的目标保持一致。为了能够顺利地开展改进工作，仅仅提出流程工程方法或其他方法是不够的。无论这个方法多么吸引人，人们如果对此没有足够的认知，或者没有投入足够的精力，就很难推行下去。我们希望做到尽量简化，让你看清如何启动和推进流程工程。但我们也明白，简单易行又具有价值的方案往往并不足以推动实际变革。

有两种既有效又简单的方法可以帮助你顺利地开展流程工程实践。

绘制对话成果图：正如第10章关于精益决策过滤器的内容所指出的那样："价值高于流程。"因此，我们必须反复确认你所追求的有价值的目标，并与所有参与者共同协作，确保目标的一致性且拥有共同的清晰认识。在一对一或团队讨论中，你可以记录对话要点并根据第5章介绍的成果类别进行分类，从而判断流程工程是否能够满足需求。如果在对话中发现涉及吞吐率、摩擦、目标不一致、可见度等方面的问题，那么你可以将流程工程作为应对措施来解决这些问题。

一经明确期望的成果，就开始讨论预期成果可能是什么样的、对利益相关者有何好处、存在哪些潜在的障碍，以及下一步将采取的行动。你可以在一次30分钟的会议上通过头脑风暴、手写记录或数字化的方式创建一个对话成果图，以便在起步阶段确保方向正确，即使在偏离目标后也能重新调整以回到正确的轨道，或者按照既定计划保持前进。对话成果图的优势在于，你可以把图方便地呈现给会谈的对方，并直接询问："我的理解是否正确？"

要想取得最显著的进展和成功，请记住以下四点：

每个人都有自己的义务和激励机制。确保你的工作与高价值的业务目标、计划、指标或目的保持一致。

明确如何通过改进流程、提升质量或价值，直接为企业的核心价值做出贡献。你可以使用成果图来描绘和分享这一点。

以成果图为参考，引导与同行和领导之间的对话，或者在对话中将成果图作为可视化材料直接分享。

与关键利益相关者一起创建成果图,以便收集直接反馈并实现"宜家效应",即利用参与感来提高人们对成果的认同和价值感。

你还可以通过流程工程本身来推动实施流程工程。首先,确定目标成果——假设我们的目标是将某一试点团队的前置时间缩短30%。如果绘制详尽的流程图需要6～8个小时,那么对于前文提及的改进幅度而言,这是比较适当的时间投入。这种方法可在开始启动流程工程和扩大改进工作影响的范围时使用。

你应当先确定一个试点团队,并通过绘制流程图开展工作。从单个试点团队着手,我们可以快速展示价值和取得成功。值得注意的是,我们的目标成果并不是实施流程工程。原因在于流程工程只是实现目标的手段,而非最终目的。试行流程工程的最佳方式是利用它为企业带来实际效益。所以,你应当选定一个真实的问题、一个真正的机会、某个与高层目标一致的事项,然后应用流程图,接着再确定下一个目标。流程工程并不是可以一次性实施就能全面推广的工具,而是一个需要不断实践和运用的过程。

试点团队面临的首要挑战之一就是了解目前组织中的高层级工作流程是如何运作的。高层级工作流程的例子包括:重要版本的发布流程、合作伙伴参与流程,或其他任何围绕公司核心商业模式交付成果的关键活动序列。即使团队成员认为自己已经熟知这些流程,但将其可视化的过程能够带来新的机会,获得关于组织实现价值交付的新发现。通过将组织内的工作流程可视化,团队可以发现以前从未察觉的关联工作。这些工作可能是同一价值流的延伸,也可能属于另一个相关的价值流。

试点团队的下一个目标是识别出明显的制约因素和浪费,以快速取得成果。这些成果不仅能激发团队的动力和成就感,还能促进其与其他团队的交流,吸引他们加入、支持并扩展我们的工作。

当我们讨论所引入的变革时,这些变革可能形式多样,但通常会带来颠覆性影响,而且其价值可能因反馈的延迟而被掩盖。因此,我们需要与各个团队合作,让他们看到变革的价值所在。绘制好流程图并分享给他们,以提升可见度并收集意见和反馈,从而推动更大变革,再进一步绘制其他流程图,实现其他目标,产生更深远的影响。这就是"流程飞轮效应",即通过初期的小改进和持续优化,逐步积累动力,最终带来更大范围的改进和持续增长。

流程的飞轮效应

在流程工程中投入时间所面临的挑战是,大多数团队都在满负荷或超负荷的状态下运转,因此很难抽出时间去尝试新方法。因此,我们建议将绘制流程图等活动纳入现有的时间框架,比如回顾总结会议或线下会议。只需最小的初期投入,你就能快速取得成果,为投入下一个项目准备足够的资本(时间、空间、精力)。一旦开始取得进展,你就可以继续再投入并扩大影响力。流程工程为流程改进能力的显著提升奠定了基础,而流程工程一旦启动,就会像飞轮一样推动持续且更大规模的变革。图14-11描绘了构建这种进展势头的各个阶段。

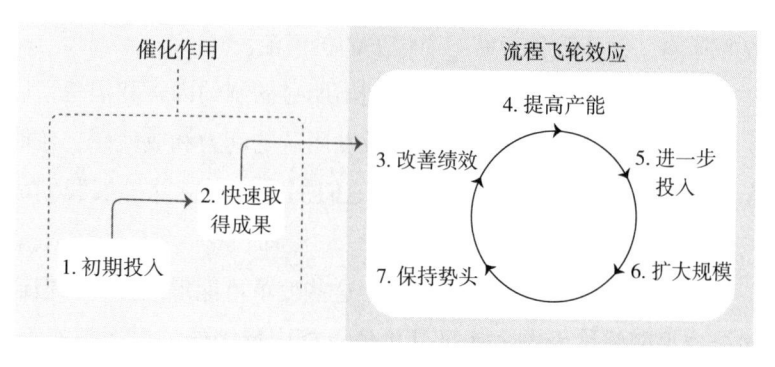

图14-11　流程工程的飞轮效应

1.初期投入：暂时脱离日常工作是了解并改进工作的最佳方式。然而，这个阶段通常是最具挑战性的，因为它需要我们克服惰性和对变革的抵触情绪。流程工程的绘图活动旨在快速完成（因而成本低）且具有互动性（因而能够带来参与感）。这种绘图也可以融入其他团队改进活动，如回顾总结会议。此外，绘制成果图可以将你的工作与整个组织所追求的效益联系起来。

2.快速取得成果：初步提高一致性和可见度可以推动初期进展。通常，当前状态图有助于发现可减少大量浪费的地方，我们只需尽量减少那些没有增值的活动或延迟即可。未来状态图则作为提供支持和协调功能的工具。绘图过程还能增强团队内部以及跨团队的凝聚力和参与感。

3.改善绩效：初期的投入开始带来回报，提高了效率、生产力或质量。这种改进首先表明飞轮效应开始发挥作用。庆祝初期取得的成功并分享学习成果，有助于获得支持并推动进一步进展。流程路线图中的进展措施，逐渐演变为可以共享的衡量标准和里程碑，也是你的努力付出所带来的价值证明。清晰界定小范围内的改进行动,能让团队更专注于工作、认真执行并实现变革。

4.提高产能:随着工作绩效的提升,团队拥有更多的产能和时间来完成其他工作,这是因为工作流程变得更加高效,返工或中断的情况比以往更少,组织能够用相同或更少的资源完成更多的工作。

5.进一步投入:有了更多的时间和产能,组织就可以进一步投入创新改进、数据收集和新能力的开发。增加的产能还可以用于偿还技术债务、完善操作手册、进行平台开发,以及开展其他支持性能力的建设。

6.扩大规模:将学到的经验分享给其他团队、合作伙伴和依赖方,并聚焦于新的制约因素和目标成果。通过价值流管理,可以设定更复杂的衡量标准,带来更高的可见度,形成更大的影响力。

7.保持势头:随着这一良性循环的持续运转,组织会进入持续保持增长的势头,每一次改进都会推动下一次改进,这就是飞轮效应充分发挥作用的表现。最初的努力逐渐转变为一种自我持续的增长循环。在这个阶段,改进已成为工作的一部分。借助各个工作项的分布(流程分配),你可以追踪不同类型的工作的耗时情况,而借助衡量吞吐率和价值实现的指标,你可以追踪投入回报率。在这些数据的基础上,组织可以不断进行调整,继续发展壮大。

结　论

本书的第3部分涵盖了广泛的概念和技术,帮助你迈出启动流程工程的第一步，以便在未来进行深入学习和更广泛的应用。第10章首先介绍了流程工程的指导原则。在第11章，我们除了介绍绘图工作，还探讨了如何实际应用前述原则来推动改进流程。第12章重点分析了团队可能遇到的常见陷阱。第13章介绍了价值流管理，以此作为一种持续提升绩效的实践。在第14章，我们重新审视了最初的规模问题，探讨了如何利用流程工程有效地扩大工作规模。这些章节共同构成一套概念和实践组合，希望能够为你改善整个组织的流程提供支持。我们理解企业规模化所面临的巨大挑战，但是我们相信，凭借这些工具，你已经准备好发挥流程的飞轮效应，在充满挑战的企业环境中创造价值，建立清晰认识，并促成流程。

主要启示

- 通过单个试点团队开展流程工程所快速取得的成功经验，你可以在组织内多个团队中复制推广，解决大家共同面临的问题，从而实现规模效应。

- Dojos 和实践社区能够在更广泛的层面帮助你快速培养和提升流程工程的技能与能力。

- 流程工程赋能团队可以在大型组织内跨部门开展工作，提供支持，进行干预，并分享学习成果。

- 只需较少的初期投入，流程工程就能发挥流程的飞轮效应，持续改善整个组织的流程。

注 释

1. Martin, *The Great Transition*, 63.
2. Kersten, *Project to Product*, 111.
3. "A Brief History of AWS."
4. Anderson, McCann, and O'Reilly, *The Value Flywheel Effect*.
5. Clanton et al., *Getting Started with Dojos*, 4.
6. Ross Clanton, as quoted in Cote, *Monolithic Transformation*
7. Kniberg and Ivarsson, *Scaling Agile @ Spotify*.
8. Skelton and Pais, *Team Topologies*, 130.
9. Covey, *The 7 Habits of Highly Effective People*, 38.
10. Magennis, "Impact of Multiple Team Dependencies."

结　语

"我们不能把我们的意志强加于系统。但是我们可以聆听系统的声音，听它告诉我们什么，并顺应系统的特征，使我们的价值观更好地与之匹配，从而创造出更好的事情来，而这些都是无法只靠意志力实现的。"

德内拉·梅多斯
——《系统之美》作者

　　流程工程超出任何具体计划、做法或整套原则的范围，致力于为一种最具挑战性的工作环境——复杂且日益数字化的跨国公司组织——改善条件和提高绩效。这种规模的公司容易产生人员、观点和目标之间的隔阂，继而造成注意力分散、方向感缺失、参与度降低。这种情况下，我们难以协同合作，以最佳状态完成工作。

　　解决这种问题的方法、系统、框架和方案多种多样，但鲜少能在规定性和生成性之间找到可付诸行动的平衡点。许多解决方案会遗留漏洞，于是难以获得支持、实现可视化并与当前状态或未来目标保持一致。我们在一种适用于从个人到整个生态系统的任何规模的理念中汲取了灵感,也就是控制论。要想在上述情况下促成有效行动,我们必须实现行动的三要素:价值、清晰度和流程。

流程工程提供了一条途径,通过依序协作绘制五张流程图,确定各项制约因素,从而实现行动的三要素。这五张图分别是:

成果图:确定清晰的目标成果。
当前状态图:明确当前状态下的制约因素。
依赖关系图:分析阻碍取得目标成果的制约因素。
未来状态图:确定取得目标成果的行动。
流程路线图:排列为交付目标成果所需采取的关键行动的优先次序。

当我们了解了哪些制约因素和复杂问题影响着我们变革改进的能力,流程工程就很容易上手了。流程工程充分利用最有效的规定性和生成性方法:无论规模大小,均可适用,并且易于定制,具有开放性、延展性和适应性。我们希望你读到此处时已经在实践中运用了流程工程的方法。

流程工程的极简表述就是通过三个问题来追踪控制论的价值、清晰度和流程循环:

我们最具价值的目标是什么?
是什么在阻碍我们达成目标?
我们怎么能解决这一问题?

如果你在考虑这些问题，那么你已经开始改进组织的流程了。简单，却不容易。流程工程的结构就是要让这一过程直截了当，清晰明确，可以付诸行动。

要实现大规模的变革，很多事情都需要顺利推进。但你几乎无须费力就能快速致胜，展示成果，启动进步的飞轮。为你的下次会议绘制一份简单的传统成果图，然后将其分享给其他人来验证你的理解。把目标和关键成果纳入成果图，再换个不同的视角来审视。绘出你投入时间最多的流程，检查一下是否存在你能自行解决的延迟或浪费现象。如果能，那么你一定要停下来总结并庆祝你的努力和所学到的东西——当你这么做的时候，请告诉我们你的进展以及你学到了什么！

我们在撰写本书的过程中发现，有那么多东西是我们所不曾了解的。而在本书的视野之外还有更多的东西有待探索：知识和实践能帮助你的工作在深度、广度和影响力上都有所拓展。由于篇幅的限制，本书可能无法就某些领域提供更多的详细介绍，但你可以继续追寻、深入发掘，从下列领域获得极大的价值：

延迟的成本：唐·赖纳特森在提出吞吐率审计（Throughput Accounting）时，还建议以延迟成本作为流程的一项超级指标。[1]

沃德利图（提出者西蒙·沃德利）：可用于从战略角度对组织架构和各项能力的宏观理解和大规模演进。

加里·格鲁弗（Gary Gruver）的著作《引领变革》（Leading the Transformation）和《设计数字化转型》（Engineering the Digital Transformation）提供了有关持续交付的具体技术措施和实践干预活动。

"从项目到产品的转型"理念则说明了要对运营模式、激励措施和优先事项做出的变革。[2]

肯尼芬框架介绍了多种应对各类运营环境和条件的方法。

政策部署（policy deployment）有助于战略性实施价值流管理，并统筹协调各项策略和运营活动。[3]

还可参阅帕彭迪克、梅多斯、卡普拉、戴明、圣吉等人的著述，深入钻研系统性思维、流程、绩效改进理论和实践等。

我们衷心希望本书不仅能帮助你改善流程，而且能激励你继续探索，并鼓励更多的人加入你的探索之旅。同时我们也要感谢你加入我们的流程工程探索之旅！

主要启示

- 流程工程是一项人类活动，旨在以协作的方式可持续地交付价值。
- 为提升流程工程的影响力和效果，你需要综合考量组织内所有发挥作用的具体影响、激励因素和各个系统。
- 你可以利用经过验证、行之有效的精益方法和可扩展的变革采纳方法来推进落实流程工程。
- 你还可以借助赋能团队、Dojos和实践社区，有效扩展流程工程的实施范围。
- 流程联盟是一个线上全球社区，聚集了关注流程的个人变革者，他们都能为你的流程工程之旅提供支持。

注 释

1. Arnold and Yüce, "Black Swan Farming Using Cost of Delay."
2. Clanton et al., *The Project to Product Transformation*.
3. Womack and Jones, *Lean Thinking*, 320.

附 录

价值、清晰度及流程详情

图A-1比较详细地展示了行动三要素：价值、清晰度和流程。

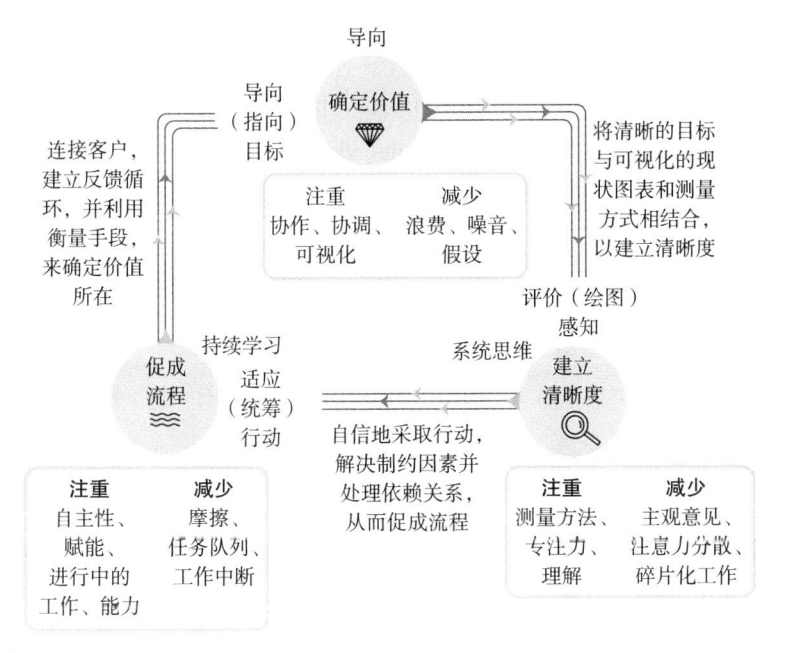

图A-1 价值、清晰度和流程

运用利特尔定律

利特尔定律（Little's Law）是队列理论（queue theory）中的一条原则，通过简单的计算公式帮助我们评估价值流的流动状况。比如，我们可以用它来理解在既有的绩效条件下，预计需要等待多久才能交付完成任务队列中的所有工作项。利特尔定律把等待处理的工作项数目（以 L 表示）与某一工作项在系统内的平均到达率（以 λ 表示）和平均等待时间（以 W 表示）关联起来，用公式表示为 L=λW。

在知识型工作领域，利特尔定律可用以描述进行中的工作的数量与完成这些工作所需时间的关系。列示新任务、进行中的工作和吞吐率等数据，有助于计算出各个价值流中的最优进行中工作值。为保证计算正确，在开始运算之前，你必须熟知价值流中的各项平均数值：前置时间（W）、进行中的工作的数量（L）和吞吐率（λ）。

正如丹尼尔·维肯尼（Daniel Vacanti）所指出的，正确运用这一定律需要开展连贯一致的测量，"关注过往，而非未来"。[1]利特尔定律反映的是一种基于下列多项假设的数学理想状况：

该定律只在运行状态相对稳定的价值流中成立。例如，一周之初的进行中的工作应与这一周结束时的进行中的工作匹配。

价值流中新进入的工作项平均速率应当与已完成的工作项平均速率相等，否则无法准确量化吞吐率，也就是说，工作项不可在中途被拒绝或放弃。

鉴于知识工作存在极大的可变性，上述假设难能成立。然而，进行中的工作、前置时间和吞吐率三者之间的这种一般关系是大致无误的：要想提高吞吐率，就应努力减少进行中的工作和前置时间。

利特尔定律的构成要素

进行中的工作的数量：价值流中属于进行中的工作的工作项（功能、故障、改进等）平均数量（负荷）。

吞吐率：流经价值流（新发起或已完成）的工作项吞吐率。

进行中的工作：一项任务在价值流中从发起到能够投入使用所需耗费的平均时间，你可以从客户的角度考虑W，即从提出请求到请求完成所需的时间。

情景设想：在某价值流中运用利特尔定律

观察时期：1个月。

完成的工作项数量：60个。

进行中的工作的数量：该价值流各阶段在任何时间都有平均15个工作项在同时进行。

步　骤

计算到达率（λ）：若一个月内完成60个工作项，则到达率为60个工作项/月。

计算系统内单个工作项耗费的平均时间（W）：可将利特尔定律的公式改写为W=L/λ。已知条件L（负荷）=15个工作项，以及λ（到达率）=60个工作项/月，则W=15/60=0.25（个月）。

由此可得，平均而言，一个工作项在系统中从启动到完成需要耗费约0.25个月（约7.5天）的时间。

洞见与行动

完成待办事项列表：了解吞吐率以后，你就能知道需要多长时间完成整个待办事项列表上的任务。若每一个工作项的交付时间为60天（W），而你同一时间在处理5个工作项（L），那么你将需要6.5年才能清空一个列有200个事项的任务列表。

瓶颈因素：团队如果认为平均时间（W）过长，就可以调查找出工作流程中的制约因素，包括是否有工作项在代码审查阶段停滞不前？测试阶段是否发生了延迟？

产能：如果平均时间数值偏高，那么这可能说明需要提高产能，或者需要变革开发流程。

可预测性：了解平均时间数值有助于预测交付时间，并提高团队制定工作承诺的能力，但前提是流程必须保持连贯一致。

改善流程：团队如果希望降低平均时间数值，就可以试验多种改进方法，比如限制进行中的工作的数量，看看这会如何影响平均完成时间。

在价值流管理中运用各项指标

图A-2显示了我们是如何计算速度的。

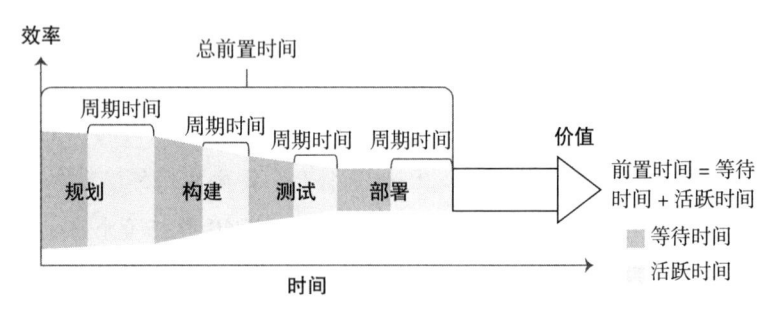

图A-2 计算速度：前置时间、等待时间和活跃时间

前置时间是改进流程方面最关键的指标,这主要是由于以下三个很少得到讨论的原因:

时间是你在工作中最难控制的一个因素。对于你和你的客户来说,时间一直在流逝,前置时间指标恰恰是对这一事实的最完整的体现。

前置时间指标鼓励开展合作。这一指标兼顾了价值创造过程中的每一个跨职能团队,把所有的个体贡献者都团结在统一的集体标准下。

前置时间反映出从客户处获取知识经验的最完整的闭环。借助这一指标,你可以根据从影响客户的最新变革中所得到的某些洞察,获悉你能够交付价值的最早时间点。

有关前置时间的最大误解就是把它仅仅当作完成工作所花费的总时长——这是错误的认识。按照标准定义,前置时间实际上包含了工作项的等待时间,以及你在每一个阶段为此工作项付出的周期时间。所以,假如你的用户故事表明为某个工作项等待了8个月,即使你事实上只用了2个月就完成这一工作项的开发工作,但是你的总前置时间要算10个月。这是因为我们要把等待时间和各阶段的周期时间都计算在内,才能得出从客户成果出发的、真正意义上的前置时间。

周期时间实际上既包含积极开发工作项的时间,也包含每一阶段的延迟、返工、干扰、运营活动等花费的时间(见图A-3)。其中可能隐藏着严重的浪费问题,只不过我们很少专门去仔细查看,因为这一问题不太必要或价值不大。我们会简单询问各个贡献者在每一阶段用于开展增值活动的时间占多大比例，也就是他们能够积极为某一工作项开发价值的时间。

| 启动加速 | 增值时间 | Slack聊天信息 | 返工以往的任务 | Slack请求 | 帮他人消除障碍 | 恢复加速 | 增值时间 | 状态更新 |

———————— 周期时间 ————————

图A-3　周期时间包括每一个阶段的全部增值时间和非增值时间

增值时间所占比例往往非常低，项目初期这一比例低也应在预料之中。对这一指标进行测量并不是为了评估现有水平，而是为了改进工作，确立基准值，帮助我们理解改进工作可能具有多高的投入回报率。

图A-4显示了我们是如何计算质量的，即准确完成的工作所占比例。如果我们展开分析，那么这一指标实质上是在衡量流经各个阶段的工作项的完整准确程度，换言之，有多少工作项贯穿某个阶段且满足各项要求，无须退回返工或澄清。

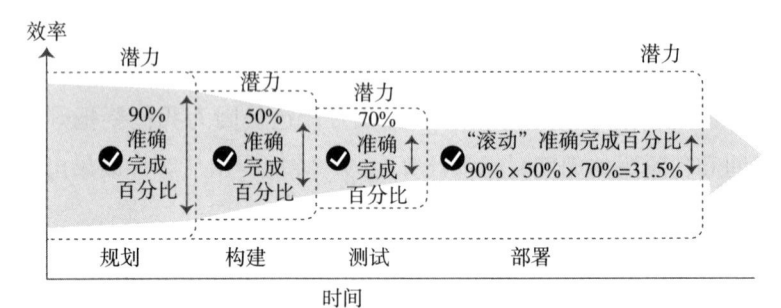

效率↑　潜力　　潜力　潜力　　　　　潜力
90%准确完成百分比　50%准确完成百分比　70%准确完成百分比　"滚动"准确完成百分比 90%×50%×70%=31.5%
规划　　构建　　测试　　部署
时间→

准确完成百分比：有多少工作项贯穿某个阶段且无须退回返工或澄清？
图例　✓ 实际值

图A-4　计算质量：准确完成百分比

在开发流程之初，产品负责人或业务分析师通常负责收集具体需求，撰写用户故事，形成由开发团队随后着手开发的一个个工作项。就全部有待解决的各类情景或极限案例而言，即便是最出色的业务分析师写好的用户故事，也最多只能符合大约95%的需求。开发人员接手这些工作项以后，大约有5%的工作时间都面临着用户需求不够清楚或者用户故事缺失基本信息等问题。这样的问题会阻碍开发人员的工作，于是他不得不将工作项退回给业务分析师。

在DevOps背景下，这种情况频繁发生。我们所遭遇的问题就是如何衡量此类情况，如何追踪记录工作项被退回的频次。这一情形并不仅仅出现在开发阶段，在测试阶段也时常发生。比如某一完成开发的工作项，从测试的视角看存在重大问题，因此必须退回。

此时我们就需要运用准确完成百分比这项指标了，这也正是这一指标重要的原因。准确完成百分比衡量的是工作各阶段中，有多大比例的工作被准确无误地完成，而无须退回。理想情况下，每一工作项将从一个阶段流入下一阶段，不带入任何缺陷。但我们都知道，真实情况下和实际操作中，任何阶段都可能出现缺陷。

处于工作流程后期的阶段依赖于前期阶段已完成的工作的质量，这意味着业务分析师必须撰写出清晰易懂的用户故事，全面涵盖各种类型的极限案例。然后开发人员必须确保按照这样的用户故事准确开发，以便在测试阶段不出现重大问题。如此，我们还需要保证每一阶段的工作质量都达到预定标准。

我们不妨回顾一下图A-4。你会看到规划阶段的实际准确完成百分比大约为90%，在构建阶段为50%，在测试阶段为70%。准确完成百分比能表明单个工作项无须被退回返工的可能性，那么我们如何解读这些数据呢？我们可以看到图中最终的准确完成百分比为31.5%，这一数值是规划、构建和测试各阶段实际准确完成百分比的汇总结果。

对于那些已在有效使用价值流图的客户来说，最终的百分比大致在15%~20%。但是对于那些刚开始接触价值流管理的团队来说，他们的"滚动"准确完成百分比通常低于5%。

计算流程工程的投入回报率

如果你目前并不清楚工作流程的绩效数据，也不了解整体状况，更没有明确的改进计划，那么你难道不想尽快掌握这一切吗？比如说，你通过绘图识别出三种优先级较高且相对简单的改进措施，这些改进措施可以立即实施，可能需要至少三个月才能看到可测量的进展。然后，经过三个月的运作和发展，你获得了关于当前状态的足够数据和经验，可以再次绘图并确定新的成果。又过了六个月，你取得了足够的进展，于是又制定了新的预期成果，也发现了需要解决的新瓶颈因素。

在实践中，绘制成果图需要召开至少一次两小时的绘图研讨会，才能从零开始完成一份设计完备、可供付诸行动的成果图。图A-5就是一张非常详尽的成果图，其中涵盖了目标和问题、价值观和原则、优先次序、试验界定等。从原始数据输入开始逐步迈向洞察的过程中，你可以随时重新调整这些流程图，并轻松导出，方便在组织内共享。

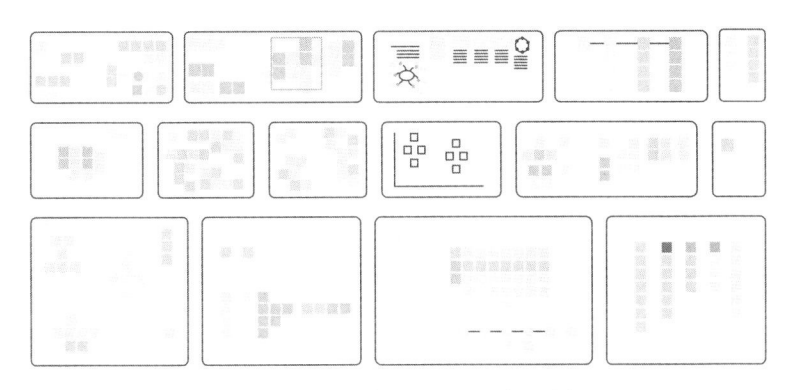

图A-5 进行中的工作记录板示例

由于人们越来越多地以异地远程的方式办公,而不是在公用办公室里完成知识工作,因此线上协同绘图已不再是一种附加的工具,而成为工作中不可或缺的组成部分。借助流程工程,我们会关心在未来三到六个月里如何改进某个特定价值流中的工作流状态。我们的目标不只是改善运营,还要改进成果。在客户和合作伙伴的流程工程活动中,我们常见到如下预期成果:

软件交付率提高三倍。
向测试环境部署变更的速度提高十倍。
解决生产问题并恢复正常工作的速度提高五倍。
不良品数量减半。
变异性降低一半。

团队(尤其是远程团队)可能不太愿意腾出时间参与绘图的一个原因是,他们害怕要为团队开会预留或被要求留出充足的时间。这是"虚假节省"（false economies）观念的一个典型例证，我们需要明确抵制这种倾向性。

任何组织中薪资最高的都是高级管理层。然而，他们往往也是最常开展长时间团队外部思考和规划活动的成员，以及每周都要参加长达数个小时的规划和战略制定会议的成员。思考需要耗费时间。沟通也需要耗费时间。时间就意味着成本。然而，思考不足和缺乏沟通的代价要远远超过从一开始就正确思考规划所需花费的这些前期成本。

全世界范围内效率低下的组织活动所耗费的时间、财力、精力和商誉成本无疑可达数百亿甚至数万亿美元之巨。这一现象常被描述为"组织的能量转换成热量，而没有转化成工作成果"。人们还会用"抖动"（thrashing）[1]之类的字眼描述这种一直忙忙碌碌却没有产生最佳影响的活动。

"抖动"的一个典型例子就是有些人的日程安排中填满了时长达三十分钟的会议，分别涉及一大堆并行开展的项目。此类会议不给真正完成工作留出时间，即使还有一些缓冲时间，与会者也平均需要23分钟15秒之久才能有效"回到工作状态"。[2]多个项目并行总是会拖延很长时间，而且产出质量要比选择性地完成某些项目再启动新工作低得多。

我们可以估算一下，IT组织里的一名成员参加一次会议的直接和间接成本为每小时125美元（机会成本可能更高）。就本书介绍的绘图实践而言，每次绘图会议可能有8名成员参加会比较

---

[1] 计算机领域术语，指系统内并发进程过多或争夺有限资源时的过度交换情况。

合理。一部分绘图工作并不是必需的，比如绘制依赖关系图，是否要开会取决于前期阶段的具体发现。因而我们可以估算出流程工程活动的成本为每小时1 000美元（见表A-1）。

表A-1 流程工程实践的估算成本

活动	通常的初始用时	后续需要用时	估算年成本
绘制成果图	3小时	1小时	4 000美元
绘制当前状态图	3小时	1小时	4 000美元
绘制依赖关系图	2小时	1小时	3 000美元
绘制未来状态图	2小时	1小时	3 000美元
绘制流程路线图	3小时	1小时	4 000美元
总计	13小时	5小时	1.8万美元

而要估算流程工程活动带来的利益，我们可以设想以下情形：我们正在对20名知识型工作者的活动施加影响，他们每个人工作创造的价值高达每年20万美元（实际交付的价值应高于他们获得的薪酬）。我们实施流程工程的目的是帮助团队提高吞吐率和质量，提升工作满意度，从而减少人员流失，并且降低项目失败的可能性。假设这些团队成员都是全职工作者，那么整个团队每年应能创造的价值达400万美元。

如果我们能够帮助团队把吞吐率提高20%（利用绘图活动实现的常见平均改进效果[3]），那么这1.8万美元的投入就能产生每年80万美元的收益。同样，如果我们能让团队减少20%的浪费或低效工作，其结果也价值每年80万美元。减少人员流失可避免重新招聘、重新培训和中断团队工作，因而也能实现财务收益。

上述快速简便的粗略估算表明，这些绘图实践活动可以带来 44 倍的利益回报。这种成本核算方法尽管过于简化，但仍然不失为一种有用的成本收益考察手段。还有一点值得注意，一个价值流中的改进通常可以在多个价值流中予以复制，以极低的投入放大改进的影响。即使成本会增加若干倍，或者收益会大幅下降，但这一次的投入仍然获得了显著的积极成效。

注　释

1. Vacanti, interview.
2. Bongers et al., "How Long Does It Take To Refocus," 420–439.
3. Based on personal experience reports and from multiple practitioners we've spoken to.

术语表

对语言而言,最重要的一点就是人人都采取相同的用法,拥有相同的理解。我们鼓励你去探究所处背景下各个关键术语的含义,并视需加以调整。以下术语是在我们所处的背景下提出的,如需参考,可以此作为基准。

客户:接受价值流的产出并对产出价值有所感知的实体。此类接受者的涵盖范围很广,包括外部客户、内部利益相关方、合作伙伴等,凸显出价值接受方视角的多样化。

周期时间:完成一个阶段所需的时间,其中包含了固有的延迟时间或等待时间。

流程效率:价值流内活跃时间(或作业时间)相对于总体前置时间而言的比例,可用于评估流程的运作效率。该指标应用于出现障碍、中断、返工及其他影响绩效的不利因素的情况。可优化该指标来强调直接创造价值的活动对流程绩效的贡献。

前置时间(也叫流程时间):一个工作项在价值流中自始至终总共需要的时间。该指标涵盖了所有阶段,包括生产、暂停和更正,可简单概括为"从假设到满意"的持续时间,反映了从工作开始到客户满意这一过程。

准确完成百分比：这一定性指标体现了贯穿某个阶段且满足各项要求、无须返工或澄清的工作所占比例。

阶段：价值流中的单一独立活动，通常以交接工作为界限。在本书中，阶段类似步骤、程序或一组任务。

片段：由多个阶段构成的价值流的子集。

吞吐率（也叫流程速率）：价值流在给定时期内产出的衡量指标，体现了向客户交付的效率。"制约理论"将吞吐率与成本挂钩，"利特尔定律"则将之置于投入相对于产出的背景下来解释。

价值：由价值获得者最终决定。指的是某种产品或服务为客户提供的惠益。

增值时间：从客户的角度看，对最终产品或服务的价值直接产生贡献的活动所耗费的时间。

价值流：旨在向客户交付特定成果的一系列综合活动，此客户可以是最终消费者、利益相关者或用户。这样的流程涵盖了从初始需求到交付价值的工作全过程。

等待时间：流程各阶段之间的非活动间隔，表现为拖延和排队现象。

浪费：价值流中消耗资源但却不能提高产品或服务价值的活动。

进行中的工作（也叫流程负荷或处理中工作）：价值流从启动到完成的过程中正在处理的工作事项数量。实际工作中经常会追踪这一指标，以突出显示累积情况，揭示制约因素。

工作项分布（也叫流程分配）：对价值流内各个工作项按类型划分，可辅助评估不同工作类型的分布情况及流程特点。常见的分类包括特性、试验、错误修复和问题补救、流程改进、技术债务偿还，以及风险缓解。